受到中国社会科学院登峰战略优势学科（产业经济学）研究资助

中国社会科学院创新工程学术出版资助项目

颠覆性技术创新

理论／与／中国实践

DISRUPTIVE TECHNOLOGY INNOVATION
theory and China's practice

李钢 等／著

社会科学文献出版社
SOCIAL SCIENCES ACADEMIC PRESS (CHINA)

目　录

理论篇

实践篇

理论篇

第一章

产业发展过程中的颠覆性创新研究

龚健健

一 引言

技术进步是经济增长的根本源泉，而创新又是技术进步的不竭动力。创新是一个动态的不断调整的过程，从产品和服务的角度来看，它更多地体现在制造工艺和服务质量的提升上，而从企业和产业的角度来看，它更多地体现为绩效水平的提高和产业发展空间的拓展。这两种不同的提升既可以是连续的，也可以是非连续的。因此，早期的创新理论基于这一认识水平将技术创新分为渐进性创新和非渐进性创新。渐进性创新表现为对原有技术和工艺的改进，使之更加符合消费者和市场的期望，从而获得更多的市场和收益；而非渐进性创新则在某种程度上更多地反映了科技和时代的进步（比如，蒸汽机、电力和计算机技术的发明），带来的是更大的产业发展空间和更高的社会收益。

Christensen（1997）[1] 在《创新者的困境：当新技术导致大企业失败时》一书中提出了颠覆性创新（Disruptive Innovation）的概念，从一个新的维度继承并改进了早期的创新理论。它很好地解释了困惑学界已久的"亚历山大困境"（领先的在位大企业在面临新技术调整时容易被新进入的小企业打败）问题，从而成为近 20 年来创新和战略管理研究的最受关注和争论的一个热点（许晓明、宋琳，2008）[2]。在当前复杂多变的全球化形势中，企业之间激烈的竞争使得在位企业和新进入企业的决策者需要更多地考虑"进一步提升产品质量"和"实施多元化发展战略"之间（也即渐进性创新和非渐进性创新）的替代选择。颠覆性创新作为非渐进性创新的一种，它更关注低端市场和新市场的开拓。颠覆性技术主要用来开发低于主流市场已定型的产品性能的新产品，这种产品有一些特殊性能吸引一些低端用户或新用户，随着产品性能的不断完善和发展，将逐步创建自己的市场，并取代主流市场上的产品（Christensen and Raynor，2003）[3]。虽然这种新产品最初的性能不如主流市场上的产品，但颠覆性创新更好地掌握了消费者的偏好，并且具有开发成本低和技术性进入壁垒低的优点，能够较快地获得相应的细分市场并获取收益。因此，在当前的经济形势下，颠覆性创新成为众多企业和政府战略决策者的一个新的选择。

众所周知，技术本身并没有单独的价值意义，只有通过商业模式将其商业化而为大众服务并创造新的价值，才能体现出其经济意义。早在 20 世纪 30 年代，熊彼特就认为创新是对现有的资源的重新组合，并将创新分为五种不同的类型：新产品、新的生产方法、新的资源供给、新的市场和新的商业组织形式（Schumpeter，1934）[4]。因此，根据熊彼特的定义，我们发现创新不仅仅包括技术意义上的创新，同时也包括将其商业化的手段即商业模式的创新。德鲁克也曾指出，当今企业的竞争不再是产品之间的竞争，而是商业模式之间的竞争。Economist Intelligence Unit 在 2005 年对跨国公司 CEO 的一项调查中指出，样本中 50% 以上的 CEO 认为商业模式的创新比产品和服务的创新更加重要（Johnson et al.，2008）[5]。

近年来，随着全球化竞争的加剧和经济形势的恶化，对于作为发展中国家和新兴市场的中国来说，颠覆性技术的商业化至关重要

（Kirchhoff et al.，2002[6]；Wu et al.，2010[7]）。本研究通过对国内外关于颠覆性技术创新及其商业模式的理论研究进行综述，以期为此领域的进一步发展做出贡献。

二　颠覆性创新的理论内涵

自从 Schumpeter（1934）[4]有针对性地、系统地对创新理论进行研究，并提出以创造性破坏为特征的经济增长理论开始，越来越多的学者开始从事这一领域的研究。主流学者一般把技术创新分为两类，但在不同的历史时期有不同的名称：第一类为革命性、非连续性、突破性、根本性技术创新；第二类为演化性、连续性、渐进性技术创新（Utterback，1994[8]；Dan and Chang，2010[9]）。Dan 和 Chang（2010）[9]对于创新理论的演化做了详细的介绍，他们认为每一个不同的名称都解释了不同历史时期的一些现象，但同时现实中一些反例的出现又驱使其不断地被完善。比如，从企业的角度来看，最著名的能力提升型创新和能力破坏型创新（Competency-enhancing Innovation vs. Competency-destroying Innovation）理论认为在位企业（Incumbent Firm）面临突破性创新（Breakthrough Innovation）时总会成功，而不能解释大部分在位企业在渐进性创新（Incremental Innovation）时总是成功却在面临突破性创新时会失败的重要现象（Tushman and Anderson，1986）[10]。随后一个重要的发展就是模块化技术创新和结构化技术创新（Modular Innovation vs. Architectural Innovation）理论的提出，该理论解释了前一个创新理论的不足，认为具有较强竞争能力的企业容易忽略结构化技术创新的竞争力，从而导致大企业在关键技术创新上失败。Christensen（1997）[1]通过对磁盘驱动器行业的调查发现，有些企业在一个接一个的连续性创新中能够保持其竞争地位，而当这些企业的技术供给能力已经远远超出客户需求时，一些面向低端市场的满足客户基本要求的低成本小企业却能打败在位的大企业，从而获得成功。这一现象使得 Christensen 开始深思，通过弥补前述理论不能解释颠覆性现象的不足，开创了颠覆性创新理论并将创新分为维持性创新和颠覆性创新（Sustaining Innovation vs. Disruptive Innovation）①，从新的维度给予创新理论以新的洞察。

颠覆性创新指的是那些依照传统技术，提供恰好能满足消费者需求的新的较低性能产品、服务、程序和商业模式，而造成的对主流市场的颠覆性变革。因此，它们总是容易被传统的主流消费者低估价值，并带来较低的总边际利润。由于被行业内的在位企业理解为"低端"（Low-end）的，颠覆性创新便能针对其目标市场引入新的性能标准。通过一段时期的市场开发和向高端市场客户迁移，它们最终能够对所在行业的商业范式和价值构成进行重新定义（Christensen，1997[1]；Christensen et al.，2004[11]）。因此，颠覆性创新理论可以解释这样一种现象，也就是基于当前的价值网络背景，在位企业为什么一直在做对的事情却会遭遇新进入者的颠覆（Disruption）。

Christensen 等（2004）[11]认为企业要获得创新，一般需要通过三种渠道来实现：

（1）为能够带来高边际利润的消费者提供相对于现存产品来说新的改进产品；

（2）为那些处于低端市场又不得不为其不需要的技术性能买单的消费者提供现存产品的低廉的替代品；

（3）开发新的市场，寻找并不在当前市场消费的"非消费者"（Non-consumers），并为其提供产品和服务。

第一种渠道属于前面所提到的维持性创新，而后两者则属于颠覆性创新的范畴。Gilbert 和 Bower（2002）[12]将其称为低端市场和新市场颠覆性战略。我们知道，在创新性技术投入市场并物化为某种产品

---

① 维持性创新指的是对已建立的技术进行渐进性的改进和提升，它支撑了现有行业的发展，但是维持性创新的提供者却经常会提供超出市场需求的技术（Christensen，1997；Christensen et al.，2004）。

和服务时，消费者对于该项创新性技术应用所表现出来的特定性能的认可和接受需要一些时间。一般意义上，在新技术的市场应用方面，只有该新技术的性能达到消费者能够接受的程度时，才会对消费者的购买行为产生影响，从而创造新的市场。这种消费者行为说明，创新性技术所物化的产品性能对于消费者效用的改善必须达到某一最低临界值才能产生影响。相反，当某一产品所具有的性能对于消费者效用改善足够大，性能的增加无法带来消费者边际效应的增加时，该产品所具有的更高性能对于消费者来说也就毫无意义（田红云等，2007）[13]。因此，当消费者对于产品性能改变的边际效应等于零时，该产品性能对于此类消费者来说就达到一个最高临界值，超越这个上限的性能供给就被称为"性能过度供给"（Performance Oversupply）。由于一些企业开发的产品和服务所提供的特定性能陷入过度供给消费者性能需求的困境，"性能过度供给"就为颠覆性创新的产生和应用（向消费者提供简单的技术构成）创造了条件并提供了可能。

此外，要发生颠覆性创新还需要具备另一个重要的前提条件，即现有健康发展的企业和潜在颠覆性企业对消费者所具有的不对称激励。在提供同样的能够满足消费者需求性能的前提下，具有较低价格的产品和服务通常会更加吸引消费者，这也是颠覆性创新企业能够实施颠覆的原因所在。图1就描述了颠覆性创新如何通过第二种渠道，在满足消费者需求性能的前提下，由低端颠覆市场将其产品投入应用并市场化。在图1中，横轴代表时间，纵轴代表产品绩效。实线A和C为两种不同的绩效轨迹，A为该行业当前技术发展的绩效随着时间变化的轨迹，C为颠覆性创新的新绩效轨迹。虚线B表示消费者可以达到其目的效用并加以吸收的绩效，B的上部为高端需求消费者，下部为低端需求消费者。随着时间的演进，A、C两种不同的绩效水平都在提高。通过观察图1，我们可以看出，实线A上存在先前描述过的几种不同的创新（如渐进性创新等），它们都属于维持性创新，保证现有产品的绩效水平可以沿着既有的技术进步轨迹逐步提升。当A

与 B 相交时，其交点正是技术过度供给的起始点。若继续沿着 A 轨迹前行，将有许多消费者为他们所不需要的技术支付成本，这便造成了经济效率的下降。此时，通过开发低端需求消费者引入颠覆性创新将会解决这一问题，随着 C 轨迹的发展，颠覆性产品和服务最终将进入主流市场，并在市场上取代原有技术轨迹上的产品和服务满足消费者的需求。

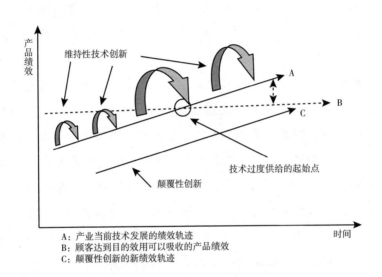

A：产业当前技术发展的绩效轨迹
B：顾客达到目的效用可以吸收的产品绩效
C：颠覆性创新的新绩效轨迹

图 1　颠覆性技术创新模型——低端市场颠覆战略

资料来源：Thomond et al.（2003）[14]。

虽然颠覆性创新往往从低端市场的颠覆开始，但是它们能够很快爬升至主流市场的高端（Christensen et al.，2004）[11]。以 Christensen 举的电子通信业为例，比如，贝尔发明的能让人在短距离通话的设备（第一部电话）在当时并没有电报先进，因为电报允许长距离的信息传递。由于当时的一家电子通信业领导企业 Western Union 拒绝了贝尔准备出售的电话专利，贝尔便转入低端市场，向低端消费者提供短距离通话服务（虽然电话没有电报先进，但它确实使距离较近的一部分人不用去电报局便能收发信息）。贝尔通过在低端市场吸引消费者，改进电话网络技术，提供地方通信业务，使得他的公司 AT&T 在很短的时间里就超越 Western Union 成为电子通信业的领导者，并创造了一个新的价值网络。

图 2 表述了颠覆性创新如何通过第三种渠道来实现新市场颠覆战略。新进入者通过开发新的市场，实现第二维度的创新来寻找并不在当前市场消费的"非消费者"，通过满足其对产品性能的绩效要求为其提供相应的产品和服务。通过图 2，我们可以看到，不同于低端市场战略，在新的坐标维度上，创新企业通过开发市场，吸引"非消费者"，从而实现了颠覆性创新。颠覆性创新由于成功地开拓了新的技术、程序、产品、服务或者商业模式，它使现有组织改变了传统的竞争规则，并改变了现有市场的需求；此外，由于引入了不同于传统技术的新的增长轨迹，原来只能向少数高端特殊性能使用者提供的产品和服务，也可以以更便利的方式提供给更多的普通消费者。同时，新市场颠覆性技术快速的成长能力，也使得颠覆性创新成为颠覆者一个新的财富机遇（Thomond et al.，2003）[14]。

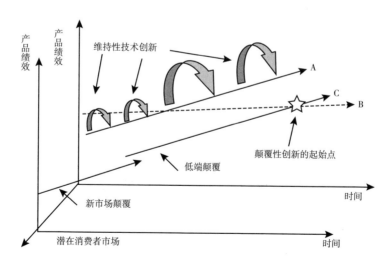

图 2　颠覆性技术创新模型——新市场颠覆战略

资料来源：Christensen 和 Raynor（2003）[3]；Dan 和 Chang（2010）[9]。

三　颠覆性创新的实施与应对

1. 实施颠覆性创新的途径

早期的实证研究表明，通常某一行业的新创立者会带来非连续性的技术创新并将其商业化应用，从而带来消费者效用和社会福利的增加（Anderson and Tushman，1990）[15]。但是，关于颠覆性创新的研究发现，在已知的某一行业中，相较于在位企业，新的进入者在非连续性创新上更容易成功。这是由于新进入企业的规模较小，路径依赖的可能性较低（成立的时间较短），所以其经营的灵活性增加；新进入者基于当前的技术范式下所采用的技术成本更低使其支出更加有限而拓展了利润空间，这都促使新进入者在颠覆性创新下会获得成功（Macher and Richman，2004）[16]。

现有的文献大多从以下三个方面分析颠覆性创新，并解释了如何促成颠覆性创新（也即颠覆性创新成功的途径）。

（1）外部环境

一些学者认为，企业所处的外部环境在颠覆性创新技术的形成和应用过程中都对其影响甚深。企业的运行离不开投资者和供应商，企业的创新技术形成也免不了与其打交道，从而形成依赖和锁定（Lock-in）。对于颠覆性创新来说，其技术形成也离不开现有的技术框架和技术供应商。此外，外部科技、社会和法律环境的复杂多变，不同地区和国家的文化差异和金融体系所带来的不确定性也会对颠覆性创新的成功造成影响。因此，颠覆性创新技术形成和成功商业化，都与外部的合作伙伴和供应商有着至关重要的关系（Myers，2002）[17]。

（2）内部组织

对于颠覆性创新实施途径的研究大多都是从关注内部组织的变革开始的，其中较多的是从商业模式的变化（即在位企业的结构调整）

开始研究①。一般来说，内部组织的变化离不开企业文化和组织结构
调整。企业文化会对组织内部的管理者和员工都产生影响。众多的案
例研究表明，当颠覆性创新来临的时候，即使组织的管理者知道该创
新会对企业产生不良影响，他们通常还是很难做出及时有效的应对，
这便是先前的企业文化对管理者的影响所造成的文化惰性使然
（Christensen and Raynor，2003[3]；Henderson，2006[18]）。

　　近来的研究发现，组织规模的大小与创新技术的研发应用具有较
大的相关性，当引入新产品时，组织规模较小的企业在 R&D 投资的
产出效率方面要比大企业更高一些。特别是对于颠覆性创新的应用来
说，在高技术产业所做的大量案例研究表明，企业组织的规模和颠覆
性创新技术成功呈显著负相关关系（Christensen and Raynor，
2003）[3]。这给我们所带来的启示便是，成立新的规模更小的商业组
织可以保持其灵活性，从而容易成功实施颠覆性创新。因此，建立新
的"自主性组织"能够更好地解决创新者的困境。对于现有的在位
企业，尤其是规模较大的企业来说，成立自主性较强的子公司和分支
机构将有利于其成功实施颠覆性创新。

　　（3）顾客导向

　　在颠覆性创新技术的开发和应用中，顾客的潜在需求和市场的开
发变得至关重要。在颠覆性创新中，避免失败的关键因素就是掌握潜
在顾客以及他们的需求。一些学者认为，主流顾客需求和潜在顾客需
求并非非此即彼的关系，两者可以是完全独立的两种需求，因此，企
业完全可以同时采取两种顾客导向的创新策略（Slater and Mohr，
2006）[19]。对于某些在位的大企业来说，应对颠覆性创新失败通常不
是由于无法窥测到低端客户和潜在客户的需求，而是在位企业缺乏快
速应对颠覆性创新技术带来的挑战的能力（Henderson，2006[18]）。
而对于大多数企业来说，如何能够找到潜在的市场并且准确定位潜在

---

　　①　下文将重点讨论商业模式创新对于颠覆性创新成功实施的必要性。

顾客的实际需求显得比较困难。一些学者提出了一些观测顾客行为从而了解其需求的方法，如顾客访问项目、同感设计、引导使用者程序、发展中市场定位等（Slater and Mohr，2006[19]）。

这三种途径从侧面解释了在产业发展过程中，在位大企业在创新过程中会失败，而看起来较差的技术创新会获得市场份额甚至取代在位企业技术的原因。对于在位大企业来说，为什么某些大企业会获得成功而其他企业会失败，其更多的问题在于大企业内部自身的组织和商业模式，而非外部环境。小企业的颠覆性技术创新之所以会获得成功既在于更加深刻地理解了低端顾客和潜在顾客的需求，还在于自身结构和商业模式的创新所带来的灵活性。

2. 内部组织的颠覆——颠覆性商业模式创新

值得强调的是，商业模式创新属于颠覆性创新中最为重要的一种创新，无论是在低端市场进行新技术的商业化，还是在新市场针对非消费者的商业模式创新，或者对自身商业模式的革新都属于颠覆性创新（Christensen et al.，2004[11]；Thomond et al.，2003[14]）①。Hamel（2000）[20]指出企业组织可以尝试通过新的程序、技术、产品和服务来对行业进行颠覆性创新，但是如果想要获得真正的"非线性"创新（Non-Linear Innovation）的经济价值，只有通过将更大的系统即商业模式融入颠覆性过程中，也即通过商业模式的创新才能达到。

商业模式由于能够解释企业的价值创造、绩效和比较优势，所以受到越来越多学者和商业战略者的关注，因此针对商业模式的创新也就显得至关重要。Markides（2006）[21]将创新分为三种类型：技术创新、商业模式创新和新产品创新。根据这个分类，商业模式创新并没有开发出新的产品和服务却成为其中一种创新，只是因为它重新定义了现存的产品和服务以及如何将产品和服务提供给消费者。值得一提的是，Johnson 和 Suskewicz（2009）[22]从产业层面对商业模式创新进

---

① 比如，折扣精品店、低价的短距离点对点航空服务和在线网络教育等。

行了考察。他们以化石燃料经济向清洁能源经济转变为例，认为对于如此重大的基础行业转变，其关注的核心应该从发展单独的技术转变到建立整个系统。他们将商业模式作为系统转变规划的一部分，此外还包含技术的研发、市场营销战略和政府的政策支持等。他们指出，清洁技术的开发需要适当的商业模式创新从而既能为消费者创造价值，还可以实现产品的价值。

关于商业模式创新领域的研究主要可以分为这样两类：第一类认为商业模式创新指的是企业通过商业模式将新的观念和新的技术商业化；第二类认为商业模式创新代表了全新维度的有关商业运作模式的创新，它包括对传统的程序模型、产品和组织的创新，同时还涉及新形式的协作方法（Zott et al.，2010）[23]。其中第二类商业模式创新属于颠覆性创新的一种。Chesbrough 和 Rosenbloom（2002）[24] 通过对 Xerox 公司的案例分析发现，在对新技术商业化的过程中，寻找和学习有效的商业模式的能力决定了风险项目的成败。他们认为商业模式是连接产品成长和消费者需求的重要工具。同样的，Björkdahl（2009）[25] 在考察技术多元化（将新的技术引入原有的产品中）时也研究了商业模式对于新产品商业化的重要作用。在他所考察的三个案例中，前两家企业应用了颠覆性的商业模式创新，它们能够通过大幅改变原有商业模式为新商品创造巨大的经济价值；而第三家不能有效改变其商业模式的企业则以失败告终。

除了将创新技术商业化，从而引入新的商业模式之外，企业还可以将商业模式自身视为颠覆性创新的源泉，即商业模式自身可以成为一种无形的知识财产（Rappa，2010）[26]。对于商业模式创新，Chesbrough（2003）[27] 引入了开放性创新（Open Innovation）的概念，它主要指的是企业不再依靠自身内部的观念去改革商业模式，而是通过扩大企业边界从外部去寻找并发现新观念的来源，从而将其商业化，也即新的商业模式。另一个类似的概念是协作企业家能力（Collaborative Entrepreneurship），它通过企业家之间的协作从而共享信息和知识来获得新的共生的观念，从而使其产生经济价值，创造新的商业模式。这种协作常常涉及未预期的结果，因此它依靠企业家彼此之间共同的承诺和诚实平等的对待。

Chesbrough 和 Rosenbloom（2002）[24]认为，在产业发展过程中，具有颠覆性创新特质的商业模式应当具有这些功能：强调价值的构成，进行适当的市场定位并且明确收益的来源机制，定义公司内部的价值链并决定所需要的补充性资产，估计能产生供给的成本结构和潜在利润，描述企业在整个价值网络中的地位，规划企业的竞争性策略。因此，对于商业模式的创新，就可以从上述不同的功能着手，逐步细化并进行革新。

由于考虑到商业模式的颠覆性创新要求在位企业改变原有的商业模式并以非传统的方式运行，很多学者都提出了针对在位企业和新进入企业的应对方法，比如，在行业及组织内新建立一种商业模式，或者重新投资原有的商业模式等。下面介绍两种比较突出的应对方法。

（1）扩展价值链管理（Extended Value Chain Management）

根据 Govindarajan 和 Gupta（2001）[28]的观点，商业模式涉及消费者群体的定义、消费者价值认同和价值链过程的设计。因此，他们阐述了三个高度相关、互相依存的程式，从而改变企业商业模式的运行规则。它们包括：对价值链架构终端之间的大幅度重新设计，从而使其降低运行成本，提高产品价值；通过提供新的综合性的客户服务方案，使消费者接收到价值转型；基于发现新的消费者群体并为之提供服务，从而重新定义消费者群体。

（2）消费者价值创造的驱动因素（Drivers of Customer Value Creation）

Amit 和 Zott（2001）[29]提出了提高企业商业模式价值创造潜力的四种来源，它们是：提高效率，即增加信息的流动从而降低买卖双方的信息不对称；整合产品和服务的相互补充能力；锁定（Lock-in）激励因子，提高消费者和战略合作者的转换成本；利用独一无二的产品和服务的新颖性，创造前所未有的价值。

两种方法都强调了为消费者创造价值，并将其作为新的商业模式开发的起点。其实，这也正是成功的商业模式赖以存在的基础。通过完成消费者价值的创造和扩展，能够构建新的消费者价值，从而为增强企业改善价值链、改变行业规则的能力奠定基础（Voelpel et al.，2003）[30]。

3. 如何应对颠覆性创新

在应对颠覆性创新时，Christensen（1997）[1]给出了如下建议。

（1）创建独立的颠覆性创新组织，使其能承担服务消费者的责任

因为资源依赖使得企业的决策必须更加重视消费者而不是管理者。创立新的颠覆性职能组织部门有利于企业资源的重新分配，将原来属于主流产品市场的资源转移至创新组织，并为颠覆性创新产品服务。

（2）使颠覆性创新组织的规模与市场规模相匹配

由于低端市场的份额容易受到竞争者的威胁，因此设立新组织的规模最好能与市场规模大小匹配，提供全部的市场份额，加强其在颠覆性创新中的领导者地位，从而获得该地位带来的垄断利润。此外，与颠覆性技术所能应用的低端市场相匹配的组织规模更有利于激发管理者勇于挑战的企业家精神。

（3）发现新的和潜在的市场

由于颠覆性技术创新往往是未知的，管理者应当有计划地学习和探索，慎重地对待新市场及颠覆性技术，不能不加判断地将其标为高风险项目。

虽然从某种程度上讲，建立颠覆性创新组织有利于应对颠覆性技术变革，但是一些学者依然对创建新的组织存有疑问。Cohan（2000）[31]曾质疑建立单独的组织是否总是最优方案，他还以惠普（Hewlett-Packard，HP）公司和Schwab公司为例说明了这两个在位企业起初并没有建立单独组织，却同时在应对颠覆性创新时获得了成功。Gulati和Garino（2000）[32]描述了传统的经销商在面临颠覆性创

新时，会考虑是否设立单独的网络营销组织，从而提出在面临创新时，应当进行整合和分离的利弊权衡（Trade-off）。Lansiti等（2003）[33]认为，当新的颠覆性市场和主流市场处于一种较强的互补关系时，就需要企业与企业之间的相互协调，这个时候，一个整合的企业比分离的部门更加符合现实。因此，未来对于如何应对颠覆性创新的研究，应当更加注重主流产品市场组织和分离组织之间的关系，从资源、管理、所有权和激励方面更多地考虑设立新的颠覆性创新组织是否适合当前的市场环境和企业自身的实际状况（Danneels，2004）[34]。

四　总结

随着全球经济一体化进程的不断加快，企业所面临的市场竞争也更加激烈。由于当前应用型技术的创新正日新月异，在全球市场上，各国对于知识产权的保护意识也在加强，传统型的渐进性技术创新战略开始面临不断严峻的追赶（Catch-up）窘境①。因此，在当前产业发展的过程中，企业通过实施颠覆性创新战略从而建立竞争优势将变得更为现实且符合发展中国家产业发展的要求。

此外，颠覆性创新理论不仅适用于企业，还适用于产业和国家层面。在企业层面上，企业可以通过新的程序、技术、产品和服务来对行业进行颠覆性创新，同时通过商业模式的创新获得行业非线性创新（Non-Linear Innovation）的经济价值从而占领市场（Hamel，2000）[20]。在产业层面上，通过当前在位者和新进入者之间不断地相互颠覆创新，不仅能扩大整体产业的绝对市场份额，同时还能较快地提升产业的整体竞争力。在国家层面上，落后国家可以从产业结构调

① 追赶窘境指的是在产业发展的过程中，企业技术研发在功能上与先进企业产品的类似所带来的法律纠纷以及R&D的重复性投入所造成的投资效率低下等问题。

整的角度入手，选择几个具有比较优势的产业作为主导产业，实施相应的颠覆性创新战略，从而对发达国家的相应产业进行颠覆，在全球市场中占有一席之地（苏启林，2006）[35]。颠覆性创新理论为发展中国家和新兴国家，尤其是那些人口基数大、富有大量的对价格敏感的消费者以及非消费者的国家的经济发展，提供了强大的理论支撑。只有采用颠覆性技术培育低端市场和非消费者的新市场，并将其商业化，才有利于这些后进国家参与全球市场中的激烈竞争。

参考文献

［1］ Christensen, C. M., The Innovators Dilemma: When New Technologies Cause Great Firms to Fail［M］, Boston, MA: Harvard Business School Press, 1997.

［2］ 许晓明、宋琳：《基于在位企业视角的破坏性创新战略研究综述及应用模型构建》［J］，《外国经济与管理》2008 年第 30（12）期，第 1 ~ 9 页。

［3］ Christensen, C. M., and Raynor, M. E., The Innovator's Solution: Creating and Sustaining Successful Growth［M］, Boston, MA: Harvard Business School Press, 2003.

［4］ Schumpeter, J., The Theory of Economic Development［M］, Cambridge, MA: Harvard Business School Press, 1934.

［5］ Johnson, M. W., Christensen, C. M., and Kagermann, H., Reinventing Your Business Model［J］, Harvard Business Review, 2008, 86（12）: 50 - 59.

［6］ Kirchhoff, B. A., Kassicieh, S. K., and Walsh, S. T., Introduction to the Special Cluster on the Commercialization of Disruptive Technologies and Discontinuous Innovations［J］, IEEE Transactions on Engineering Management, 2002, 49（4）: 319 - 321.

［7］ Wu, Xiaobo, Ma, Rufei and Shi, Yongjiang, How Do Latecomer Firms Capture Value From Disruptive Technologies? A Secondary Business - Model Innovation Perspective［J］, IEEE Transactions on Engineering Management, 2010, 57（1）: 51 - 62.

［8］ Utterback, J. M., Mastering the Dynamics of Innovation［M］, Boston, MA: Harvard Business School Press, 1994.

［9］ Dan Yu and Chang Chieh Hang, A Reflective Review of Disruptive Innovation

Theory [J], International Journal of Management Reviews, 2010, 12 (4): 435 – 452.

[10] Tushman, M., and Anderson, P., Technological Discontinuities and Organizational Environments [J], Administrative Science Quarterly, 1986, 31 (3): 439 – 466.

[11] Christensen, C. M., Scott, D. Anthony and, Erik, A. Roth, Seeing What's Next [M], Boston, MA: Harvard Business School Press, 2004.

[12] Gilbert, C. and Bower, J. L., Disruptive Change: When Trying Harder is Part of the Problem [J], Harvard Business Review, 2002, May, 94 – 101.

[13] 田红云、陈继祥、田伟：《破坏性创新机理探究》[J]，《研究与发展管理》2007 年第 19 (5) 期，第 1 ~ 7 页。

[14] Thomond, P., Herzberg, T., and Lettice, F., Disruptive Innovation: Removing the Innovators' Dilemma [R], Knowledge into Practice-British Academy of Management Annual Conference, Harrogate, UK, September 2003.

[15] Anderson, P., and Tushman, M. L., Technological Discontinuities, Dominant Designs: a Cyclical Model of Technological Change [J], Administrative Science Quarterly, 1990, 35: 604 – 633.

[16] Macher, J. T., and Richman, B. D., Organizational Responses to Discontinuous Innovation: a Case Study Approach [J], International Journal of Innovation Management, 2004, 8 (1): 87 – 114.

[17] Myers, D. R., A Practitioner's View: Evolutionary Stages of Disruptive Technologies [J], IEEE Transactions on Engineering Management, 2002, 49 (4): 322 – 329.

[18] Henderson, R. M., The Innovator's Dilemma as a Problem of Organizational Competence [J], Journal of Product Innovation Management, 2006, 23: 5 – 11.

[19] Slater, S., and Mohr, J., Successful Development and Commercialization of Technological Innovation: Insights Based on Strategy Type [J], Journal of Product Innovation Management, 2006, 23: 26 – 33.

[20] Hamel, G., Leading the Revolution [M], Boston, MA: Harvard Business School Press, 2000.

[21] Markides, C., Disruptive Innovation: In Need of Better Theory [J], Journal of Product Innovation Management, 2006, 2: 19 – 25.

[22] Johnson, M. W., and Suskewicz, J., How to Jump-start the Clean Tech Economy [J], Harvard Business Review, 2009, 87 (11): 52 – 60.

[23] Zott, C., Amit, R., and Massa, L., The Business Model: Theoretical Roots, Recent Develop, and Future Research [J], IESE Business School Working Paper WP – 862, 2010.

［24］Chesbrough, H. W. , and Rosenbloom, R. S. , The Role of the Business Model in Capturing Value from Innovation: Evidence from Xerox Corporation's Technology Spinoff Companies ［J］, Industrial and Corporate Change, 2002, 11: 533 – 534.

［25］Björkdahl, J. , Technology Cross Fertilization and the Business Model: The Case of Integrating ICTs in Mechanical Engineering Products ［J］, Research Policy, 2009, 38: 1468 – 1477.

［26］Rappa, M. , Business Models on the Web: Managing the Digital Enterprise ［EB/OL］, ［2010 – 12 – 20］, digitalenterprise. org/models/models. html.

［27］Chesbrough, H. W. , Open Innovation: The New Imperative for Creating and Profiting from Technology ［M］, Boston, MA: Harvard Business School Press, 2003.

［28］Govindarajan, V. , and Gupta, A. , Strategic Innovation: A Conceptual Road Map ［J］, Business Horizons, 2001, 44 （4）: 3 – 12.

［29］Amit, R. , and Zott, C. , Value Creation in E – business ［J］, Strategic Management Journal, 2001, 22: 493 – 520.

［30］Voelpel, Sven C. , Leibold, Marius and Tekie, Eden B. , The Wheel of Business Model Reinvention: How to Reshape Your Business Model and Organizational Fitness to Leapfrog Competitors ［J］, Institute of Innovation Research Hitotsubashi University Working Paper, WP#03 – 10, 2003.

［31］Cohan, Peter S. , The Dilemma of the "Innovator's Dilemma": Clayton Christensen's Management Theories are Suddenly All the Rage, but are They Ripe for Disruption? ［J］, Industry Standard, 2000, January 10.

［32］Gulati, R. , and Garino, J. , Get the Right Mix of Bricks and Clicks ［J］, Harvard Business Review, 2000, 78 （3）: 107 – 114.

［33］Lansiti, Marco, McFarlan, Warren and Westerman, George, Leveraging the Incumbent's Advantage ［J］, MIT Sloan Management Review, 2003, 44 （4）: 58 – 64.

［34］Danneels, E. , Disruptive Technology Reconsidered: a Critique and Research Agenda ［J］, Journal of Product Innovation Management, 2004, 21 （4）: 246 – 258.

［35］苏启林:《破坏性技术、组织创新与产业成长预测》 ［J］,《中国工业经济》2006 年第 11 期, 第 117 ~ 124 页。

第二章

国外颠覆性技术预测理论与实践进展

何 然 李 钢

一 引言

技术预测（Technology Forecasting, TF），有时也称为未来导向的技术分析（Future-oriented Technology Analysis），是对潜在技术的特点和产生时间进行预测的一类方法[1]，可对技术的状态、参数及其变化趋势进行预测[2]。技术预测试图从现有信息中发现未来技术的发展趋势[3]，得出符合一定逻辑的、量化的对于技术参数、特性及功能的变化程度和变化时间的估计。技术预测正逐渐成为影响产业和技术发展方向的一个重要的驱动因素，它已经被许多公司用于制定企业技术研发策略[4]，也被政府用于制定相关技术和产业政策[5]。然而对技术的未来走向进行预测是一项复杂的工作，这样的预测需要将社会科学和自然科学的知识相结合[6]，既需要预测者对科学的预测方法有透彻把握，也要求其对相关技术领域有一定的了解[3]。对技术预测方法的研究大致开始于 20 世纪上半叶，许多如今常用的技术预测手段都可以追溯到 20 世纪五六十年代，在冷战背景下，它们的诞生在很大程度上受到政府的影响[7]。

在技术预测方法的分类上，许多文献综述只是将不同方法罗列出来[8~9]。一些学者简单地将其划分为数量型方法和判断型方法[1]，还有一些学者[10]将其划分为判断型或经验型方法、趋势外推方法、模型方法、场景测试和模拟方法、其他方法五类。还有文献[11]将所有方法分为九大类，包括专家意见、趋势分析、监测及智能方法、统计方法、模型和模拟方法、场景测试、决策方法、描述性及矩阵方法、创新方法。目前学界并没有一个权威的技术预测分类。在本文中，笔者根据不同方法的技术特点和预测结果特点将其分为三大类加以描述，分别是模型化方法、统计和数据挖掘方法、描述性方法。

除了对不同方法进行划分，由于技术预测在不同机构、不同框架下没有统一的名称，所以有必要对相关名词进行明确解释归类。自2003年以来，一个名为"未来技术预测方法工作组"（Technology Futures Analysis Methods Working Group，TFAMWG）的项目[12]致力于在未来技术预测领域构建一个统一的框架，他们对众多与技术预测相关的名词进行了归类，具体如下。

（1）技术检测、技术观望、技术警戒等属于同义词，重点都在收集和理解信息的过程。

（2）技术知识和竞争性知识属于同义词，主要是指将收集到的技术信息转变为可以理解的知识。

（3）技术预测主要预测未来技术的方向和变化。

（4）技术路线重点则在制订计划以使目前产品和未来所预测的技术趋势相衔接。

（5）技术评估以及各种形式的影响评估如战略性环境评估等是同义词，主要是对技术变化所带来的无法预料的、间接的、滞后的效应进行预测。

（6）技术前瞻、国家及地区前瞻重点关注发展策略以及如何推进某一项技术。

需要注意的是，以上这些名词所代表的过程有时使用相同的方法，其目的也或多或少有所重合。但是在政府的技术预测和企业的技术预测中往往以不同名称出现[13]。本文着眼于技术预测方法的介绍，将主流技术预测方法划分为模型化方法、统计和数据挖掘方法以及描述性方法三类，对各类方法的优点和局限加以梳理，并总结了现有文献对不同方法的比较研究。

二 模型化方法

1. 常见的技术进步预测模型

（1）间断平衡模型

间断平衡（Punctuated Equilibrium）是一个演化生物学理论。此理论认为有性生殖的物种可在某一段时间中，经历相对传统观念而言较为快速的物种形成过程，之后又经历一段长时间无太大变化的时期。一些学者将这一理论延伸至社会组织的变迁以及技术进步的模式等社会科学领域。Abernathy 和 Utterback 在其经典文章《产业创新的模式》[14]中对颠覆性创新和演化性创新做出了区分，提出演化性创新的特点是持续的微小创新，伴随生产规模扩大、专业化程度和标准化程度提高、边际成本下降，并使得行业逐渐失去灵活性，越来越依靠规模经济来弥补固定成本，面对需求变化和技术淘汰更加脆弱。颠覆性创新则集中地带来品种繁多的、具有全新功能和特性的新产品。他们通过对飞行器、汽车、半导体、电灯泡等行业技术创新模式的归纳分析发现：在成熟产业内的技术进步往往限于积累性的产品和技术进步，剧烈的技术创新往往是由外部因素导致的，如小公司的创立、其他行业大公司涉足新行业、政府补贴的变动、产业规制的变动等。颠覆性创新发生后，往往开辟出新的产业及其主导产品，与市场需求的磨合使产品的定义和功能逐渐清晰，之后该行业就进入演化性创新阶段，直到新产品再次带来颠覆性创新。在两次颠覆性创新之间是所谓的间断平衡阶段。Gersick[15]对平衡阶段做出的描述是：系统在平衡阶段也会针对一些内在的或外在的波动进行微小的调整，但是不会改变其深层次结构。一个经典例子是花旗银行后台面对日益增加的纸面工作，在十年间只是不断增加雇员数量，直到 20 世纪 70 年代 John Reed 彻底革新了后台运行模式，并大力推广自动取款机[16]。Jonathan Grudin[17] 指出，如同生物的进化一样，小的变异在不断涌现，只是在技术领域，这样的变异并不是随机的，在平衡阶段，产品内部的零件越来越小，成本越来越低，性能越来越好。以个人电脑为例，20 世纪 80 年代，电脑主机内部从挤满了电路板进步到电路只占机箱空间的很小一部分，从 1984 年到 1987 年，苹果的 Macintosh 电脑空间从 128KB 增加到 512KB 又增加至 1MB，处理速度从 8MHz 增加到 16MHz。这些变化虽然只是量的变化，但是它使 Macintosh 电脑从 1984 年一个失败的商业化产品在 1987 年摇身一变成为史无前例的成功商品，因为到 1987 年，其硬件平台已经优化到可以支持图形处理和一系列 1985 年出现的新产品，如激光打印机、Aldus Pagemaker、微软 Word 和 Excel 等处理软件等。Jonathan Grudin 对计算机硬件平台和人机交互领域的技术的进步进行了分析，发现尽管摩尔定律以及其他一些指数增长模型都在连续地发生作用，但是新型芯片每隔几年就会出现，而剧烈的技术进步每十年发生一次（见图 1）[17]。在新的主导产品出现之前，一种技术或产品可能在不断地积累着变异，直到有足够的性能以及足够完善的周边产业使新的主导产品出现。

间断平衡模型给出了一种技术进步预测的范式，它大体上描述了技术演化的基本模式，并且大多数相关研究都认为外在因素的破坏和内部条件达到某一临界值同时发生时，平衡就会被打破[18]。该模型可以对以往的技术进步做出解释，但是很难做出精确的预测。另外有文章[19]指出，能源产业和信息产业的技术参数如传输速度、传输效率等在过去 250 年间并未体现出"间断平衡"的特点，而是持续不断地提升，并强调"间断平衡"是一个在广义上对技术进步所带来的间断性的经济和社会结构剧烈变动的一种抽象，而非对技术进步本

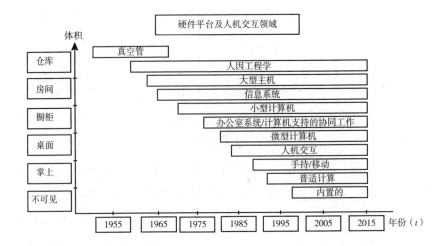

图1 硬件平台及主要的人机交互部件的研发领域变迁

资料来源：Jonathan Grudin[17]。

身的描述。

（2）Logistic 增长曲线

在技术进步的定量预测方面，20 世纪末，许多研究者[19~25]通过对大量行业历史数据的拟合，发现 Logistic 模型对技术进步乃至个人和集体行为等方面的预测效果比较好。这类曲线的特点是呈"S"形，一开始呈指数增长，然后增长率趋缓，逐渐贴近最大值。

经典的逻辑斯蒂曲线由下式给出：

$$P(t) = K / \{1 + \exp[-\alpha(t - \beta)]\} \tag{1}$$

其中，K 为曲线的渐近最大值，α 是增长率的变化率，β 是曲线的拐点。

Fisher 和 Pry[26]利用以下变形将逻辑曲线线性化：

$$P'(t) = F(t) / [1 - F(t)] \tag{2}$$

其中，$F(t) = P(t) / K$，于是有：

$$\log[P'(t)] = \alpha(t - \beta) \tag{3}$$

图 2 给出了经过 Fisher – Pry 变形的海上超大油轮数量的增长速度。

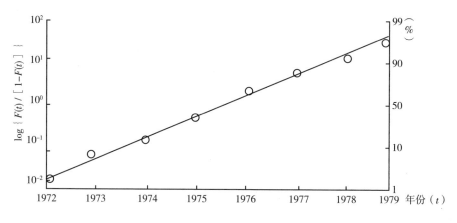

图 2　海上超大油轮数量的增长速度

资料来源：Walk，S. R.[271]。

逻辑斯蒂曲线及类似的"S"形曲线不仅可以用于预测具体参数随时间的变动，还可以用来描述新技术对旧技术的替代过程。Fisher 和 Pry[26]分析了历史上百余次技术替代案例，发现了新旧技术的替代大体遵循 Logistic 替代的模式，经过 Fisher – Pry 变形后可以方便地拟合为线性模型。图 3 展示了新旧技术间典型的替代模式，图 4 展示了人类不同出行方式间的替代。

这类"S"曲线模型有许多变形，如 Gompertz 模型[28]和描述新产品需求量和时间关系的 Bass 模型[29]等。

（3）摩尔定律

Moore[30]首次提出摩尔定律，即芯片上的集成电路密度每年会翻一番，后来他将其调整为每两年翻一番，并称这一指数递增规律可以延伸到整个半导体产业，且适用于体积、单位成本、密度、速度等一系列技术参数。过去几十年间，微处理器、动态随机存取存储器（DRAM）等技术似乎也在按照摩尔定律所预测的规律演进[31~32]。还

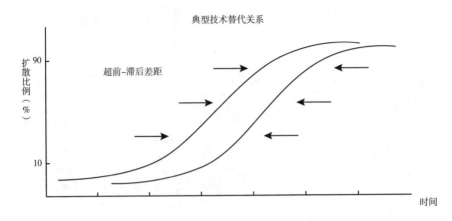

图 3 新旧技术间典型的替代模式

资料来源：Walk，S. R.[27]。

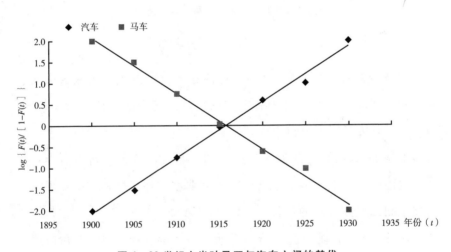

图 4 20 世纪上半叶马匹与汽车之间的替代

资料来源：Walk，S. R.[27]。

有研究者发现这一规律也适用于生物技术、纳米技术和基因技术等[33~34]。除了经典的摩尔定律外，还有一些变形的指数增长模型，如 Wright 模型[35]、Goddard 模型[36]、SKC 模型[37]等。在进行技术预测时，可以通过历史数据估计以上模型中的参数，然后对未来走势进行趋势外推。这也是许多文章中的预测模型所使用的方法。

2. 模拟方法

随着计算机模拟技术的进步，一些研究者开始运用软件对基于微观主体的模型进行模拟，期望发现微观主体间决策互动所引发的技术变迁规律。运用主体模型，研究者在虚拟环境中模拟大量按照特定规则互动的主体，并对整个系统状态的变化进行观察。这些主体遵照不同的行动规则进行决策，它们所存在的环境也可以按照给定的规则变化。Juneseuk Shin 和 Yongtae Park[38] 指出这类方法可以较好地描述技术演化过程中主体间非线性的互动；同时，模拟方法不像传统模型外推方法那样给出一个确定的预测结果，而是给出一个不同结果的概率分布。这是因为这类方法所模拟的是复杂系统，该系统在很简单的规则指导下会产生很复杂的变化。如 Theodore J. Gordon[39] 所述，模拟方法具有一些共同的特点，包括：①尽管方程或者行动规则很简单，输出结果却往往很复杂；②尽管已知方程或者行动规则，却难以预测某一时刻主体的状态；③对于初始条件极其敏感；④在看似随机的行为中出现自组织现象。

模拟方法中基于微观主体的模型大体有两类：多主体模型和元胞自动机。Theodore J. Gordon[39] 利用多主体模型在计算机上模拟出了一种传染病在人群中的传播过程，他提出这一模型可以用于模拟任何具有人际传播特点的过程，比如疾病、思想或者市场行为、技术扩散。Potter 等[40] 指出 Gordon 的模型经拓展后可用于模拟可持续能源技术的发展，可以将每一种能源技术视作一个主体，比如，清洁煤炭技术、潮汐技术、太阳能技术等。每一种技术都有其自身特点，比如，清洁煤炭技术不容易被大众所接受，太阳能技术则比较容易被大众所接受，潮汐技术居中，然后在技术所处空间按照一定分布安排专家、大众和政府作为背景人群，当不同技术遇上不同人群时，会产生不同的传播效果。Juneseuk Shin 和 Yongtae Park[38] 设计了一个由布朗主体构成的模型，用以模拟在位的或潜在的技术开发者，以软件技术为技术空间，主体根据投资回报率等信息选择是否开发某一项技术，他们指出文中的模拟结果与韩国软件产业的真实分布很吻合，但是没有进行有效的统计检验。

元胞自动机模型可以看作是一个二维的单元列阵，一些单元开始是"活的"，另一些是"死的"，有事先制定好的规则根据周围单元的状态来决定每一个单元在下一回合的状态[41]。Bhargava 等[42]设计了一种元胞自动机模型，在初始回合，一些单元是某一技术的采用者，另一些单元是这项技术的潜在采用者，每一个单元下一回合采用该技术与否根据一定的概率分布进行调整，模拟结果显示采用某一技术的单元数量随时间推移呈"S"形曲线变化。Joseph P. Martino[41]认为可以向该模型中引进"创新"元素，以更好地模拟现实。Goldenberg 等[43]通过随机元胞自动机模型对研发主体间的互动进行模拟，发现，由于在短期内发现新兴需求的概率波动性很大，如果根据市场调查来发现潜在新兴需求并开始研发相应技术，能够成为该产业"领头羊"的概率很小。

基于主体的模型所面临的主要问题是：为了得到贴近现实的结果，模型的细节需要达到何种程度，是很难判断的；另外，互动个体的特征有时很难定义[40]。模拟的方法还包括复杂适应性系统模型（Complex Adaptive System Modeling）、系统模拟（System Simulation）等[43]。

三 统计和数据挖掘方法

1. 文献计量、科学计量、专利分析

信息技术和信息科学的发展为技术预测提供了许多日益受到重视的预测工具，其中比较常用的是科学计量方法（Scientometrics）和文献计量方法（Bibliometrics），这类工具以往被运用于信息科学领域，用以识别技术网络。如今，这两种方法结合了机器学习、统计分析以

及建模方法和数据库技术，被尝试运用于发现大量数据之间的细微联系以及指引未来趋势的潜在规律[44]。正如 Porter 和 Cunningham[45] 所指出的，社会科学家早在几十年前就已开始使用内容分析（Content Analysis）的方法。统计技术文献数量以预测技术走向的做法至少可以追溯到 1965 年 Derek J. De Solla Price[46] 的文章。随着电子文本资源日益丰富，内容分析法发展成为文本挖掘的方法，数据挖掘要求从大量数量数据中提取有用信息，而文本挖掘则从文本数据中提取信息。文献计量分析最主要的优点是它可以摆脱专家咨询所带来的系统性主观偏见，使人们得以发现一些原本由于知识局限或视角偏颇而难以发现的规律。

在文献计量具体的应用上，Marcio De Miranda Santo 等[44] 利用美国 Web of Science（WOS）上的学术文献数据对纳米技术领域进行分析。他们计算了 47 个纳米领域子技术的文献数量在 1994 年到 2004 年的变化，并横向分析了不同国家之间的文献数量。作者根据其使用文本挖掘方法对 WOS 数据的分析，计算出各国技术研发的速度，发现巴西的纳米技术相关文献数量及增长速度大大低于其他处于世界领先水平的国家，所以，巴西的研发策略应是"差别化"，建议巴西政府在纳米领域实施差别化政策以最大化利用巴西的比较优势。由于该文是一篇方法导向的文章，选取纳米技术也是因为数据，所以未跟踪到巴西政府针对其建议所采取的相应政策。在过去十年间，各国学者对基本的文本挖掘方法展开了诸多改进和创新，以适应技术预测的需求，而非仅仅对过去技术发展的轨迹进行粗糙的描述。文本挖掘用于技术预测时主要使用的是各国的专利文件数据，因此这类方法又被称为专利分析（Patent Analysis）。近年来，随着创新过程日益复杂化，创新的周期日渐缩短，市场需求波动性增加，专利分析在高新技术管理领域受到越来越多的重视[47]。

Sungjoo Lee 等[48] 设计了一套基于专利地图的方法用于识别未来可能出现较大发展空间的技术领域。他们首先运用文本挖掘的方法将专利文件整理为具有规整结构的数据库便于识别出一系列关键词向量。接着他们利用主成分分析（Principal Component Analysis）的方法减少关键词向量的数量，以便将之对应于二维的专利地图。然后地图上大面积低密度的空白部分便是潜在的"技术空位"，这些空位经过专业的技术分析以及一些技术趋势指标的筛选后便可以得出有意义的潜在技术领域。他们将这一方法运用于对个人掌上电脑（PDA）技术的分析。第一步，从美国专利商标管理局（USPTO）的数据库收集了 141 份与 PDA 相关的专利文件，提取出 39 个关键词，如"数据""操作""内存"等，他们建议使用"机器加专家决策"的方法提取关键词，先利用专业文本挖掘（Text Mining）软件或者依据词语出现频率初步确定每份文件的关键词，然后请专家从初选词中选取最终采用的关键词；第二步将专利文件转化为 141 个 39 维的关键词向量，每个关键词向量在对应的关键词处的取值就是该专利文件中该关键词出现的频数；第三步通过主成分分析的方法将 141 个 39 维向量转化为 141 个二维向量标示在一个二维坐标系中，压缩后的维度只能根据每个维度的载荷来大致判断其含义。通过连接每项专利在二维图中所对应的点的方法初步找出 6 个"技术空位"（见图 5），每个空位的定义依赖于周边专利技术，这里空位的实际意义可能比较模糊，不过最终目的是要寻找空位周边有哪些技术，只要能得到空位周边的"点"及其所对应的技术，就达到了作者的目的。Sungjoo Lee 等[48]建议咨询技术专家来决定哪些周边技术更有价值，然后通过分析该空位周边已存在的专利的特点以及关键词出现频率的趋势对每个空位进行有效性排序，并选择有效性较高的空位作为潜在技术领域。作者指出，定义空位和怎样理解空位是这一方法的最大局限所在。该方法只能指出某一些技术周边领域比较"空"，建议有针对性地拓展空位周边的技术，但这一方法并不能直接指出那些空位具体指什么样的技术。

Sang Sung Park 等[49]利用类似的专利地图和 K 维聚类分析（KM

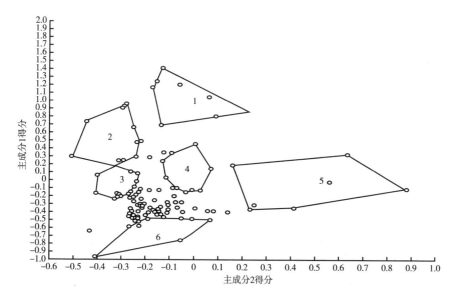

图 5　个人掌上电脑技术的二维专利地图

资料来源：Sungjoo Lee 等[48]。

- SVC）对美国、欧盟和中国的技术管理领域（Management of Technology，MOT）的潜在技术进行了预测，发现美国和欧盟的技术空位出现在移动通信技术管理领域，而中国的技术空位出现在半导体技术管理领域。他们利用 2006 年以前的数据对 2007 年之后的技术趋势进行了预测，发现 2007～2010 年他们所关注的技术领域内的专利文件数量急剧增加，所以他们认为他们的方法在一定程度上是有效的。

Hsin-Ying Wu 等[50] 对我国的射频识别（Radio Frequency Identification，RFID）相关技术的发展趋势进行了预测。他们对从中华人民共和国国家知识产权局（SIPO）搜集到的 1389 份 1995～2008 年的专利应用数据按照 41 个关键词进行聚类分析，将这些应用数据分为六大类，并按照逻辑曲线进行拟合，估计出每一类技术目前所处的发展阶段。结果显示：被解释为射频识别无线通信设备的一类技术已经进入饱和阶段，因此具有有限的发展潜力；"射频识别概念和基础应用""射频识别架构""射频识别追踪""射频识别传输"四大类技术已经进入成熟阶段；而"射频识别频率和波段"技术看起来正处于初期成长阶段，这说明国内的相关领域研究似乎正集中于扩大"射频识别频率和波段"的相关技术领域，因此，这方面的研究将具有较大的潜在价值。

另外，许多学者利用文本挖掘和网络分析相结合的手段对专利数据进行分析，开辟了许多新的技术预测方法。复杂网络在过去十年间日益受到关注，其在创新网络中的应用为理解创新路径提供了一种新的视角[51]。Byungun Yoon 和 Yongtae Park[47]对基于网络的专利分析方法进行了较为明确的梳理。首先，从数据库中获得所感兴趣领域的专利数据，并通过专业文本挖掘软件提取出专利文件的关键词，将所获得的文本数据转变为便于统计处理的向量型数据。其次，利用计算机将这些向量以专利网的方法表示出来，其中专利就是网络中的节点，专利间的关系由连接节点的线表示。之后可以用一些量化的指标对专利网进行深度分析并得出可以指导决策的量化信息。在确定两个专利间是否相关时，可以用式（4）计算出两项专利间的关联值（Association Value）：

$$A_{ij} = \sqrt{\sum_{s=1}^{K} (n_{is} - n_{js})^2 / K} \qquad (4)$$

其中，n_{is}是第 i 份专利文件中关键词 s 的出现频率。当两项专利间的关联度超过某一经验值时，便视为两项专利相关，于是关联矩阵的对应元素取值为 1，否则为 0。以此为基础，Byungun Yoon 和 Yongtae Park[47]利用 UCINET 5 和 Krackplot 3.0 软件绘制了韩国波分复用领域（Wavelength Division Multiplexing，WDM）相关技术的专利网络（见图 6）。

之后，他们根据每个节点的关联数和关联节点的参数设计出两个指标分别衡量的专利的中心度和技术所处的阶段，根据这两种指数对

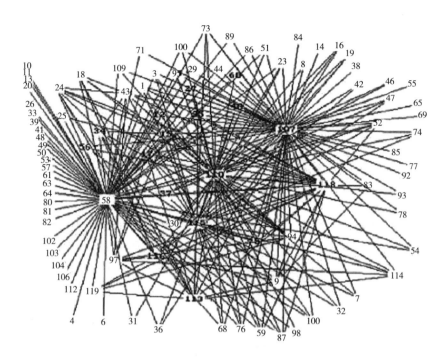

图 6 Byungun Yoon 和 Yongtae Park 绘制的 WDM 技术领域的专利网络

注：图中数字为专利编号。

资料来源：Byungun Yoon 和 Yongtae Park[47]。

网络中的每个节点进行聚类分析，并试图对每一类专利集合做出实际解释，以发现具有较大潜力的技术领域。

在一项最新的研究中，Péter Érdi 等[51] 通过不同专利间相互引用的数据构建了专利网络。他们的基本思路是首先提取出每项专利的"引用向量"，这一向量包含了其被其他专利引用的频数。他们假设拥有相似"引用向量"的专利属于同一个技术领域，因此，可以利用聚类分析将其划分为一些大的技术集合。根据这些技术集合的变化和新技术集合的产生，就可以观察到新技术领域的诞生和发展，并对未来可能产生的新变化进行预测。为了检验这一预测方法的有效性，他们对美国全国经济研究所（NBER）所划分的第 11 类专利分类——农业、食品和纺织行业——相关技术的专利数据进行了分析。基于美国专利和商标管理局（USPTO）提供的 1991～1996 年的数据，他们对即将生成新技术的领域进行了预测，预测结果与 1997 年 USPTO 所宣布的第 11 类专利分类下的新增子类——第 442 行业小类明显重合①。

Sunghae Jun 和 Seung - Joo Lee[52] 通过多元回归和简单的神经网络模型对韩国纳米技术进行了分析，他们借助国际专利编码（IPC）来代表不同技术领域，发现纳米技术的进步需要编码为 C01B、B32B、B29C 和 G01N 的技术的进步，同时间接地受到编码为 B01J 和 B05D 的技术的影响。此外，使用专利分析进行预测的案例还有很多，如 Kajikawa 和 Takeda[53]、Kajikawa 等[54] 利用引用分析和聚类分析技术预测新兴技术。他们同时还使用了路线图技术在不同的概念之间建立了联系。另一个研究中，Kajikawa 和 Takeda[53] 利用专利引用数据分析了生物质能源领域的技术预测，还运用类似的方法对可再生药物技术进行研究。还有一些文章利用简单的统计方法基于专利信息进行技术预测[55~57]。这类技术预测方法存在的局限包括：①技术预测的结果，比如聚类分析结果中的分类，很难对其做出具有社会经济意义的解释；②一些关键步骤仍然需要进行主观的判断，比如对"技术空位"的选取和判断网络中专利是否相关时所设定的"阈值"等；③预测结果受分析者对数据库的了解程度和搜索技术的影响较大。因此一般在使用科学计量方法、文献计量方法时都会联合专家调查法等定性方法一起使用。例如，Byungun Yoon 和 Yongtae Park[58] 联合使用句法分析模型（Morphology Analysis）和专利分析对薄膜电晶体液晶显示器（TFT - LCD）技术进行了预测。Carvalho 等[59] 建议在使用技术路线图的同时使用文献计量方法等。

---

① USPTO 的分类系统将专利分为 450 个大类和 12 万余个小类。NBER 的一个分类项目中将这 450 个大类进一步合并为 36 类。USPTO 的产品分类是专利分类，但作者称 USPTO 的分类受到实体经济的影响，所以，USPTO 如果新划分出来一类，至少说明这一行业在真实经济中确实有所显现。

2. 数据包络分析方法

技术预测数据包络分析（TFDEA）是传统数据包络分析（DEA）的拓展，后者最早作为一种运筹学方法被 Charnes 等于 1978 年提出[60]。DEA 方法基于相对效率的比较来对决策的效率进行分析。在经典的 DEA 模型中，时间被视为均等分割的，但是技术预测所关注的时间是间断分布的。因此，人们对 DEA 进行了一些修正以使其得以对技术进行预测，称为 TFDEA。TFDEA 方法中一个关键概念是"尖端技术"（State-of-the-art，SOA），如果一项技术是尖端技术，那么它的效率比同时期的其他技术要高，且规定其效率得分为 1，余下技术的效率得分根据先前的尖端技术来依次赋予[61]。TFDEA 最早由 Anderson 等[62]提出，用于测量某种产品性能的变化率。他们认为简单的产品周期无法用来测量产品性能随时间的变化。他们将 TFDEA 运用于测量在线交易处理平台的微小技术进步，并利用事务处理性能委员会（TPC）所提供的数据计算出最佳状况下在线交易处理平台性能的年变化率。这一变化率用于预测 TPC 在未来所设置的性能标准。TFDEA 还被运用于战斗机产量的预测，在 Inman 等[63]的文章中，TFDEA 的预测效果比 Martino[64]使用回归方法所做出的预测效果要好。在另一项研究中，TFDEA 在微处理器领域的预测比摩尔定律要精确，不仅在预测的维度上进行了提升，还发现耗电量是一个非常重要的影响预测结果的变量。Inman[65]基于磁盘驱动器的数据对 TFDEA 的预测效果和 Christensen[66]所使用的经典技术管理预测模型的预测效果做了比较。Anderson 等[67]在一个会议论文中再次拓展了 TFDEA 方法，他们在应用 TFDEA 之前增加了构建技术描述这一步骤。Lamb 等[68]给出了一个运用 TFDEA 方法预测商务飞机行业的基本框架，首先计算出 2007 年前每一种飞机相对于之前所有飞机的相对性能，然后计算其在预测年份的相对性能，计算所有飞机性能的变化率，然后计算出所有飞机的平均性能变化率。

四　描述性方法

1. 技术路线图

描述性方法中近年来发展最迅速的工具是技术路线图（Technology Roadmap，TRM），大多数针对 TRM 的文章都是通过案例研究来阐述 TRM 的步骤和基本思想，TRM 的基本框架为[69]：

（1）需求/原动力；

（2）可以满足需要的产品和服务；

（3）可以支持这类产品和服务的技术；

（4）在以上三个步骤间建立联系；

（5）设定计划来获取这类技术；

（6）为这类计划分配资源。

TRM 可以涵盖国家层面[70~72]、产业层面[73]和国际技术层面[74]。TRM 在美国全面产业规划中很早就有应用，1992 年美国的"全国技术路线图"对半导体产业的研发产生了深远影响。这个路线图引发了该产业内的许多技术讨论，并且经常在国际技术会议上成为议题。政府利用路线图辅助对半导体产业的技术研发进行财政支持的决策。这类路线图并不只在半导体产业存在。美国国家研究委员会和美国科学院曾经在基础科学的研究领域进行路线图规划[75]。此外，日本经济技术产业省（METI）从 2003 年开始就积极地进行国家技术的路线图规划。欧盟也有类似的机构进行技术演化路径的预测，欧盟卓越网技术平台（European Networks of Excellence and Technology Platforms）是一个综合技术评估平台，对大规模的科研投资进行评估和预测，运用的方法也是 TRM[76]。英国曾专门就技术路线图在国家技术发展中的作用及使用方法进行过研究和实践[77]。对某一产业技术进行预测的案例研究非常多，例如，对能源产业的预测[69]，对纳米技术路线图的预测等[78]。

近年来，许多学者对基于技术路线图的方法进行了拓展，比如一些学者[79]设计了多路线技术路线图并尝试为镜片实验室设备（Lab-on-a-chip）的技术路径做出规划。有些学者[80]提出了预测创新路径（Forecasting Innovation Pathways，FIP）的框架，主要运用于对刚刚出现的技术进行创新路径的预测，框架如图 7 所示[79]。

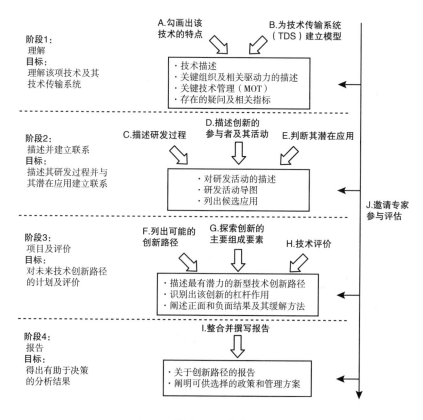

图 7　FIP 框架

资料来源：Robinson 和 Propp[81]。

学者利用该框架对纳米生物传感领域和深度人脑交互设备领域进行了深入的案例研究。Phaal 等[82]筛选出在私人企业中被使用过的 16 种形式的技术路线图。

2. 专家调查法

专家调查法又称德尔菲法，一直以来是最为常用的技术预测方法。主要步骤是：由专家对关于特定技术的调查问卷进行独立回答，然后对专家的答案进行统计，做出相应的预测，再回馈给专家，由他们做二次判断或预测，再次加以统计，如此反复经过几轮，直到专家意见趋于一致。近 20 年间在技术预测领域对专家调查法的大范围应用出现在韩国、德国、日本和印度，这类调查在全国范围的专家圈内对信息技术等行业进行了预测[83~84]。Dransfeld 等[85]对专家调查法做出了重要的补充，他们在合并调查问卷结果时，对不同问卷赋予了贝叶斯权重。他们根据被访者在某一问题上所具有的经验、所处机构的类别以及被访者就该问题准确性的自我评估，为每一位专家对每一个问题的回答赋予不同权重，其中所处机构类别和专家经验的权重根据过往预测数据计算得到的先验概率。

专家调查法仍然是技术预测领域最为常用的方法。对于全国或者整个产业的大范围预测，专家调查法很可能是唯一可行的方法[86]。

五　不同方法间的比较研究

Young（1993）[87]利用 46 项技术的数据对九种增长曲线间的预测效果和拟合效果进行了比较，有几个发现：一是对历史数据拟合较好的模型对未来预测的效果较差；二是如果数据的上界未知，那么 Bass 模型、Harvey[88]模型以及经过拓展的 Riccati 模型[89]的预测效果相对好一些，而逻辑斯蒂曲线、Gompertz 曲线的预测效果都不是很好；三是数据的时间序列跨度、数据是否达到上界的 50% 等因素对模型的选择都有重要影响，比如，Harvey 模型更适合进行长周期的预测，Bass 模型对于数据未达到上限值的 50% 的技术预测效果更好。这些发现说明通过趋势外推的方法进行预测的效果受数据特点的影响较大，应基于数据特点来选择预测模型。这些特点包括是否有明确上界，时间跨度、数据是否达到上限值的 50% 等。Farmer 等[90]基于 62 项技术的成本和产量的时间序列数据对以下模型的预测效果进行了比较。

（1）摩尔定律（Moore's Law）：单位成本随时间指数递减。

（2）莱特模型：单位成本随累积产量指数变化。

（3）Goddard's Model：单位成本随当年产量指数变化。

（4）上述模型的一些变形：SKC，延后一期的 Wright's Model。

他们发现，总体上莱特模型和摩尔定律预测效果最好，而不同模型的预测效果随数据跨度和技术领域而变化。同时，他们得出结论，不同技术虽然在模型参数上有所不同，但是其产量和成本随时间变化的过程是十分相似的，这意味着每项技术的变化曲线可以被看作从总体中抽出的一个样本，通过增加样本容量（甚至可以将其他技术的数据也包括进来），我们可以对技术的变动趋势以及随机误差进行更好的估计。

另一项研究[91]对 Kryder's law[92]、Logistic Model[93]、Bass Model[90]、Gompertz' Model[89]、Gupta Model[94]、Tobit II Model、摩尔定律 7 个模型进行了比较并建立了一个新的 Step and Wait 模型（SAW），数据表明 SAW 的预测效果超过之前的 7 个理论模型。类似的文章还有很多[86,95,96]。

在以上文章中，对多种"S"形曲线模型及指数增长模型的预测能力的比较主要关注对某一技术/产业的单位成本或者增长速度进行预测的能力，作为预测对象的技术已经存在一段时间或者刚刚萌芽，它们的进步大多不属于颠覆性创新（Competency-destroying Innovation），而属于成本节约型创新（Competency-enhancing Innovation）。但是对这类技术发展趋势进行研究对于预测颠覆性创新至关重要，因为颠覆性创新往往在周遭产业已经逐渐相当成熟、上游成本非常低廉、新的市场需求产生迁移的情况下发生[99]。此类的定量研究还比较新，近几年才有相关的文章相继涌现。值得关注的是"S"形曲线还曾被用于预测技术间的替代。有美国学者[97]对 Gompertz、Fisher-Pry、Stapleton[98]、Sharif 和 Islam[99] 的模型对技术替代的预测能力进行了比较，该研究的测试数据是彩色电视机相比黑白电视机的市场占有率和机械化船舶相比帆船的市场占有率的时间序列数据。他们发现这些模型对于技术替代具有一定的预测能力，但是不同模型对于不同数据的预测效果相差很大。然而由于这一研究发生在这些技术替代已经完成之后，所以，如何发现并评估潜在的市场主导技术问题仍然没有解决，而且他们的研究发现这些模型只对短期（5年以下）预测有效。

六　总结

综观现有文献对技术预测领域的研究，能够成功预测颠覆性技术创新的案例十分罕见，但是这并不影响当技术已经成熟并形成规模之后对产品的成本、产量、市场占有率以及其他经济参数进行预测。很多文章对技术替代的模型进行了探讨，但大部分是技术替代已经发生后的"回溯性"预测，在已知某一项技术将替代另一项技术的情况下，一些模型可以比较成功地描述出两项技术间的替代过程，比如Fisher-Pry 模型。但如果候选技术过多，就很难决定哪些技术终将成为主导技术，哪些技术不过昙花一现。

参考文献

［1］Ercan Oztemel and Mustafa Batuhan Ayhan, A Quantitative Approach for Measuring Technological Forecasting Capability ［J］, International Journal of Innovation and Applied Studies, ISSN 2028 – 9324, 2013, 4（1）: 75 – 82.

［2］Martino, J. P., Technology Forecasting – an Overview ［J］, Management Science, 1980, 26（1）: 28 – 33.

［3］Jun, S., Park S. and Jang, D., Technology Forecasting Using Matrix Map and Patent Clustering ［J］. Industrial Management & Data Systems, 2012, 112（5）.

［4］Grupp, H., Linstone, H. A., National Technology Foresight Activities around the Globe: Resurrection and New Paradigms ［J］, Technological Forecasting & Social Change, 1999, 60（1）: 85 – 94.

［5］ Miller Philip, and Swinehart, Kerry, Technological Forecasting: A Strategic Imperative ［J］, Journal of Global Business Management, 2010, 6 （2）.

［6］ Lemos, A. D. , and Porto, A. C. , Technological Forecasting Techniques and Competitive Intelligence: Tools for Improving the Innovation Process ［J］, Industrial Management & Data Systems, 1998, 98 （7）: 330 – 337.

［7］ Cristiano Cagnin, Michael Keenan, Ron Johnston, Fabiana Scapolo, and Rémi Barré, Future-Oriented Technology Analysis: Strategic Intelligence for an Innovative Economy ［R］, ISBN 978 – 3 – 540 – 68811 – 2, Springer, 2008.

［8］ Imundo, L. V. , and Lanford, H. W. , Approaches to Technological Forecasting as a Planning Tool ［J］, Long Range Planning, ISSN 0024 – 6301, 1974, 7 （4）: 49 – 58.

［9］ Martino, Joseph P. , A Review of Selected Recent Advances in Technological Forecasting ［J］, Technological Forecasting & Social Change, 2003, 70 （8）: 719 – 733.

［10］ National Research Council and Committee on Forecasting Future Disruptive Technologies Persistent Forecasting of Disruptive Technologies ［R］, ISBN 9780309116602, 2008: 20 – 30.

［11］ V. Coates, M. Faroque, R. Klavins, K. Lapid, H. A. Linstone, C. Pistorius, and A. L. Porter, On the Future of Technological Forecasting ［J］, Technol. Forecast. Soc. Change, 2001, 67 （1）: 1 – 17.

［12］ Technology Futures Analysis Methods Working Group, Technology Futures Analysis: Toward Integration of the Field and New Methods ［J］, Technol. Forecast. Soc. Change, 2004, 71 （3）: 287 – 303.

［13］ Firat, A. K. , Wood, W. L. , and Madnick, S. , Technological Forecasting: A Review Working Paper CISL# 2008 – 15, 2008.

［14］ Abernathy, W. and Utterback, J. , Patterns of Industrial Innovation ［M］, M. Tushman and W. Moore （Eds. ）. Readings in the Management of Innovation: 1982: 97 – 108. Boston, MA: Pitman.

［15］ Gersick, G. J. G. , Revolutionary Change Theories: A Multilevel Exploration of the Punctuated Equilibrium Paradigm ［J］, Acad. Manage. Rev, 1991, 16: 10 – 36.

［16］ Seeger, J. A. , Lorsch, J. W. , and Gibson, C. F. , First National City Bank Operating Group ［M］, Cambridge, MA: President and Fellows of Harvard College, 1974.

［17］ Grudin, Jonathan, Punctuated Equilibrium and Technology Change ［J］, ISSN 1072 – 5520, 2012, 19 （5）: 62 – 66.

［18］ Lenz, R. C. , A Heuristic Approach to Technology Measurement ［J］, Technological Forecasting and Social Change, 1985, 27: 249 – 264.

［19］ Magee, Christopher L. , and Koh, Heebyung, A Functional Approach for

Studying Technological Progress ［J］, Technological Forecasting & Social Change, ISSN 0040 - 1625, 2008, 75 (6): 735 - 758.

［20］ Martino, J. P. , Technological Forecasting for Decision Making, Elsevier, 1972.

［21］ Martino,J. P. , Technological Forecasting for Decision Making ［M］, 3rd Ed. McGraw-Hill, 1993: 281 - 282

［22］ Vanston, J. H. , Technology Forecasting: An Aid to Effective Management ［M］, Technology Futures, Inc. , Austin, TX. 1988.

［23］ Marchetti, Cesare, Primary Energy Substitution Models: On the Interaction Between Energy and Society ［J］, Technological Forecasting and Social Change, 1977, 10: 75 - 88.

［24］ Marchetti,Cesare, Adapted from Data in "Anthropological Invariants in Travel Behavior" ［J］, Technology Forecasting and Social Change, 1994, 47.

［25］ Marchetti, Cesare, Looking Forward - Looking Backward: A Very Simple Mathematical Model for very Complex Social Systems ［R］, Previsione Sociale e Previsione Politica, Urbino, Italy, 1996.

［26］ Fisher,J. C. , and Pry, R. , A Simple Substitution Model for Technological Change ［J］, Technology Forecasting and Social Change, 1971, 3: 75 - 78.

［27］ Walk, S. R. , Quantitative Technology Forecasting Techniques ［ R ］, InTechOpen, 2012.

［28］ Gompertz, B. , On the Nature of the Function Expressive of the Law of Human Mortality, and on a New Mode of Determining the Value of Life Contingencies ［R］, Philosophical Transactions of the Royal Society of London, 1825, 115: 513 - 585.

［29］ Bass, F. M. , A New Product Growth for Model Consumer Durables ［J］, Management Science, 1969, 15: 215 - 227.

［30］ Moore, G. E. , Cramming More Components Onto Integrated Circuits ［J］, Electronics, 1965, 38 (8).

［31］ Mollick, E. , Establishing Moore's Law ［J］, IEEE Annals of the History of Computing, 2006: 62 - 75.

［32］ Schaller, R. R. , Moore's Law: Past, Present and Future ［J］, Spectrum, IEEE, 1997, 34 (6): 52 - 59.

［33］ Edwards, C. , The Many Lives of Moore's Law ［J］, Engineering & Technology, 2008, 3 (1): 36 - 9.

［34］ Wolff, M. F. , Chase Moore's Law Inventors Urged ［J］, Research Technology Management, 2004, 47 (1).

［35］ Wright, T. P. , Factors Affecting the Costs of Airplanes ［J］, Journal of Aeronautical Sciences, 1936, 10: 302 - 328.

［36］ Goddard, C. , Debunking the Learning Curve ［J］, IEEE Transactions on

Components, Hybrids, and Manufacturing Technology, 1982, 5: 328 – 335.

[37] Sinclair, G., Klepper S., and Cohen W., What's Experience Got to Do with It? Sources of Cost Reduction in a Large Specialty Chemical Producer [J], Management Science, 2000, 46: 28 – 45.

[38] Shin, Juneseuk and Park, Yongtae, Brownian Agent-based Technology Forecasting [J], Technological Forecasting &Social Change, ISSN 0040 – 1625, 2009, 76 (8): 1078 – 1091

[39] Gordon, Theodore J., A Simple Agent Model of an Epidemic [J], Technological Forecasting & Social Change, ISSN 0040 – 1625, 2003, 70 (5): 397 – 417.

[40] Potter, Ian J., Heidrick, Ted R., and Phillips, Joanne G., Technology Futures Analysis Methodologies for Sustainable Energy Technologies [J], International Journal of Innovation and Technology Management, 2007, 4 (2): 171 – 190

[41] Martino, Joseph P., A Review of Selected Recent Advances in Technological Forecasting [J], Technological Forecasting & Social Change, 2003, 70 (8): 719 – 733.

[42] Bhargava, S. C., Kuman, A., Mukerjee, A., A Stochastic Cellular Automata Model of Innovation Diffusion [J], Technological Forecasting & Social Change, 1993, 44: 87 – 97.

[43] Jacob, E. S., Using Cellular Automata Modeling of the Emergence of Innovations by Goldenberg [J], Technological Forecasting & Social Change, 2001, 68 (3): 293 – 308.

[44] De Miranda Santo, Marcio, Coelho, Gilda Massari, Filho, Lélio Fellows and Dos Santos, Dalci Maria, Text Mining as a Valuable Tool in Foresight Exercises: A Study on Nanotechnology [J], Technological Forecasting & Social Change, 2006, 73 (8): 1013 – 1027.

[45] Porter, A. L. and Cunningham, S. W., Tech Mining: Exploiting New Technologies for Competitive Advantage [R], John Wiley & Sons, Hoboken (New Jersey), 2005.

[46] Price, Derek J., De Solla, Is Technology Historically Independent of Science? A Study in Statistical Historiography [J], Technology and Culture, 1965, 6 (4).

[47] Yoon, Byungun and Park, Yongtae, A Text-mining-based Patent Network: Analytical Tool for High-technology Trend [J], Journal of High Technology Management Research, 2004, 15 (1): 37 – 50.

[48] Lee, Sungjoo, Yoon, Byungun and Park, Yongtae, An Approach to Discovering New Technology Opportunities: Keyword-based Patent Map Approach [J], Technovation, 2009, 29 (6): 481 – 497.

[49] Sang Sung Park, Sunghae Jun and Dong Sik Jang, Technology Forecasting Using Matrix Map and Patent Clustering [J], Industrial Management & Data Systems, 2012, 112 (5): 786 – 807

[50] Wu,Hsin-Ying, Taghaboni-Dutta, Fataneh, Trappey, Amy J. C. and Trappey Charles V., Using Patent Data for Technology Forecasting: China RFID Patent Analysis [J], Advanced Engineering Informatics, 2011, 25 (1): 53 – 56.

[51] Péter Érdi, Kinga Makovi, Zoltán Somogyvári, Katherine Strandburg, Jan Tobochnik, Péter Volf, László Zalányi, Prediction of Emerging Technologies Based on Analysis of the U. S. Patent Citation Network [J], Scientometrics, 2013, 95 (1): 225 – 242.

[52] Jun, Sunghae and Lee, Seung-Joo, Emerging Technology Forecasting Using New Patent Information Analysis [J], International Journal of Software Engineering and Its Applications, 2012, 6 (3): 107 – 115.

[53] Kajikawa, Y. and Takeda, Y., Structure of Research on Biomass and Bio-fuels: A Citation-based Approach [J], Technological Forecasting and Social Change, 2008, 75: 1349 – 1359.

[54] Kajikawa, Y., Usui O., Hakata K., Y. Yasunaga, and K. Matsushima, Sructure of Knowledge in the Science and Technology Roadmaps [J], Technological Forecasting and Social Change, 2008, 75: 1 – 11.

[55] Fattori, M., Pedrazzi, G., and Turra, R., Text Mining Appliedto Patent Mapping: APractical Business Case [J], World Patent Information, 2003, 25: 335 – 342.

[56] Indukuri,K. V., Mirajkar, P. and Sureka, A., An Algorithm for Classifying Articles and Patent Documents using Link Structure [R], Proceedings of International Conference on Web-Age Information Management, 2008: 203 – 10.

[57] Jun,S., Uhm, D., Patent and Statistics, What's the Connection? [J], Communications of the Korea Statistical Society, 2010, 17 (2): 205 – 22.

[58] Yoon, Byungun and Park, Yongtae, Development of New Technology Forecasting Algorithm: Hybrid Approach for Morphology Analysis and Conjoint Analysis of Patent Information [J], IEEE Transactions on Engineering Management, 2007, 54 (3): 2007.

[59] Carvalho,Marly Monteiro, Fleury, André Leme, An Overview of the Literature on Technology Road Mapping (TRM) [J], Technological Forecasting & Social Change, 2013, 80 (7): 1418 – 1437.

[60] Charnes,A., Cooper, W. W., and Rhodes, E., Measuring the Efficiency of Decision Making Units [J], European Journal of Operational Research, 1978, 2 (6): 429 – 444.

[61] Durmusoglu,A., and Dereli, T., On the Technology Forecasting Using Data

Envelopment Analysis (TFDEA) [R], 2011 Proceedings of PICMET' 11: Technology Management in the Energy Smart World (PICMET), 2011: 1 – 6

[62] Anderson, T., Hollingsworth, K., and Inman L., Assessing the Rate of Change in the Enterprise Database System Market over Time Using DEA [J], Management of Engineering and Technology, 2001, 201 (3).

[63] Inman, O. L., Anderson, T. R., and Harmon, R. R., Predicting U. S. Jet Fighter Aircraft Introductions from 1944 to 1982: ADog Fight betweenRegression and TFDEA [J], Technological Forecasting and Social Change, 2006, 73 (9): 1178 – 1187.

[64] Martino, J. P., Comparison of Two Composite Measures of Technology [J], Technological Forecasting and Social Change, 1993, 44 (2): 147 – 159.

[65] Inman, O. L., Technology Forecasting Using Data Envelopment Analysis [R], Unpublished PhD, Portland State University, United States – Oregon. 2004.

[66] Christensen, C. M., The Innovator's Dilemma [M], Boston, MA: Harvard Business School Press, 1997.

[67] Anderson, T. R., Daim, T. U., and Kim, J., Technology Forecasting for Wireless Communication [J], Technovation, 2008, 28, (9): 602 – 614.

[68] Lamb, A., Anderson, T. R., and Daim, T. U., Forecasting Airplane Technologies [J], Foresight, 2010, 12 (6): 38 – 54.

[69] Oliver, Terry and Daim, Tugrul U., Implementing Technology Roadmap Process in the Energy Services Sector: A Case Study of a Government Agency [J], Technological Forecasting & Social Change, 2008, 75 (5): 687 – 720.

[70] Spencer W. J., Seidel, T. E., National Technology Roadmaps: the U. S. Semiconductor Experience [R], 4th International Conference on Solid-state and Integrated Circuit Technology, 1995: 211 – 220.

[71] Diebold, A. C., Overview of Metrology Requirements based on the 1994 National Technology Roadmap for Semiconductors [R], Advanced Semiconductor Manufacturing Conference and Workshop, IEEE/SEMI, 1995: 50 – 60.

[72] Prem, H., Raghavan, N. R. S., Building a Technology Roadmap in High Performance Computing in the Indian Context [R], Technology Management: A Unifying Discipline for Melting the Boundaries, 2005.

[73] Ning, T. H., A CMOS Technology Roadmap for the Next Fifteen Years [R], IEEE Region 10th InternationalConference on Microelectronics and VLSI, 1995: 1 – 4.

[74] Schaller, R., Technological Innovation in the Semiconductor Industry: ACase Study of the International Technology Roadmap for Semiconductors (ITRS) [R], Portland International Conference on Management of Engineering and Technology, PICMET, Portland, 2001: 195.

[75] Spencer, W. J. and Seidel, T. E., National Technology Roadmaps: the U. S. Semiconductor Experience [R], Proceedings of 4th International Conference on Solid-State and IC Technology, 1995: 211 – 220.

[76] Robinson, Douglas K. R. and Propp, Tilo, Multi-path Mapping for Alignment Strategies in Emerging Science and Technologies [J], Technological Forecasting & Social Change, 2008, 75 (4): 517 – 538.

[77] Yasunaga, Y. Watanabe, M. and Yasuda, A., Study on Technology Roadmapping as a Management Tool for R&D [J], The Journal of Science Policy and Research Management. 2007, 21 (1): 117 – 128.

[78] Watanabe, M., Yasunaga, Y., and Korenaga, M., Application of Technology Roadmaps to Governmental Innovation Policy for Promoting Technology Convergence [J], Technological Forecasting & Social Change, 2009, 76 (1): 61 – 79.

[79] Robinson, Douglas, K. R. and Propp, Tilo, Multi-path Mapping for Alignment Strategies in Emerging Science and Technologies [J], Technological Forecasting and Social Change, 2008, 75 (4): 517 – 538.

[80] Huang, L., Porter, A. L., Robinson, D. K. R. and Guo, Y., Forecasting Innovation Pathways (FIP) for New and Emerging Science and Technologies [J], Technological Forecasting & Social Change, 2013, 80 (2): 267 – 285.

[81] Robinson, Douglas K. R. and Propp, Tilo, Multi-path Mapping for Alignment Strategies in Emerging Science and Technologies [J], Technological Forecasting and Social Change, 2008, 75 (4): 517 – 538.

[82] Phaal, R., Farrukh, C. J. P. and Probert, D. R., Characterisation of Technology Roadmaps: Purpose and Format [R], Portland International Conference on Management of Engineering and Technology (PICMET), 2001.

[83] Chakravarti, A. K., Vasanta, B., Krishnan, A. S. A., and Dubash, R. K., Modified Delphi Methodology for Technology Forecasting: Case Study of Electronics and Information Technology in India [J], Technological Forecasting & Social Change, 1998, 58: 155 – 165.

[84] Shin, T., Using Delphi for a Long-Range Technology Forecasting, and Assessing Directions of Future R&D Activities: the Korean Exercise [J], Technological Forecasting & Social Change, 1998, 58: 125 – 154.

[85] Dransfeld, H., Pemberton, J., and Jacobs, G., Quantifying Weighted Expert Opinion: the Future of Interactive Television and Retailing [J], Technol. Forecast. Soc. Change, 2000, 63: 81 – 90.

[86] Franses, P. H., A Method to Select between Gompertz and Logistic Trend Curves [J], Technological Forecasting and Social Change, 1994, 46 (1): 45 – 49.

[87] Young, Peg, Technological Growth Curves: A Competition of Forecasting

Models［J］，Technological Forecasting & Social Change，1993，44（4）：375 - 389.

［88］Harvey，A. C.，Time Series Forecasting Based on the Logistic Curve［J］，Journal of the Operational Research Society，1984，35（7）：641 - 646.

［89］Kendall，M. G.，Stuart，A.，and Ord，J. K.，The Advanced Theory of Statistics［J］，Macmillan，New York，1983，3.

［90］Farmer，J.，Doyne，Bui，Quan M.，Nagy，Béla and Trancik，Jessika E.，Statistical Basis for Predicting Technological Progress［J］，PloS one，2013，8（2）.

［91］Sood，Ashish，Zhu，Ji，Tellis，Gerard J.，and James，Gareth M.，Predicting the Path of Technological Innovation：SAW vs. Moore，Bass，Gompertz，and Kryder［J］，Marketing Science，2012，31（6）：964 - 979.

［92］Walter，C.，Kryder's Law［J］，Scientific American，2005.

［93］Foster，R. D.，Innovation：The Attacker's Advantage［M］，New York：Summit Books，1986.

［94］Gupta，Sunil，Impact of Sales Promotions on When，What，and How Much to Buy［J］，Journal of Marketing Research，1988，25：342 - 355.

［95］Dmitry Kucharavy，Roland De Guio. Application of S - shaped Curves［R］，Procedia Engineering，2011：559 - 572.

［96］Nigel Meade，Towhidul Islam，Forecasting with Growth Curves：An Empirical Comparison［J］，International Journal of Forecasting，1995，11（2）：199 - 215.

［97］Lee，J. C.，and Lu，K. W.，On a Family of Data-Based Transformed Models Useful in Forecasting Technological Substitutions［J］，Technological Forecasting & Social Change，1987，31：61 - 78.

［98］Stapleton，E.，The Normal Distribution as a Model of Technological Substitution［J］，Technological Forecasting and Social Change，1976，8：325 - 334.

［99］Sharif，M. N.，and Islam，M. N.，The Weibull Distribution as a General Model for Forecasting Technological Change［J］，Technological Forecasting and Social Change，1980，18：247 - 256.

第三章
技术与商业模式融合的颠覆性创新

王　茜

一　"互联网＋"模式将成为竞争新态势

经过 20 多年的快速发展，互联网在我国经济社会发展中的地位不断提升，作用持续增强。由于自身具有强烈的渗透性和持续高速发展的内在需求，互联网必然要寻求与传统产业融合，催生新的发展空间。随着互联网加速从生活工具向生产要素转变，其与传统产业的结合更加紧密，以互联网为基础的新兴业态更加密集涌现，"互联网＋"模式将成为企业竞争、产业竞争乃至国家竞争的新态势。

1. "互联网＋"昭显强大生命力

"互联网＋"点燃信息消费新引擎。在经济复苏大环境下，国内外都高度关注信息消费对经济发展的支撑促进作用，纷纷致力于促进和提升信息消费需求，以互联网为基础的信息消费成为其中的重要组成。我国拥有最大的互联网市场和世界一流的互联网企业，以互联网为基础，各种新技术、新产品、新业态、新商业模式变革正密集发生，对消费结构升级和信息技术产业转型的作用进一步增强，进一步激发了信息消费的引擎作用，为我国经济的持续快速发展提供了新的动力。

"互联网＋"催生行业发展新业态。互联网经过 20 多年的发展已经悄然渗透至各行各业，并诞生了诸多新兴业态。"互联网＋传统零售业"形成电子商务，撬动信息消费；"互联网＋传统工业"形成工业互联网，引领制造业向数字化、网络化、智能化转型升级；"互联网＋传统金融"形成互联网金融，助力"普惠金融"。"互联网＋"模式已经成为传统行业实现转型升级、创新发展的重要途径。

"互联网＋"引领企业抢滩新机遇。能够运用"互联网＋"思维，用新的发展观抓住机遇的企业，具有赶超发展的无限可能。阿里巴巴以"互联网＋传统集市"的思路打造了淘宝和天猫，以"互联网＋传统银行"的模式创新了支付宝和余额宝，成功超越 Facebook，成为全球第二大互联网公司。同样，"互联网＋传统广告"成就了百度，"互联网＋传统社交"成就了腾讯，"互联网＋传统百货"成就了京东。这些位列全球十大互联网企业的中国企业都是凭借"互联网＋"思维取得了竞争优势和领先地位。

2. "互联网＋"孕育竞争新态势

"互联网＋"赋予国家竞争新内涵。以互联网为主要平台和内容的信息技术正与工业、能源、新材料等领域的技术交叉融合，形成新一轮技术革命与产业变革，使互联网时代的国家竞争不再局限于传统行业的较量，而是获得了新的内涵。以互联网与工业的深度融合为代表，各国纷纷提出新概念、新战略、新举措，德国"工业 4.0"基于制造业基础与互联网融合，美国"工业互联网联盟"利用互联网优势激活传统制造业以提升工业价值创造能力。我国将"智能制造"作为两化深度融合的主攻方向，其实质也是通过互联网与工业深度融合，在"互联网＋工业"的新竞争战场上，赋予国家间竞争新的内涵，抢占产业变革先机，实现工业由大变强的历史性跨越。

"互联网＋"打造行业竞争新模式。面对互联网强大的渗透力，传统行业纷纷变革发展模式，力求以技术、产品、服务、商业模式等创新占得竞争制高点。电子商务的兴起，使传统零售企业的业务收入减少，颠覆了传统销售业的销售渠道；互联网金融的出现，吸引了银行直接用户，变革了金融机构的经营思路；智能电视的普及，抢夺了传统彩电企业的市场份额，革新了彩电行业的竞争焦点。互联网的跨界渗透在颠覆传统行业的同时，也在加速改造、倒逼传统行业转型升级。如何在互联网的跨界中不被终结、赢得重生，已成为行业竞争新模式下所有企业都需要认真思考和解决的问题。

"互联网＋"构筑企业竞争新格局。在市场竞争中，"互联网＋"已经不再是一种口号，而是实实在在地成为企业竞争实力的一种标志，传统企业不得不加速互联网化，以期在新竞争格局中获得一席之地。大型零售巨头华联、银泰、新世界等面对阿里的淘宝和天猫、腾讯的微信购物，陆续开展与手机淘宝、微信的合作，并通过打折、促销力图夺回市场份额；面对支付宝、余额宝等带来的竞争压力，四大银行不断推出各类互联网金融理财产品，并通过降低快捷支付限额等手段做出回应。与此同时，互联网企业向传统行业"圈地"的争夺同样激烈。为聚集力量打造互联网生态系统，以百度、腾讯、阿里巴巴为代表的互联网巨头们纷纷进行海量投资与跨界合作，竞争遍布打车、餐饮、地图、视频、团购、旅游、百货、移动支付等各个领域，在构筑自身全方位竞争实力的同时，也带来各产业领域竞争态势的变革。

3. 对策与思考

顺应互联网与工业行业加速融合发展趋势，抢占智能制造的战略制高点。一是顺应万物互联发展趋势，鼓励企业建立智能生产体系，将数字化生产设备联网，提升制造过程的信息化水平，促进企业向信息化技术综合集成阶段发展，实现"物联网"和"务（服务）联网"有机整合。二是促进制造企业商务模式数字化，通过与电子商务平台机构合作，加快全产业链大数据形成，积极使用云计算、物联网技术，努力向智能生产方向发展。三是大力发展工业软件，实现核心软件、底层软件系统的自主开发，快速提升嵌入式软件、数控系统的研发能力，推动基于互联网的行业解决方案研发应用。

顺应"互联网＋"打破原有产业边界的趋势，引导传统行业转变发展理念。一是引导传统行业从业者转变思维方式，借助互联网思维进行创新。在互联网与传统行业结合的过程中，充分发挥互联网思维对产业的引领和改造作用，使互联网平台具有更高的透明度和参与度、更低的成本和更好的便捷性。二是引导和支持企业提高学习、创新能力。提高传统行业对互联网的认识水平，积极培养、引进复合型人才。将企业业务与互联网结合，从技术和产品层面扩展到商业模式、服务方式层面，加速实现依托互联网的全方位创新。

规范"互联网＋"创新创业竞争秩序，营造公平合理的竞争环境。一是加强政府引导，通过行业标准制定和适度监管，防范在位企业凭借先行优势阻碍新兴企业的进入和创新，通过立法为传统企业与互联网的融合发展提供法律保障。二是建立健全企业竞争行为的预警、监测体系，研判互联网新技术、新应用、新商业模式出现可能带来的竞争风险，依法处置不公平、不正当竞争行为。三是加强创新创业规范宣传，提高创新企业、创业个人的自律意识和社会责任意识，强化企业和个人的守法自觉性。

二　分享经济发展面临的挑战与对策研究
——以共享单车为视角

共享单车横空出世于移动互联网与交通出行的交汇地带，带给人们方便与快捷，正成为激活共享经济的"新元素"。作为分享经济领域的新业务，共享单车已成为当前热点。特别是伴随着以摩拜、ofo为代表的一批共享单车的相继推出，其随用随骑、网上支付的便捷性使其迅速受到市场青睐，也因践行绿色交通、低碳出行、创造清洁城市而受到资本热捧。但在共享单车为市民出行带来方便的同时，其所面临的诸多问题也浮出水面。在此背景下，需要解剖好共享单车这只

"麻雀"，找到分享经济发展面临的问题并提出解决措施，使分享经济能够更好地服务于大众。

（一）共享单车的发展现状及现实意义

共享单车是指企业在公共区域提供的自行车共享服务。2015 年底，ofo 共享单车出现在校园；2016 年 4 月，摩拜单车在"世界地球日"投放上海。随后，共享单车因迅速受到市场青睐而蓬勃兴起，新竞争者和资本团队纷纷入局，共享单车也相继在北京、深圳、成都等多个城市亮相并推广使用，使得 2016 年成为共享单车的发展元年。数据显示，截至 2016 年底，中国共享单车市场的用户总数已达 1886 万人，预计 2017 年共享单车市场用户规模将持续扩大，年底将拥有近 5000 万人用户。[1]

共享单车在短时间内快速兴起，获得市场和资本认可，点燃了共享经济的新"火种"。作为分享经济的新模式，共享单车凭借对现代信息技术的创新应用，在满足大众短距离出行需求的同时，缓解了交通拥堵、环境污染等城市压力，更契合了"创新、协调、绿色、开放、共享"五大发展理念，符合供给侧结构性改革要求。

1. 共享单车是分享经济发展的新模式

伴随着互联网技术及其创新应用的蓬勃发展，分享经济近年来快速成长。所谓分享经济，是指利用现代信息技术平台，整合分散化的闲置资源，实现陌生人之间物品或服务使用权暂时移交的一种新型经济模式。分享经济于 2014 年开始在我国呈井喷式发展态势，其落地应用也日益增多，涉及出行、住宿、贷款、就医等多个领域。2016 年，以政府公共自行车为雏形的共享单车快速遍布于各大城市街头，这一新型出行方式摒弃了公共自行车对用户停放单车的要求，使用户可以通过智能手机应用查看附近的单车位置，继而预约并找到该车，在使用后可以将单车停放在路边不影响行人正常通行的规定区域内，方便其他用户随用随取。作为分享经济的一种新模式，共享单车与建立在社会既有资源基础上的滴滴打车、小猪短租等分享经济模式不同，其分享模式并非建立在社会既有资源上，而是通过自造单车提供分享的基础，代表着一种重资产的分享经济模式。这种分享模式因流量从线下导入且业务布局具有地域分隔性而难以形成垄断，为"大众创业、万众创新"提供了契机。[2]

2. 共享单车贯彻"创新、协调、绿色、开放、共享"五大发展理念

从创新来看，共享单车诞生于中国而非硅谷，是摩拜、ofo等初创企业开辟的具有中国特色的创新路径，这既是建立在移动互联网、GPS、物联网等技术创新基础上的产业创新，也是建立在制造业与运营服务业融合创新基础上的生活方式创新。从协调来看，共享单车促进了单车这一资源要素的流动，达成供需之间的高效匹配，有助于实现经济发展与资源合理使用之间的协调发展。从绿色来看，共享单车倡导绿色出行、智慧出行，鼓励居民通过骑行方式减少公共交通和机动车的二氧化碳排放量，缓解交通拥堵问题。从开放来看，共享单车以人人均能支付得起的服务价格在全国各大城市推广应用，并已逐步推向国外市场。从共享来看，共享单车秉承"使用而非占有"的理念，将闲置单车信息统一呈现于服务平台，让人们能够更多地分享物品、使用物品。

3. 共享单车符合供给侧结构性改革要求

解决大众出行的短途交通问题是公共交通领域供给侧结构性改革的重要内容。在城市中，公交车与地铁系统始终无法解决人们出行中的"最后一公里"难题，而在短距离出行方面具有无可比拟优势的共享单车则恰恰能够弥补交通出行末端的缺陷，化解"最后一公里"接驳的尴尬。特别是在旅游城市，共享单车不仅能为当地居民的短距离出行提供便利，还能为外地游客观光游览提供支持。校园同样是"最后一公里"出行的典型场景，共享单车之所以兴起于校园，正是因为其能够成为师生在"教室-办公室""宿舍-图书馆"往返的最佳代步工具。得益于对"最后一公里"问题的精准出击，共享单车在地铁、公交构建起的城市交通"大动脉"中充当起"毛细血管"的角色，弥补了公共交通系统的不足，缓解了人们对交通便捷化的需求同交通拥堵之间日益突出的矛盾，从供给侧角度提供一个切实可行的解决方法。

（二）共享单车发展面临的问题

共享单车发展在渐行渐热之时，也面临着诸多问题，从用户乱停乱放、违规使用，到投机者盗窃变卖、恶意损坏，再到投资者盲目扩张，无一不给共享单车的发展带来压力。

1. 违规使用损害分享经济的持续性

为方便后续用户，共享单车明确禁止使用者将其停放在小区、地下室及室内车库、胡同以及收费通车区域。但自共享单车运营以来，违规使用问题不断。一是共享单车乱停乱放现象日趋严重。用户随意停放单车、占用盲道、占用机动车道，影响了行人的正常通行，引起社会不满，引发市民投诉，引来抵制共享单车的声音。二是"公车私有化"行为暴之于公众。有用户为方便自己取用，将单车违规停放在楼道里，隐藏在草坪里，使方便大众出行的公共物品仅能为个人服务；更有甚者通过给单车上锁、涂改二维码等违规使用行为，使共享物品变为私人物品，造成了共享物品在使用上的不可持续。

2. 失德行为扰乱市场秩序的和谐性

为防止共享单车遭偷盗或被恶意损坏，以摩拜为代表的共享单车企业一方面研发了单车智能锁，内置了电路板、芯片、SM 和 GPS 卡等，方便寻找自行车位置；另一方面在设计初期对市场上传统自行车易损耗部位进行了大量调查研究，从硬件方面对单车进行了创新改造，如车胎采用了实心防爆胎，以应用轴承替代车链的方式驱动自行车等。但在单车投入使用后，被盗事件、恶意损毁事件依然突出。一是回收和出售共享单车公开化。被偷盗单车出现在网络二手交易平台，摩拜、ofo 的单车分别以 2000 元、99 元不等的价格被回收，不仅引发了网络舆论，还带来了负面示范效应。二是恶意损坏提升了单车的耗损率。据 ofo 公关总监的透露以及网友提供的图像资料，共享单车目前主要是遭到黑摩的司机及一些自行车停车场人员的破坏，部分单车因损毁严重已无法使用。[3]根据摩拜单车的官方调查数据，仅运营四个月，摩拜单车的耗损率已高达 10%。

3. 狂热投资挑战行业发展的可控性

共享单车因其解决"最后一公里"出行的便捷化和绿色化而被资本市场所看好，融资节奏和额度屡创新高。例如，2016 年，仅摩拜、ofo、优拜、小鸣四家共享单车平台共完成 15 轮融资；2017 年伊始，摩拜已完成新一轮超 2.15 亿美元的融资。统计显示，涉及共享单车领域的投入资本已超过 30 亿元。在资本的疯狂涌入下，共享单车平台热衷于通过大量投放提高单车覆盖率，而这种城市"圈地运动"却暗藏风险。一是为抢占市场份额进行的"烧钱战""价格战"已上演。例如，继摩拜、ofo 推出半小时 1 元的骑行价格后，小蓝、酷骑等单车分别将价格定为半小时 0.5 元和 0.3 元，继而摩拜、ofo又推出"活动日免费骑行""充 100 返 100"等活动。这一场景与滴滴、快的网约车进行"圈地运动"时的资本大战何其相像，而通过降价、补贴抢占市场份额的方式将为行业企业后续发展埋下隐患。二是多家单车企业在尚无统一规划协调的情况下已造成部分地区单车过量投放。以共享单车在深圳的投放量为例，深圳目前常住人口的官方统计数约为 1137 万人，按照当前较为科学的方法计算城市单车容纳量，深圳最多只能容纳近 8 万辆单车。[4]仅从摩拜单车和小蓝单车将于 2016 年底前在深圳分别投放 10 万辆、3 万辆的计划来看，就已远超 8 万辆的容纳极限。

（三）共享单车问题折射分享经济发展面临的挑战

共享单车面临的上述三大问题恰恰折射出我国分享经济发展面临

的三大挑战：一是征信体系不够完善，道德缺失问题严重；二是市场监管存在缺失，监管思路亟待转变；三是盲目扩张存在隐患，投资引导有待规范。

1. 征信体系不够完善，道德缺失问题严重

分享经济是在信息不对称的情况下进行的陌生人之间的交易，这种交易模式决定了信用是分享经济可持续发展的必要条件，即享受分享服务的群体信用水平越高，则分享物品使用的周期越长，分享经济的服务效力越强，发展得越持久。然而，我国征信体系仍不足以支撑当前分享经济的快速发展。

一方面，我国目前的征信体系仍不足以制约信息不对称带来的道德缺失。共享单车中的"公车私有化"、在线短租中的房屋设施毁损、P2P网贷中的"跑路"现象，均折射出分享经济中信息不对称所导致的道德风险问题突出，并将严重影响共享物品的持续使用和分享经济的持续发展。另一方面，企业自建的信用体系无法对用户违规行为形成威慑。例如，虽然共享单车、共享租车、共享租房等企业均通过完成交易、拍照分享、举报等方式构建了自身的信用体系，但因用户可随意选择更换同类企业，违规的信用成本较低，使得企业自己解决信用问题的效果有限。

因此，国内个人信用体系尚不健全、信用数据碎片化、征信制度等配套制度不完善、金融征信以及各类行政管理征信难以与平台企业实现有效对接，都在很大程度上制约了分享经济的发展。

2. 市场监管存在缺失，监管思路亟待转变

在"互联网＋"和创新创业的不断推动下，分享经济涌现出大量融合性新业态，这些基于互联网技术的新兴分享模式具有开放性、交互性、网络化等特征，快速创新的实践使现有市场监管在效力和内容上均显不足。

一方面，在分享经济新模式快速蓬勃发展的同时，各种不法行为暗中滋生，传统监管措施难以发挥及时有效的作用。新业态发展时期，钻监管缺失"空子"的违法成本较低、隐蔽性较强。共享单车的二维码诈骗、偷盗单车的二手交易、短租"二房东"的转租行为、P2P网贷演变的"庞氏骗局"均存在法律与经营风险。这些潜在的违法行为将严重损害用户和企业利益，影响分享经济的顺利发展。另一方面，现有市场监管难以处理分享经济新业态与行业内原有传统企业的关系。分享经济新业态通过信息技术手段降低了交易成本，对传统行业利润空间形成挤压，不可避免地遭遇原有行业企业的阻力。"网约车"对出租车的冲击、在线短租对传统宾馆的冲击、在线厨房对传统饭店的冲击，都引发过传统行业主体的不满与对抗。

分享经济出现后，行业规范发展方面的监管内容与手段的缺失，导致相应的法律法规既不能规范引导分享经济的发展，也无法有效解决分享经济在发展过程中与传统产业的争端。

3. 盲目扩张存在隐患，投资引导有待规范

分享经济的创新发展模式在快速吸纳用户的同时，也受到资本青睐。一旦洞悉到某种分享经济的发展模式能够打开市场，所有资本便开始竞相角逐，纷纷下注，开始新一轮的"跑马圈地"运动。这会造成两方面的问题。

一方面，资本的乱序涌入会使大量创新创业企业跟随进入，快速发展造成的供过于求局面将会损害企业利益。例如，P2P网贷在2015年迎来井喷式增长后，面临近千家平台的倒闭，引发了一系列风险问题。当前共享单车"两雄相争，群狼环伺"的局面与刚刚结束的专车大战何其相似。可以预见，在市场供过于求的局面下，资本厮杀之后大批企业将会遭遇倒闭的结局。另一方面，企业在追求规模化和市场份额的同时形成行业冗余，造成空间或资源浪费。共享单车的投放热度尚未降温，共享电动车已落户南京。可以想象，继共享单车之后，共享电动车又将掀起一轮投资热潮，成批量的共享电动车也会相继投放。

当资本的狂热投入使得一种共享模式开始近乎野蛮生长之时，有限的社会资源与市场份额也即将与分享经济的发展速度产生矛盾，不仅有损企业利益，也会造成社会资源的浪费与城市空间的过度占用，从而影响分享经济的正常发展。

（四）对策建议

共享单车只是分享经济发展的一个缩影，分享经济通过整合利用社会资源、实现供求双方有效对接，不仅是贯彻五大发展理念的集中体现，也是我国供给侧结构性改革的重要抓手，应积极对待。针对分享经济面临的三大问题，有必要提出有针对性的对策。

1. 建立分享经济信用体制，规范用户道德行为

一是以中国人民银行征信系统平台为基础，构建分享经济征信的子系统。实现分享经济各行业征信标准的统一及平台对接，避免行业企业之间制定重复错位的标准。提供信用消息可查功能，帮助用户自查自己的信用状况，对不良信用记录进行弥补，降低用户与分享机构的沟通成本。二是推动分享经济平台与征信公司数据库实现对接。分享平台以芝麻信用、闪银奇异等征信公司提供的信用数据为基础，给出用户征信评级分数和等级，给予信用良好的高分数用户快速下单、减免押金等共享服务特权，将分享经济平台上用户的失信行为反馈给征信公司，从而对用户的信用评级及时进行调整。三是推进信用管理立法，通过法律规范信用交易秩序、保护用户隐私。对于违反法律法规的失信行为进行严厉打击与惩戒，在建立守信鼓励与失信惩戒机制的基础上，合理保证失信行为的退出。依法保护用户隐私，避免因信用数据交易而带来的商业利益出现。

2. 创新分享经济监管方式，引导行业有序发展

一是创新分享经济的监管方式。通过立法明确共享经济中的各部门职责，建立各部门监管的互联互通机制。在公平的原则下，针对分享经济的不同形态加以甄别，实施细分的市场准入监管。促进分享经济新兴业态和传统企业的融合发展，维护市场的公平竞争。二是推动行业监管与政府监管实现互补。行业协会配合政府明确各类分享经济的监管目标及具体标准，规制分享经济的外部性影响，鼓励分享经济差异化创新，避免分享平台通过兼并重组进行行业垄断。三是引导公众加强自律监管。加强宣传分享经济的发展理念和价值意义，增强人们分享私有物品、有效利用资源的意识，使他们产生社会认同感。创建公众与监管部门之间的交流机制，创办市场监管教学视频课程，推出市场监管解决方案查询百科，通过社群建设培养大众用户的分享消费理念。

3. 优化分享经济发展环境，鼓励试点先行先试

一是充分发挥大数据技术在分享经济中的作用。逐步完善大数据在分享经济中的应用，通过大数据估测共享经济的供需体量，严格控制供需比例。基于大数据技术建立共享经济投融资预警机制，谨防投资过热带来的供给过剩。二是加快推进分享经济基础设施建设。进一步加强网络宽带、道路交通等基础设施建设，形成与共享经济相匹配的基础环境和运营服务体系，并使更多用户了解共享规则，共同促进共享经济持续、健康、有序发展。三是探索推出分享经济试点示范城市计划。在试点城市先行鼓励共享平台与政府、科研机构、行业组织开展技术合作与协同创新合作，形成分享经济重点领域标准体系，规范共享经济发展，继而将经验与成果推广应用至更多区域。

参考文献

［1］比达咨询：《2016 中国共享单车市场研究报告》［R］，2017 年 2 月。

［2］屠晓杰：《共享单车：发展共享经济　推动绿色出行》［J］，《人民邮电》2017 年 2 月 10 日。

［3］赵蕾、潘佳锟：《本月至少发生 7 起共享单车毁损事件》［N］，《新京报》2016 年 12 月 17 日。

［4］张艳丽、晏婵婵：《"橙蓝"激战深圳　一个城市能容纳多少共享单车》［N］，《南方都市报》2016 年 11 月 23 日。

第四章
创新时代后发国家技术追赶的路径

廖建辉

一　引言

　　知识和技术具有典型的公共产品特征，其一旦被发明或发现，很难阻止其他人的搭便车行为。为了鼓励社会上的创新行为，就需要保障创新者的创新行为能够获得相应的经济收益，为此，各国均普遍制定并实施了知识产权保护制度。然而，知识产权保护制度对新知识或新技术的保护是有限的，尤其是超出知识产权保护期后，新技术或新知识便能迅速、低成本地在世界范围内扩散开来。在世界范围内，仅有少数国家能够成为技术前沿的拓展国，对于大部分的国家而言，甚至包括大部分发达国家，都基本属于技术引进这一角色。从工业革命开始到整个 19 世纪，英国都是世界技术创新的发源地，美国、德国、法国、日本等老牌资本主义国家都属于技术追赶者[1]。但从 20 世纪开始，美国替代英国成为世界新的技术领导者，先进技术不断在美国诞生并扩散到其他地区。麦迪森就认为，当前来看，美国的技术进步很大程度上是内生的，而先进的发达国家如法国、德国、英国和日本，其技术进步过程中存在内生的因素，对于世界其余地区而言，技术进步普遍都是外生的[1]。

对于发展中国家而言，由于其经济水平相对落后，技术水平与发达国家存在很大差距，因而技术追赶的空间较大，通过各种渠道的技术引进以推动本国技术进步，是后发国家的比较优势所在。当前已有众多学者认可后发国家的技术进步优势，具有代表性的有林毅夫（2003）、Chuang（1998）、金德尔伯格和赫里克（1986）、休斯和凯恩（2013）、Gerschenkron（1979）、De Long 和 Summers（1991）、Lee（1995）等[2~8]。虽然说当后发国家与发达国家的技术差距不断变小时，其后发技术优势将逐渐出现"天花板效应"，但不可否认的是，在经济发展的一定阶段内，从发达国家引进技术、模仿技术是后发国家获得快速技术进步的主要手段，也是符合其比较优势的。

二　后发国家技术进步的机理

按照庞巴维克的思想，现代经济增长本质上是个迂回生产的过程。因而，技术进步便体现为这一迂回生产过程的不断延展，即中间产品生产部门的不断壮大。事实上，在新增长模型中，技术进步的模型化形式完全体现出庞巴维克的思想。技术进步以两种方式实现：其一是中间产品种类的扩大，即水平创新（Horizontal Innovation）；其二是中间产品的质量不断提高，即垂直创新（Vertical Innovation）。借鉴 Spence（1976）、Dixit 和 Stiglitz（1977）、Ethier（1982）、邹薇和代谦（2003）等人构建的中间产品模型，可以很好地阐释后发国家技术进步机理及其优势所在[9~12]。

（一）模型结构

1. 最终产品部门

假定一国经济的总量生产函数形式采取扩展的柯布－道格拉斯函数形式：

$$Y = \int_0^A X(i)^\alpha \cdot H_y^{1-\alpha} \cdot \mathrm{d}i \tag{1}$$

其中，Y 代表最终产品总量；$X(i)$ 为第 i 种中间产品投入数量；H_y 为投入最终产品部门的人力资本总量；A 为该国中间产品的种类数；α 为中间投入的产出弹性系数，$0 < \alpha < 1$，此处暗含规模报酬不变的假定。

生产函数的集约形式为：

$$y = \int_0^A x(i)^\alpha \cdot h_y^{1-\alpha} \cdot \mathrm{d}i \tag{2}$$

其中，$x(i) = X(i)/L$，$h_y = H_y/L$，L 为该国的人口总量。

在以上的总量或集约生产函数中，A 代表了该国的技术水平。不同国家的技术水平存在差异，因而 A 值不同。在全球范围内，少数先进发达国家由于处于技术最前沿水平，其技术水平 A 值最大，可以假定为 A_{Max}，其技术创新将会进一步增大 A_{Max}。而对于发展中国家而言，可以假设基本不存在自主技术创新，技术进步基本依赖于由外输入，其技术水平 $A < A_{\mathrm{Max}}$。并且，其技术进步的速度受到一定条件约束。其中一个重要条件为自我吸收能力，如新增长模型中一般认为该因素主要由人力资本所体现，若后发国家人力资本水平低，则发达国家一般性的技术都不可能被掌握；若人力资本水平很高，则甚至能够吸收和模仿发达国家的核心技术。另一个重要条件则为技术差距，即 A_{Max} 和 A 的差额，该差额越大，表明发展中国家越落后，那么在技术输入中，大量发达国家已经淘汰好几代的技术可能相对其而言仍然较为先进，由于技术在发达国家非常普遍，且技术扩散的种种阻力很小，因而容易被后发国家快速引入。

企业通过选择中间产品投入数量 $x(i)$ 和人力资本投入数量 h_y 来最大化利润：

$$\mathrm{Max}\ \pi_f = \int_0^A \left[x(i)^\alpha h_y^{1-\alpha} - p(i)x(i) \right] \mathrm{d}i - w_f h_y \tag{3}$$

其中，$p(i)$ 为第 i 种中间产品的市场价格；w_f 为最终产品部门单位人力资本的工资率。

由两个最大化等式条件 $\dfrac{\partial \pi_f}{\partial x(i)} = 0$ 和 $\dfrac{\partial \pi_f}{\partial h_y} = 0$ 可以得到最终产品部门企业利润最大化条件为：

$$p(i) = \alpha x(i)^{\alpha-1} h_y^{1-\alpha} \tag{4}$$

$$w_f = (1-\alpha)\int_0^A x(i)^\alpha h_y^{-\alpha}\mathrm{d}i \tag{5}$$

2. 中间产品部门

中间产品的生产函数为：

$$x(i) = k_i^\beta h_i^{1-\beta} \tag{6}$$

其中，k_i 为第 i 种中间产品生产所需的物质资本量；h_i 为相应的人力资本投入量；β 为物质资本在总产量中所占的份额。该生产函数同样暗含规模报酬不变的假设。

给定工资率水平 w_m 和利率水平 r，中间产品企业寻求利润最大化：

$$\mathrm{Max}\ \pi_m = p(i)x(i) - w_m h_i - r k_i \tag{7}$$

利用罗默模型的假设对该模型进行简化有：

$$x(i) = x = k_i = k \tag{8}$$

$$h_i = \frac{h_A}{A} \tag{9}$$

将式（4）、式（6）、式（8）、式（9）代入式（7）中，可得到简化的利润最大化问题，为：

$$\mathrm{Max}\ \pi_m = \alpha x^\alpha h_y^{1-\alpha} - w_m h_A - rx \tag{10}$$

其利润最大化的一阶条件为：

$$r = \alpha^2 x^{\alpha-1} h_y^{1-\alpha} \tag{11}$$

$$w_m = \alpha^2(1-\beta)x^\alpha h_y^{1-\alpha} h_A^{-1} \tag{12}$$

在此条件下，可以求得中间产品企业的最大化利润水平为：

$$\pi_m = (\alpha - 2\alpha^2 + \alpha^2\beta)\, x^\alpha\, h_y^{1-\alpha} \tag{13}$$

在市场均衡条件下，由于劳动力市场的充分流动性，最终产品市场和中间产品市场的人力资本的工资率相当，即 $w_f = w_m$。

3. 消费者行为

借鉴标准拉姆齐（Ramsey）模型中的假设，假定消费者无限期存在，且消费者谋求终生效用现值的最大化：

$$\mathrm{Max}\int_0^{+\infty} u(c_t)\, \mathrm{e}^{-\rho t}\mathrm{d}t \tag{14}$$

其中，c_t 为第 t 期的消费；ρ 为消费者的主观贴现率。

效用函数的形式假设为：

$$u(c_t) = \frac{c_t^{1-\theta} - 1}{1 - \theta} \tag{15}$$

效用函数满足一阶导数大于 0 和二阶导数小于 0 的优良条件，$1/\theta$ 为消费者的跨期替代弹性。则式（14）可以改写为：

$$\mathrm{Max}\int_0^{+\infty} \frac{c_t^{1-\theta} - 1}{1 - \theta}\, \mathrm{e}^{-\rho t}\mathrm{d}t \tag{16}$$

消费者的家庭收入由三部分组成，包括将人力资本分别投入最终产品部门的生产和中间产品部门的生产所获得的报酬，以及将储蓄投入企业所获得的利息收入。因此，家庭的预算约束为：

$$\int_0^{+\infty} [\,c_t - w_f h_f - w_m h_A - r(t)k\,]\mathrm{e}^{-rt}\mathrm{d}t = 0 \tag{17}$$

最后可以算出消费的增长方程为：

$$g_c = \frac{\dot{c}}{c} = \frac{r - \rho}{\theta} \tag{18}$$

（二）机理

处于技术最前沿的发达国家主要从事技术创新活动，即从事使中

间产品种类数 i 增多的活动,具体可体现在公式(6)中。这种从无到有的原创式创新需要投入大量的物质资本($k_{\Delta i}$)和人力资本($h_{\Delta i}$),才能获得体现在存在本身而非数量规模上的创新成果 [$x(\Delta i)$]。这种创新活动是高成本、高风险的,需要耗费大量的成本投入,然而,其一旦在商业上获得成功便能带来高收益。在相应的利润公式(7)中,即表现为,创新成本 $w_m h_{\Delta i} + r k_{\Delta i}$ 很高,创新成果的收益很高。收益高并非体现在量上而是体现在质上,这就是说,创新成果的价格 $p(\Delta i)$ 很高,而 $x(\Delta i)$ 本身并不大。

对于稍许落后的发达国家而言,一方面,由于其技术水平本身非常高,人力资本也很高,从吸收能力上完全能够吸收新的创新成果;另一方面,其发展资金较为雄厚,也完全能够承担高昂的技术引进成本。但对于发展中国家而言,往往由于人力资本低,最先进的技术难以被有效吸收,因而最先进技术相对国情来说并不适宜;并且发展中国家往往由于资本额有限,很难承担最先进技术的高昂引进成本。以上仅是一些影响技术扩散的市场化因素,其实,在现实中往往还存在许多非市场化因素,非市场化因素甚至可能起主导作用。例如,当前无论是企业还是政府,都已认识到全球竞争优势来源于核心技术,因而政府和企业往往都用非市场化手段阻碍核心技术的扩散。抛开非市场化因素,仅从技术扩散的市场化角度而言,最先进的技术往往呈现梯度扩散趋势,最不发达国家往往要等该技术存在很长时间后才能引入。

后发国家在技术梯度或经济梯度上都相对落后,但一旦获得良好的发展环境①,其技术进步速度很快,具备明显后发技术优势,这主要源于以下几方面因素。

① 关于后发优势,当前学术界存在争论,可见关于经济增长趋同还是趋异的争论。一方面,少数国家之间,确实存在经济发展趋同现象,也就是说,俱乐部趋同是可以获得证据支撑的,但更广泛的证据却不存在。另一方面,世界上至今存在大量不发达国家,其经济增长并未向发达国家"赶超",相反却是在进一步扩大落后的距离。但确实存在少数不发达国家或地区,如韩国、中国台湾、新加坡等,其实现了后发优势。因而本文认为后发技术优势是存在的,不过需要相应的发展环境为条件。

1. 技术引进成本低

中间产品市场是个典型的垄断市场，技术最前沿国家基本垄断了全球的技术创新活动，因而也能获得相应的垄断利润，这体现在较高的创新成果价格 $p(\Delta i)$ 上。这种高额垄断利润是以知识产权保护来保障的，但知识产权保护具有一定期限。由于技术的梯度扩散，在知识产权保护期内进行技术引进的往往是一些较为发达的国家。对于落后的发展中国家而言，很多的先进技术在引入时都已经过了产权保护期，加之技术已经获得很大程度的扩散，因而 $p(\Delta i)$ 出现大幅度下降，甚至接近免费。在利润最大化条件获得的中间产品市场需求方程（4）中，由 $p(\Delta i) = \dfrac{\alpha h_y^{1-\alpha}}{x(\Delta i)^{1-\alpha}}$ 可知，$p(\Delta i)$ 和 $x(\Delta i)$ 负相关，并且 $x(\Delta i)$ 也同样体现在质上而非量上，也就是说，一旦发展中国家获得某种技术的引入，就可以立刻在国内实现量产并在国内各区域之间扩散。这里还需要考虑另一种情况，即熊彼特所说的创造性破坏（Creative Destruction）。由于技术进步的持续性，一旦实现新的技术突破，则原有的同类技术的价值将会急速下坠，即 $p(\Delta i)$ 出现大幅度下滑。后发国家引进的技术往往都是非核心技术，创造性破坏对该技术价值的打压是存在的。因而，后发国家在技术引进过程中，其面对的价格水平 $p(\Delta i)$ 相对于该技术研发成功之时是低得多的，这有利于其大规模地扩大中间产品的进口，从而加速技术进步。

2. 居民投资倾向高

由资本边际报酬递减规律可知，在经济不发达的发展中国家，由于资本存量低，因而资本投资的回报率很高，在物质资本和人力资本两方面均如此，即式（17）中的 $r(t)$ 和 w_m 都很高。这种高额回报将导致消费者对未来消费的主观贴现率 ρ 变得很大，消费者将压缩当前消费而投资于物质资本和人力资本，以期获得更大规模的未来消费。在现实中也的确能发现这种现象，在高速发展的发展中国家中，居民消费率不高而储蓄欲望很高，企业投资冲动大。为了提高未来的收入水平，居民都将大量的经济资源投入后代的教育中，这种行为相对于发达国家同等发达程度时期而言是更为显著的。因而相对于发达国家同等发达程度时期，发展中国家的居民消费率更低，而在物质资本和人力资本的投资力度上更大，从而有利于发展中国家的资本积累。由于发展中国家的技术进步由技术差距和自我吸收能力决定，即

$\Delta A = \Delta A(A_{max} - A, h)$，且 $\dfrac{\partial \Delta A}{\partial (A_{max} - A)} > 0$，$\dfrac{\partial \Delta A}{\partial h} > 0$，人力资本的加

速积累无疑将有利于中间产品种类数的扩大，即有利于后发国家从先进国家吸收引进更多的先进技术，从而促进总产出的快速增长。

3. 政府扭曲要素价格以加速积累

在后发国家或地区的经济"赶超"进程中，一般而言都存在明显的要素市场价格扭曲现象，如 20 世纪后半期的韩国、中国台湾、新加坡、中国大陆等国家或地区，这一定程度上是政府有意为之，但也有市场发育不完善的因素存在。从发达国家的工业化历史经验中，后发国家或地区政府能够学习到物质资本和人力资本的重要性，这容易让后发国家或地区政府倾向于变成"唯发展主义者"。后发国家政府在各市场主体的关系中倾向于维护企业主利益，其通过对金融系统的控制人为降低贷款利率，即减少 r 值，从而为企业规模扩张输送廉价资本；在劳动力市场中，其通过在劳动者基本权利保障上的不作为或不尽职尽责来降低工资水平，即 w_m 和 w_f 均低于市场均衡水平，从而有利于企业剩余积累。另外，在教育投入上，后发国家或地区政府格外重视并进行大量的投入，这种投入力度无论是在绝对量还是在占 GDP 比例上，相对于先行工业化国家可比时期而言都更为显著。由此，在公式（17）中，消费 c_t 会因为要素市场价格扭曲因素而变小，w_f、w_m、$r(t)$ 均低于市场均衡水平，而 h_f、h_A、k 则高于市场均衡水平。由于整体水平由 c_t 决定，因而总体而言，家庭预算约束将会在一个低于市场化的水平上实现，在这个水平上，人力资本和物质资本存量均相对更高。

三 后发国家技术进步的渠道

对于后发国家而言，利用各种途径加速发达国家的先进技术流入是技术进步的主要方式。当前来看，后发国家技术进步的渠道是多元的，主要包括自主创新、直接技术引入、FDI、加入全球价值链、跨境并购、高素质人口流动等。

（一）高素质人口流动

任何先进的生产技术，都是具备一定知识和思想的人通过外界物质手段所实现的。生产技术是人的思想的物质实现，其传播也是借助于高素质的人来实现的，其中，高素质人口流动是实现先进技术异地传播的重要途径。例如，1790 年，来自英国的工人塞缪尔·斯莱特（Samuel Slater）将纺织机械技术由英国带到美国；1775 年，英国实业家"炼铁大师"约翰·威尔金森（John Wilkinson）的兄弟威廉·威尔金森（William Wilkinson）将炼铁技术带到法国；英国流亡者威廉·科克里尔（William Cockerill）将制造技术带到比利时[5]。

按照出发地不同，高素质人口流动形成的对先进技术的引入可以划分为两种类型。第一种类型为由本国出发前往国外留学，待学成后返回国内，并将所学知识运用到本国的生产建设中。这部分留学归国人员对本国引入发达国家先进技术起到了一定程度的正面作用。以中国为例，从数据来看，改革开放以来，我国无论是出国留学人数，还是学成归国的留学人员数都获得了快速增长（见图 1）。1978~2012年，我国留学人数由 860 人剧增到 399600 人，增长了 463.7 倍；学成归国的留学生人数则由 248 人剧增到 272900 人，增长了 1099.4倍，增长幅度比前者还要大得多。

第二种类型为由发达国家或地区到本国境内从事经济活动并具有专业知识的境外人员，其容易将来源地的先进技术传入本国。仅以

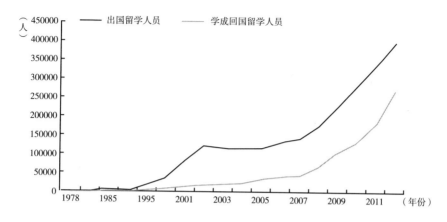

图1　1978~2012年我国留学人员和回国留学人员数

资料来源:《中国统计年鉴》(2013)。

2010年第六次人口普查数据为例进行说明,从数据来看,我国的境外人员规模相对较大,2010年超过100万人,其中一半以上来自国外地区,其余组成中,以香港最多,其次为台湾。从来华目的看,从事商务和就业的境外人员数达到406917人,占比接近40%,这是比较高的一个比例(见表1)。值得注意的是,实业活动活跃的国外发达地区和台湾地区,两者的商务和就业人员占比均超过平均水平,某种程度上也表明我国经济与世界的紧密联系程度。另外,也只有当境

表1　我国境外人员情况(2010年)

单位:人,%

境外人员	合计	商务和就业	商务和就业占比	大专及以上	大专及以上占比
香港居民	234829	57004	24.27	75819	32.29
澳门居民	21201	3258	15.37	7193	33.93
台湾居民	170283	103050	60.52	107255	62.99
外国人	593832	243605	41.02	358374	60.35
合计	1020145	406917	39.89	548641	53.78

资料来源:第六次人口普查数据。

外人员具备较高的专业知识时，其才能充当技术传播的有效载体。从数据上看，大专及以上的境外人员合计达到 548641 人，占总人数比例超过一半，达到 53.78%。分地区来看，同样是实体经济活力强的国外发达国家和台湾地区比例最高，两者分别达到 60.35% 和 62.99%，这同样可以证明上述观点，其对我国实体经济的技术升级具有非常好的影响。

（二）自主创新

自主创新的技术进步方式要求我国企业或其他机构不借助国外力量，而依靠自身的人力、物力、财力、技术力量来进行独立自主的研究开发，并有效利用国内资源进行合作研究，以寻求技术进步和突破。这种技术进步方式在很大程度上相当于在走发达国家走过的技术开发道路，因而相似之处在于，通过自主创新来实现技术突破的过程是缓慢的、长期的，企业因此需要忍受长期的不盈利甚至亏损。在当前市场竞争白热化、全球化的经济环境下，不具有相当实力的企业一般而言是难以承受这种成本和风险的。

后发国家在自主创新时存在天然的后发优势。因为在信息化越来越发达且全球一体化逐步深化的国际背景下，有关发达国家的先进技术方面的信息总会多少传播出来，也许是技术发展的范式，也许是技术方向，这都会大大降低后发国家在自主创新上可能承担的失败风险和研发成本。然而，后发国家同样也存在天然的后发劣势。正是由于发达国家的技术信息可能在一定程度上向外扩散，后发国家的自主创新容易被技术锁定，即技术进步方向完全遵循发达国家以往的技术发展方向。在这种情况下，后发国家容易在技术进步上被技术锁定，经济发展对发达国家的依赖性变大且难以实现赶超；即便实现技术突破，由于实现的新技术也属于发达国家已有的技术，因而不能通过技术垄断实现垄断收益，这也会大大降低企业自主创新的经济激励。在发展中国家沿着发达国家已有技术发展路径追赶过程中，可能出现各种追赶模式：发展中国家可能出现跳跃式赶超，即跨越其中的某些阶段；也可能出现路径创造式追赶，即在某些阶段能够另辟蹊径，实现技术产品的差异化[13]。前者可以我国石化行业的技术进步为例来说明，我国石化企业通过自主研发已发展出一些核心技术和专项技术，如炼油技术达到世界先进水平，乙烯裂解炉、聚丙烯、乙苯、苯乙烯、甲苯歧化、芳烃抽提等技术已成功实现运用，炼油与石油化工生产用"三剂"（催化剂、溶剂、助剂）大部分能够立足国内[14]。而另辟蹊径式的追赶模式其实并不多见，但也确实存在，例如，我国在平板玻璃生产上，是世界上唯一没有购买皮尔金顿公司专利技术使用权的国家，1981 年，我国成功研发出"中国洛阳浮法"，该浮法成为与英国 Pilkington Float Process、美国 PPG Float Process 齐名的世界三大浮法技术之一。

对于后发国家而言，在发展水平较低、与先进国家经济差距很大时，自主创新这一进步方式并不是主流。企业既缺乏自主创新的经济激励，又由于力量薄弱难以承担研发的高成本和高风险。

（三）技术引进

在经济发展水平与发达国家存在较大差距时，后发国家可以通过技术引进的方式快速实现技术进步和经济增长。技术引进的方式包括聘请外籍专家、引进成套设备、进口主体设备并进行辅助设备自造、购买专利和设计图纸、购买实验室技术等。在引进技术的同时，一般而言需要投入相应的经济资源进行消化吸收，或者实现进一步的增量创新。在早期阶段，由于技术差距很大，后发国家引进的很多所谓的先进技术，其实是发达国家已经淘汰的落后的非核心技术，这使得技术引进的成本低、收效大。另外，由于专利技术的产权保护存在一定的期限，对于那些已经超出产权保护期的先进技术，后发国家更是可以通过较低价格甚至免费就能获得。例如，二战后，日本就是通过技术引进而获得快速发展的。在二战后至 1958 年期间，日本每年技术引进数为 200 项，1960～1962 年每年为 500～700 项，1963 年后每年达到 1000 项以上[15]。日本主要工业部门的技术装备基本上都是通过广泛引进各发达国家的先进技术装备而来的，资料显示，日本在技术引进上仅用了技术投资的 25%，但完成了工业主体技术的 70%；并且，1945～1960 年，日本工业产值的增长中有相当于 32% 的部分要归功于技术引进[16]。

改革开放以来，我国投入大量资金用于国外先进技术的引进，以促进我国企业的技术升级。如表 2 所示，1995～2010 年，我国大中型工业企业引进国外生产技术的资金投入长期居于高位，都在 200 亿元以上。并且，从购买技术来源地来看，从国外购买的规模远大于从国内购买的规模，尤其在早期更加明显。随着我国与发达国家技术差距的缩小及我国企业技术水平的提高，从国内购买技术的经费规模快速扩大。然而，从表 2 中的技术经费支出规模和消化吸收规模的比较可以发现，我国在技术引进过程中，明显存在重引进、轻消化吸收的问题，这与日本二战后的技术引进战略背道而驰，也是我国技术引进过程中的一个重大问题。

表 2　我国大中型工业企业引进国外技术、消化吸收、
购买国内技术经费支出（1995～2010 年）

单位：亿元

年份	引进国外技术经费支出	消化吸收经费支出	购买国内技术经费支出
1995	360.90	13.10	25.50
2000	245.40	18.20	26.40
2005	296.76	69.38	83.39
2008	440.00	106.00	166.00
2009	395.00	164.00	175.00
2010	386.00	165.00	221.00

资料来源：《中国统计年鉴》。

（四）加入全球价值链

20 世纪 80 年代开始逐步发展的全球价值链（Global Value

Chains，GVCs）这一全球生产模式为发展中国家的技术进步提供了契机。后发国家的企业加入由发达国家的跨国企业主导的全球价值链，虽然在价值链环节中处于低端环节，在利益分配关系上处于从属地位，但由于最终产品的形成需要各环节的技术水平、生产条件都要达到相应标准，这必然导致先进技术和信息在同一产品链条各环节之间传递，从而有利于技术进步。例如，波音在 1980 年 12 月与西安飞机工业公司（简称"西飞"）签订了第一个转包合同，主要转包生产波音 747 飞机加工零件，为使其获得转包生产资质，波音对西飞多次进行了技术改造指导，终于在次年 12 月使西飞得到了零部件制造的资质[17]。在参与 GVCs 过程中，由于市场需求的不断变化，消费者对产品或服务的技术水平、质量层次将会不断提出更高的要求；并且，全球市场的竞争环境也要求跨国企业不断进行创新和发展，这必然会对处于 GVCs 各环节的企业都提出新的要求并促进其技术进步。另外，处于价值链低端环节的发展中国家企业，其技术进步并不总是被动进行的，有两方面的因素将迫使其不断进行产业升级和技术进步：一是被替代的风险，处于主导地位的跨国企业总是在全球范围内不断寻求合意的合作企业，发展中国家企业所处的环节一般而言进入壁垒低、竞争压力大，一旦存在成本更低的竞争者，跨国公司往往会撤销转包生产合同并更换合作企业；二是企业逐利的本性，处于低端环节的发展中国家企业很难长期满足低利润的状况，其将会通过各种途径促进自我发展并获取更多利润，而这一过程中其技术水平将会获得大幅提高。目前，我国已经成为名副其实的"世界工厂"，大量企业积极参与到全球价值链中，极大地促进了我国工业技术水平的提高。

（五）FDI

由于经济水平落差大，发达国家的资本流入发展中国家能够获得更为丰厚的利润回报，这也导致在国际上存在资本由发达国家向发展中国家流入的趋势。但在这一过程中流动的不仅仅是资本，伴随着的还有先进技术和管理经验的扩散。从 20 世纪最后几十年来的发展经验来看，吸收发达国家企业的 FDI 已经成为后发国家技术进步的主要途径。FDI 能够通过几个方面促进发展中国家的技术水平提升。第一，发达国家跨国公司在东道国建立全资子公司，这种形式下先进技术在跨国公司内部实现转移，但其在地域上已经扩散到发展中国家。第二，建立合资公司，这使得先进技术转移到合资子公司，东道国一方也获取到技术信息。第三，跨国公司在东道国建立的分支机构不可避免地要跟当地企业发生经济联系，通过产业链上下游的协作往来，跨国公司将会协助其合作企业改善生产设备、提高管理水平以实现自我目标，但这一过程显著促进了先进技术在产业间的外溢。第四，FDI 企业存在显著的示范效应和竞争效应，由于外资企业技术的先进性，这导致其在东道国市场上具有较强的竞争力，给同一市场上的东道国竞争对手造成巨大的生存压力，后者为求生存和发展，必然谋求向外资企业进行学习以缩小技术差距，从而获取更多的生产空间。第五，跨国企业分支机构虽然在高层人员上倾向于雇用投资国的专家，但中下层员工不可避免要雇用当地人员，而且，为适应东道国本地市场并扩大市场占有率，外资企业的当地雇佣比例有不断提高的趋势，因而，在这一劳务活动中，外资企业需要对当地员工进行技术、管理培训，一旦出现员工离职换岗，就必然导致先进技术随着劳动力的流动而实现扩散。

（六）跨境并购

跨境并购是并购企业和目标企业的总部位于不同国家的并购活动。与企业通过内部进行技术创新比较，跨境并购可以有效克服知识差异的限制，以及在速度竞争的作用日益突出的环境中获取知识过慢的缺陷[18]。当前我国工业技术水平虽然与发达国家的差距已经大幅度缩小，但技术落后依然非常普遍，行业核心技术基本都掌握在发达国家手中，这使得我国企业与发达国家企业既有资源之间的互补性强。因此，在跨境并购之后进行技术资源整合不会造成既有的技术资源冲突，而是能使并购企业获得技术上的协同效应，实现技术和发展上的"蛙跳"。企业通过跨境并购，可以迅速获得与公司核心业务相关的上下游技术、新技术以及与核心业务无关的技术。

与其他技术进步途径相比，跨境并购在我国可能难以成为主流方式，但其近年来却呈现快速发展的态势。例如，1986～2006 年，我国企业跨境并购数目平均增速达到 17%，共达到 223 宗，总额达 180 亿美元。早期跨境并购主要为了保障资源供给，但近年来跨境并购有集中在发达国家的趋势，且主要以发达国家的高技术和中高技术的中小企业为并购目标，可见我国企业跨境并购的技术寻求型特征愈加明显[18]。我国企业跨境并购的成功率很低，如 TCL 并购法国汤姆逊公司彩电业务和法国阿尔卡特移动电话业务案，联想并购 IBM 的 PC 业务，上汽集团并购双龙汽车等。麦肯锡对全球 20 年中大型企业并购案的统计表明，并购能够获得预期效果的比例低于 50%，而中国有 67% 的海外并购不成功[19]。然而，我国跨境并购也不乏成功案例。例如，2006 年中化集团公司一年内先后完成了对法国安迪苏公司（Adisseo）、澳大利亚凯诺斯公司（Qenos）和法国罗地亚公司（Rhodia）有机硅和硫化物业务 100% 股权并购，并在核心技术获取上获得巨大成功，中化集团公司获得了安迪苏公司所拥有的蛋氨酸授权专利技术 398 项（申请专利 755 项），罗地亚公司所拥有的有机硅授权专利技术 201 项（申请专利 521 项），并将凯诺斯公司所拥有的世界一流的管理系统（SHE）转移到集团所属国内进行推广[20]。

四　中国技术进步的成效

改革开放以来，中国经济不断融入全球经济体系，积极引进国外资本、技术、人才、管理经验等，以促进国内经济的发展。在这一时期，中国的技术水平获得了显著的提高。

（一） 出口结构

出口部门往往能彰显出一国所具备的比较优势所在，并且相对一国整体产业而言，出口部门一般具有更强的竞争力。故而，通过出口结构的时序演化，能够很好地反映出一国技术水平的演变和比较优势的变化。

从中国出口结构的演变数据来看，中国 30 多年来的技术进步相对较快。如表 3 所示，从 1980 年到 2012 年，我国出口总规模在快速扩大，由 181 亿美元（现价）迅速增长到 20490 亿美元，增长了 112 倍。与此同时，出口结构也发生了巨大变化。早期，我国出口结构中的初级产品比重很高，具有典型的落后发展中国家色彩。20 世纪 80 年代前半期，初级产品出口比重一度超过 50%，之后不断下降，到 90 年代初下降到 25% 左右，90 年代中期进一步下降到 15% 左右，进入 21 世纪后，其比例基本都在 10% 之下且仍然在不断下降，到 2012 年，初级产品出口占比已经下降到仅有 4.9% 的水平。初级产品出口比重的快速下降、工业制成品出口比重的快速上升能表明我国自 1980 年来的技术进步。另外，工业制成品中的高技术制成品出口的比

表 3　中国出口结构变化（1980～2012 年）

单位：亿美元，%

年份	出口总额	初级产品出口占比	工业制成品出口占比	高技术制成品出口占工业制成品出口的比重
1980	181	50.3	49.7	—
1990	621	25.6	74.4	—
1995	1488	14.4	85.6	7.9
2000	2492	10.2	89.8	16.6
2005	7620	6.4	93.6	30.6
2010	15779	5.2	94.8	32.9
2011	18986	5.3	94.7	30.5
2012	20490	4.9	95.1	30.9

资料来源：历年《中国统计年鉴》。

重也持续上升，充分说明我国技术进步速度很快。1995 年，在我国工业制成品出口中，高技术制成品出口所占比重仅为 7.9%，随后该比重持续扩大，90 年代末突破 10%，21 世纪初又突破 20%，到 2009 年达到历史最高水平 33.1%。2010～2012 年，该比重略微有所下降，但依然保持在 30% 以上。

（二）专利

专利数量及其增长无疑是反映技术进步的一个较好的指标。从这一指标也能看到，改革开放以来中国的技术进步取得了长足进展，具体如图 2 和图 3 所示。首先，仅从中国一国专利数据的时间变化看，无论是居民专利申请数量指标，还是非居民专利申请数量指标，两者都获得了高速增长。20 世纪 80 年代后半期，中国的居民专利申请数量普遍不超过 5000 件/年；20 世纪 90 年代，该指标迎来较为缓慢的增长，但从 21 世纪初开始，该指标几乎开始呈指数增长，到 2012 年飚升到 535313 件/年，是 2000 年的 21 倍。而非居民专利申请数量是从 1997 年开始快速增长的，之前的规模普遍在 12000 件/年的水平以下，1997 年的规模为 12102 件，1998 年突然飙升至 33645 件。到 2012 年，非居民专利申请数量达到 117464 件，是 1997 年时水平的 9.7 倍。

从国际数据对比来看，我国在 20 世纪 80 年代居民专利申请数量和非居民专利申请数量均落后于美国、日本、英国、德国 4 个主要发达国家，而后由于增长速度相对较快由此展开了追赶进程。在居民专利申请数量方面，我国在 20 世纪初超过英国，继而在 2003 年超过德国，2009 年超过美国，2010 年超过日本。当前，我国已成为居民专利申请数量最多的国家，比排名第二的日本高出 86.5%。在非居民专利申请数量方面，我国在 20 世纪 90 年代中期超过英国和德国两国，在 2004 年超过日本，当前已经成为仅次于美国的非居民专利申请数量第二大国。

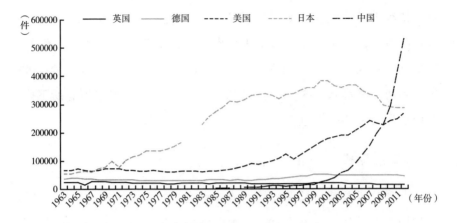

图2　中国与主要发达国家居民专利申请数量

资料来源：World databank。

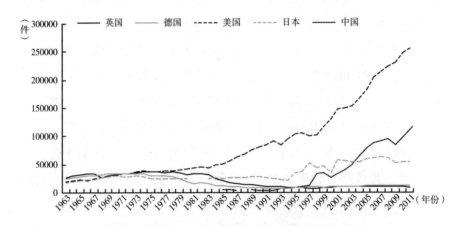

图3　中国与主要发达国家非居民专利申请数量

资料来源：World databank。

（三）制造业劳动生产率

制造业是推动我国经济发展的动力部门，也是技术进步最快的部门。技术进步直接影响着制造业的劳动生产率水平。仅从中国一国的制造业劳动生产率变化数据看，如表4所示，2001～2010年，我国制造业部门工人小时劳动生产率从2.37美元增长到10.51美元，净增长 3.43 倍，年均增速达到 18%，远高于我国同期 GDP 增长速度，这在世界范围内是少有的[21]。横向比较来看，在 2001 年时，我国制造业小时劳动生产率所处水平还很低，远低于主要发达国家，也低于墨西哥、南非等发展中大国，仅仅与南亚的泰国、菲律宾和印度尼西亚三国大抵相当。技术进步很快，使得制造业劳动生产率获得大幅度的提高，到 2010 年，我国制造业小时劳动生产率水平

表 4　部分国家制造业小时劳动生产率

单位：美元/小时

国家	2001 年	2004 年	2005 年	2006 年	2009 年	2010 年	2010 年/ 2001 年
美　国	37.24	47.60	51.28	52.24	58.19	62.47	1.68
日　本	31.11	37.18	36.30	33.96	41.42	49.31	1.59
德　国	24.39	37.46	38.55	40.57	39.91	42.30	1.73
法　国	—	35.10	35.69	35.97	39.84	—	—
荷　兰	27.92	43.91	45.48	47.38	59.74	63.54	2.28
中　国	2.37	5.72	5.88	6.80	10.41	10.51	4.43
俄罗斯	—	—	5.66	7.18	8.72	11.70	—
南　非	5.65	—	10.64	10.40	9.34	12.33	2.18
墨西哥	7.06	8.70	9.50	10.86	9.92	11.52	1.63
韩　国	11.81	18.04	21.44	24.64	24.68	31.46	2.66
新加坡	27.70	39.26	46.73	47.44	28.38	33.37	1.20
越　南	0.70	0.76	0.84	0.92	1.16	—	—
泰　国	3.31	4.27	4.67	5.58	6.84	8.67	2.62
马来西亚	5.21	7.83	8.44	9.08	11.26	13.49	2.59
印度尼西亚	1.81	3.02	3.07	3.98	5.18	6.05	3.34
菲律宾	3.06	3.29	3.67	4.35	5.61	6.40	2.09

注：表中中国仅指中国大陆，不包括澳门、香港和台湾等地区。

资料来源：魏浩、郭也《中国制造业单位劳动力成本及其国际比较研究》，《统计研究》2013 年第 8 期。

已经接近南亚最高的水平，即马来西亚的水平，也大抵赶上了墨西哥、南非、俄罗斯等几个国家的水平。虽然在 2010 年时，我国与主要发达国家的劳动生产率水平还存在很大的差距，与新加坡、韩国等新兴工业化国家的差距也不小，但相比 2001 年，这些差距都已大幅缩小。但与此同时，我们仍须看到当前我国劳动生产率水平还不高，与世界先进水平仍然有很大差距。如在 2010 年，美国、日本、德国、荷兰的制造业小时劳动生产率分别为我国的 5.94 倍、4.69 倍、4.02 倍、6.05 倍，韩国和新加坡也分别为我国的 2.99 倍和 3.18 倍，甚至墨西哥、俄罗斯、南非、马来西亚四国的小时劳动生产率也略高于我国。

五 结论

由于经济发展水平、技术水平与发达国家差距较大，后发国家的主要技术进步途径是引进、吸收和创新，这种技术进步方式明显具有外生性，也符合后发国家的比较优势。从技术进步机理看，由于技术引进成本低、居民储蓄倾向大、后发国家政府扭曲要素价格以加速积累等因素的影响，后发国家能够在较短时间内迅速扩大中间品种类并提高其质量，由此带来显著的经济增长和技术进步成效。在实践中，一方面，后发国家主要通过高素质人口流动、自主创新、技术引进、加入全球价值链、FDI 和跨境并购等途径获得先进技术和知识，只是在这些不同渠道之间存在主次之分，这与经济发展水平明显相关；另一方面，其也存在交织现象。从技术进步绩效看，以中国为例，改革开放以来，随着中国经济越来越融入全球经济体系中，中国的出口结构明显优化，专利获取数量迅速增长，制造业劳动生产率也获得显著提高，这些都说明中国的技术进步在短时期内获得了显著成就，而这正是后发国家技术进步优势的典型例证。

参考文献

[1]〔英〕麦迪森:《世界经济二百年回顾》[M],改革出版社,1997。

[2] 林毅夫:《后发优势与后发劣势——与杨小凯教授商榷》[J],《经济学》(季刊) 2003 年第 4 期,第 989 ~ 1004 页。

[3] Chuang, Yih-chyi, Learning by Doing, Technology Gap, and Growth [J], International Economic Review, 1998 (39): 697 - 721.

[4]〔美〕查尔斯·金德尔伯格、〔美〕布鲁斯·赫里克:《经济发展》[M],上海译文出版社,1986。

[5]〔美〕乔纳森·休斯、〔美〕路易斯·凯恩:《美国经济史》[M],上海人民出版社,2013。

[6] Alexander Gerschenkron, Economic Backwardness in Historical Perspective [M], The Belknap Press of Harvard University Press, 1979.

[7] De Long, J., Bradford and Laurence H. Summers, Equipment Investment and Economic Growth [J], Quarterly Journal of Economics, 1991 (106): 2445 - 2502.

[8] Lee, Jong-Wha, Capital Goods Imports and Long Run Growth [J], Journal of Development Economics, 1995 (48): 91 - 110.

[9] Spence, M., Product Selection, Fixed Costs, and Monopolistic Competition [J], Review of Economic Studies, 1976 (6): 217 - 235.

[10] Dixit, A. K., and Stiglitz, J. E., Monopolistic Competition and Optimum Product Diversity [J], American Economic Review, 1977 (6): 297 - 308.

[11] Ethier, W. J., National and International Returns to Scale in the Modern Theory of International Trade [J], American Economic Review, 1982 (6): 389 - 405.

[12] 邹薇、代谦:《技术模仿、人力资本积累和经济赶超》[J],《中国社会科学》2003 年第 5 期,第 26 ~ 38 页。

[13] Lee, K., and Lim, C., The Technological Redimes, Catch-up and Leap Frogging: Findings from the Korean Industries [J], Research Policy, 2001: 30.

[14] 罗公利、高冠军:《我国石化企业技术创新的路径选择》[J],《青岛科技大学学报》(社会科学版) 2008 年第 4 期,第 30 ~ 35 页。

[15] 阎莉:《日本技术引进成功经验探析》[J],《日本研究》2008 年第 2 期,第 40 ~ 44 页。

[16] 周传典:《日本技术引进的基本做法》[J],《科技导报》1991 年第 6 期,第 16 ~ 17 页。

［17］孟岩峰：《波音中国产业链：六千架现役飞机有"中国制造"》［N］，《21世纪经济报道》2014 年 3 月 21 日。

［18］李晓华：《中国企业的跨境并购、国际竞争力与知识寻求》［J］，《财贸经济》2011 年第 8 期，第 94～100 页。

［19］张莫、周玉洁：《中国企业跨国投资"胃口大但难消化"》［N］，《经济参考报》2010 年 4 月 28 日。

［20］柯银斌、康荣平、刘颖悟：《战略为本，成在能力——中国化工集团跨国并购之道》［J］，《北大商业评论》2008 年第 5 期，第 100～105 页。

［21］巍浩、郭也：《中国制造业单位劳动力成本及其国际比较研究》［J］，《统计研究》2013 年第 8 期，第 102～110 页。

第五章

创新的要素基础：中国劳动力素质的时空演化

廖建辉　董敏杰

一　数据来源及处理

1. 数据来源及说明

本文研究内容为中国劳动力素质的时空演化，而衡量劳动力素质的一个主要指标是劳动力的受教育程度，故本文主要研究中国劳动力的受教育程度的时空演化，以作为对劳动力素质研究的替代指标。[①] 本文数据来源于第三次、第四次、第五次、第六次全国人口普查数据，以上四次全国人口普查分别在 1982 年、1990 年、2000年、2010 年进行。之所以未选择所有六次全国人口普查数据，因为考虑到 1978 年中国开始实行改革开放，经济体制和社会体制发生重大变化，因此 1978 年实为一个分水岭，1978 年之前和之后的数据变动剧烈，而研究中国劳动力素质的时空演化，除了促进对历史的认识外，另一个主要目的是总结出其变迁中的经验或规律，为未来的劳动力素质研究提供指导或为未来最优化我国劳动力素质提供政

[①] 本文中的人口素质，仅指人口的受教育程度，不包括其他含义。

策建议。因此，撤除了 1978 年之前的两次全国人口普查数据，因为
1978 年之前的数据对于未来不具有指导性。

本文所用数据统一采用省、自治区、直辖市的 6 岁及以上人口的
文化程度数据①，分别来自第三次、第四次、第五次、第六次全国人
口普查数据中的表 45、表 1 - 7、表 1 - 8、表 T1 - 8。四个不同时间
点所得数据统计口径相同，因而具有可比性；此外，四次普查时间分
布较为均匀，因而基本可以反映 1978 年以后中国劳动力素质的动态
变迁情况。数据为不同省份和不同受教育程度的交叉数据，可以用来
较好地研究中国劳动力素质在时间和空间上的演化规律。值得提出的
是，要研究中国劳动力素质问题，更为科学的数据应该是 15 ~ 64 岁
劳动年龄人口数据，但由于人口普查数据中没有分省份和分受教育程
度的劳动年龄人口数据，因此只能退而采用 6 岁及以上人口的交叉数
据。虽然存在一定程度的缺陷，但依然可以较为准确地反映出中国的
劳动力素质，因此，在数据选择上较为科学。

2. 数据处理

来自四次全国人口普查数据的统计口径虽然基本一致，但由于
1978 ~ 2010 年中国经济社会环境变化较大，因此，统计项目或样本
难免有所变动。为研究方便，本文做了一些合理的处理，以下为数据
中存在的问题及本文的处理方法。

（1）海南省于 1988 年建省，之前隶属于广东省，因而第三次人
口普查数据中无海南省数据，其数据包括在广东省内。由于海南相对
于广东而言人口较少，因此本文对此并不进行合并处理，第四次、第
五次、第六次全国人口普查数据保留海南省，第三次忽略海南，海南
数据以广东数据作为代表。

（2）重庆市于 1997 年被设立为直辖市，正好设立时间前后有两
次全国人口普查，与海南又有所不同，且重庆人口较多，相对于四川

---

① 如有例外，将会予以说明。

而言并不能忽略；对此，本文参照许多学术文章研究此类问题的处理方法，将四川与重庆进行合并处理。

（3）文盲、半文盲、扫盲班人口均按照未上过学人口进行处理。

（4）中专并入高中一并处理。

（5）第三次全国人口普查数据中有大学肄业及在校一项，该项指标按照 50% 的权重折算成大学本科教育水平。

（6）第三次、第四次全国人口普查数据无研究生一项，可能原因是 1982 年和 1990 年时的研究生数量较少，因此没做统计。根据本文研究主旨，此两次普查数据该项指标均以 0 处理，因为其数量太少，对于整体研究造成的影响基本可以忽略不计。

（7）第五次、第六次人口普查数据中均有研究生这一项，但是并未区分硕士研究生和博士研究生。本文从历年教育统计年鉴中搜集了 1982～2010 年的硕士研究生和博士研究生毕业人数（其中仅 1983 年数据没找到），第五次人口普查数据中的研究生一项指标按照 2000 年及之前已毕业的硕士研究生和博士研究生的累计数量之比进行拆分。由于博士研究生来源于已毕业硕士研究生，因而需要将硕士研究生累计数量减去博士研究生累计数量之后的余值和博士研究生累计数量进行比较，该比例为 6.34∶1。第六次人口普查数据中的研究生一项指标则按照 2010 年及之前已毕业的硕士研究生和博士研究生的累计数量之比进行拆分，并进行如上处理，该比例为 5.37∶1。严格来说，用统一的拆分比例去拆分各省份的研究生一项并不合适，因为各省份的拆分比例不可能相同，经济发达地区如北京、上海等该项比例会偏小，而经济落后地区该项比例则会偏大；另一个需要考虑的问题是劳动力的流动性。但是，由于这些考虑无法从现实的数据中获得支撑，本文最后只好以全国统一的拆分比例去拆分各省份的研究生数据。

（8）受教育程度以受教育年限来度量，未上过学、小学、初中、高中、大学专科、大学本科、硕士研究生和博士研究生的受教育年限分别为 0 年、6 年、9 年、12 年、15 年、16 年、19 年和 22 年。受教育程度只考虑受教育年限量的差别，而不考虑质的差别。这种不考虑质的差异的假设同样存在缺陷，本文暂且如此考虑，如要进一步讨论则会另做说明。

二　全国人口素质的变化

1. 全国范围内情况

改革开放以来，无论从 6 岁及以上人口还是从劳动年龄（15 ~ 64 岁）人口的平均受教育年限变化看，我国人口素质均呈明显提高趋势。从图 1 可以看出，20 世纪 80 年代初期，我国人口素质较低，其中以 6 岁及以上人口衡量的平均受教育年限仅为 5.19 年，以劳动年龄人口衡量的为 5.84 年。但人口素质提升速度较快，以两种方式衡量的平均受教育年限变动特征基本一致。到 2010 年，6 岁及以上人口平均受教育年限已上升到 8.76 年，劳动年龄人口则上升到 9.44 年。1982 ~ 2010 年，6 岁及以上人口平均受教育年限累计增长 3.57 年，年平均增长率为 1.89%；而劳动年龄人口平均受教育年限则累计增长了 3.6 年，年平均增长率为 1.73%。

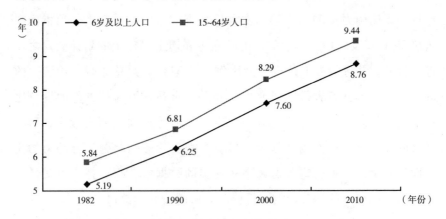

图 1　全国人口平均受教育年限变化情况（1982 ~ 2010 年）

注：15 ~ 64 岁人口为劳动年龄人口，其中仅有 1982 年该数据用的是 15 ~ 60 岁人口数据，其余数据均正常。

就人口平均受教育年限绝对增量而言，6 岁及以上人口在 20 世纪 80 年代、90 年代及 21 世纪头 10 年这三个时期内年平均增量分别为 0.133 年、0.135 年、0.116 年，劳动年龄人口则分别为 0.121 年、0.148 年、0.115 年；可见 90 年代成绩最明显，其次为 80 年代，20 世纪头 10 年则相对较差。就人口受教育年限的变化速度而言，6 岁及以上人口这三个时期内年平均增长率分别为 2.35%、1.97%、1.43%，劳动年龄人口则分别为 1.94%、1.99%、1.31%。可见，若从前者来判断，80 年代成绩最明显，其次为 90 年代；若从后者来判断则有所不同，成绩最明显的为 90 年代，80 年代成绩略低于 90 年代，而 21 世纪头 10 年成绩则相对要小一些。如果综合人口受教育年限年平均增长量和年平均增长率这两项指标，基本可以得出在提升我国人口受教育程度方面，80 年代和 90 年代所获成绩要好于 21 世纪头 10 年的结论。

2. 区分城市、镇和乡村的劳动年龄人口平均受教育年限变化

区分城市、镇和乡村来看，我国城乡之间的人口素质都在不断提高，其中城市和乡村提高速度最快。此外，城乡之间的人口素质存在较大差距，且两者之间的绝对差距长期存在。如图 2 所示，1990 年，城市和镇的人口平均受教育年限基本相当，大约为 8.7 年的水平。而同期乡村人口平均受教育年限却仅为 6.04 年，城市和镇比乡村要高出接近 3 年的水平。到 2000 年，三者的人口平均受教育年限均有所增加，但镇和城市出现分异，主要表现为城市人口素质提高速度快于镇。2000 年，城市、镇和乡村的人口平均受教育年限分别为 10.13 年、9.09 年和 7.32 年，城市和乡村的人口素质差距并未缩小。而到 2010 年时，城市、镇和乡村的人口平均受教育年限分别提高到 11.11 年、9.59 年和 8.18 年，相比 10 年前或 20 年前，城市和乡村的差距有所扩大，而乡村和镇的差距有所变小，城市和镇的差距在不断扩大。从分时期的动态变化来看，1990 ~ 2000 年及 2000 ~ 2010 年这两个时期里，城市人口平均受教育年限分别提高了 1.35 年和 0.98 年，增幅分别达到 15.4% 和 9.7%；镇分别提高了 0.43 年和 0.5 年，增幅分别达到 5.0% 和 5.5%；乡村分别提高了 1.28 年和 0.86 年，增幅分别达到 21.2% 和 11.7%。可见在提高人口素质方面，90 年代成绩要好于 21 世纪头 10 年。此外，城市和乡村人口素质提高较为迅速，尤其是后者，但两者之间的绝对差距没有缩小。整体看来，1990 ~ 2010 年，城市、镇和乡村的人口平均受教育年限增幅分别为 26.5%、10.7% 和 35.4%，可见乡村在提高人口素质方面进步最快，而镇则相对较慢。

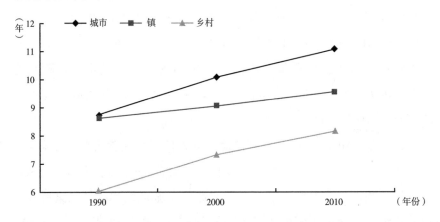

图 2　城市、镇和乡村劳动年龄人口（15 ~ 64 岁）平均受教育年限变化

3. 流动人口平均受教育年限及变化

我国流动人口的平均受教育年限呈现高于全国平均水平的现象，如若区分省内流动人口和省外流动人口，前者又比后者高。此外，动态来看，流动人口平均受教育年限也在不断提高，但相比全国平均水平而言其所具有的优势在不断削弱。具体情况如图 3 所示，从图中可以看出，无论是以全国 6 岁及以上人口平均受教育年限为参照标准，还是以全国劳动年龄人口平均受教育年限为参照标准，流动人口受教育年限明显高于全国水平。2000 年，流动人口平均受教育年限为 9.76 年，比全国劳动年龄人口高出 1.47 年；其中省内流动人口和省外流动人口平均受教育年限分别为 10.00 年和 9.12 年，分别比全国劳动年龄

人口高出 1.71 年和 0.83 年。2010 年，流动人口平均受教育年限增加到 10.21 年，而同期全国劳动年龄人口受教育年限增加到 9.44 年，前者比后者高出 0.77 年；其中省内流动人口和省外流动人口平均受教育年限分别为 10.50 年和 9.61 年，分别比全国劳动年龄人口高出 1.06 年和 0.17 年。由此可见，流动人口相对于全国平均水平而言所具有的素质优势正在逐步被削弱。从各种口径人口的平均受教育年限的动态变化中也可得到以上结论。例如，2000～2010 年，省内流动人口、省外流动人口和综合流动人口平均受教育年限分别提高了 0.5 年、0.49 年和 0.45 年，而同期全国 6 岁及以上人口和全国劳动年龄人口平均受教育年限则分别提高了 1.16 年和 1.15 年，后者明显高于前者。

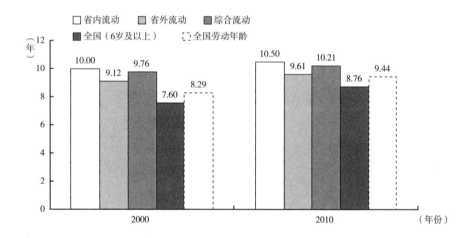

图 3　流动人口平均受教育年限及与全国平均水平的比较

注：流动人口平均受教育年限的计算依据是长表数据，由于其未说明所调查人口的年龄情况，故本文在对比上将劳动年龄和 6 岁及以上两种人口情况均罗列出来。

由于数据中的流动人口中没有年龄信息，按照常理来看，许多流动人口会将小孩带到工作地，但老人一般不会随之迁移。从这点来看，可以和流动人口形成比照的全国同一年龄段人口的平均素质会介于劳动年龄和 6 岁及以上人口之间。因此，流动人口的平均受教育年限相比全国可比的平均水平而言所具有的相对优势可能比以上所述还要偏大。因为平均受教育年限越高的人群，其人力资本程度越高，经济行为也越理性，因此，可以推断，促进人口流动的政策对于提高流动人口收入水平和促进地区发展均有正面作用。

4. 不同年龄段人口受教育程度结构

人口的变化将导致人口受教育结构的变化，而这种变化是通过一国人口更替实现的。因此，通过某一时间点上不同年龄组人口受教育结构的差异可以大致判断未来我国人口整体受教育程度结构的演变趋势。图 4 为我国 2010 年区分年龄组的受教育程度结构，从图中可以清晰地发现一些我国未来受教育程度结构演变规律。首先，未受过教育（即未上过学）和受过小学教育等低素质人口占比预计将急剧下降。在年龄较大的劳动年龄人口中，受过小学教育的人口占比最大，如 60 ~ 64 岁年龄组占比高达 53%，但随着年龄变小，该受教育程度人口占比下降非常明显，在 15 ~ 19 岁人口中占比仅有 7%；未受过教育人口占比也由 60 ~ 64 岁年龄组的 11% 下降到 15 ~ 19 岁年龄组的 0.5%。其次，受过初中教育的人口占比随着年龄变小有先增大而后变小的特点，并且，从受过初中教育的人口占不同年龄组人口比重情况来看，预计未来较长一段时期内，受过初中教育的人口仍然会是我国人口的主体人群。当前看来，受过初中教育的人口在我国总人口中占比最大，在 60 ~ 64 岁年龄组中占 26%；在 35 ~ 39 岁年龄组占比最大，达到 55%；而在年轻人中占比又在减小，在 15 ~ 19 岁年龄组占比为 45%。再次，一般而言，一个人高中毕业大致为 18 岁，所以 20 岁以后的各个年龄组中受过高中教育的人口占比的变化能够比较合理地说明其未来变化趋势。从图中可以看出，受过高中教育的人口占比将会逐渐提高；但从 20 ~ 34 岁中的三个年龄组的数据来看，该比重基本稳定在 20% 左右，因而未来很有可能受过高中教育的人口占比将会收敛到该比重水平。此外，受教育程度为大专和本科的人口占比随着年龄减小均有快速增大的趋势，60 ~ 64 岁人口中大专占 2%，本科占 1%；而在 20 ~ 24 岁人口中，大专上升到 14%，本科则上升到

11% 。由此可见，未来我国大专和本科人群占比将会不断提高，而且相对而言，本科比大专提高更为迅速。最后，研究生在我国人口中占比非常小，相比其他年龄组而言，其在 25～29 岁人口中占比最大，但也仅有 1.2% 的水平。因为研究生毕业一般而言至少为 25 岁，因而，25 岁后各年龄组该人群占比的变化特征能够较好地说明未来演变趋势。通过比较可以发现，虽然研究生人口占比很低，但上升速度预计将会很快，因为在 60～64 岁人口中其占比为 0.03% ，而在 25～29 岁人口中已上升到 1.2% 。

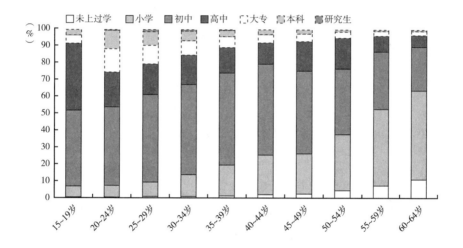

图 4　不同年龄组人口受教育程度结构（2010 年）

　　综上所述，从 2010 年我国不同年龄组人口受教育程度结构可以判断出未来我国人口受教育程度结构的演变趋势，其大致为：受过小学教育的人口和文盲人口占比将会急剧下降；受过初中教育的人口是主体，且预计未来较长一段时期内其占比依旧会上升；受过高中教育的人口占比将会逐渐上升，但有收敛到 20% 左右水平的趋势；受过大专教育和受过本科教育的人口占比上升速度较快，尤其是后者；受过研究生教育的人口占比很小，预计将来这种状况将会长久保持，但其上升速度也很快。

三 四大区域人口素质的时空演化

人口素质与地区经济发展密切相关。在我国区域发展不平衡背景下，考察东北、东部、中部、西部四大区域人口素质的变迁及差异对于区域产业结构差异性、经济发展潜力等方面的判断均有一定意义。

1. 人口平均素质的变化

20 世纪 80 年代初期以来，四大区域人口平均素质一致表现出不断提高的趋势（见图5），基本从 1982 年平均受教育年限 5.5 年左右的水平提高到 2010 年的 8.5 年左右。从横向比较来看，我国人口素质最高的地区为东北，其次为东部，接着是中部，西部地区人口素质最低；并且，虽然这期间区域之间人口素质差异有所变化，但并没有发生质的改变。从四大区域人口平均素质的动态变化来看，1982 ~ 2010 年，东北地区人口平均受教育年限由 6.3 年提高到 9.3 年，增长了 3 年，增幅为 47.6%；东部地区由 5.4 年提高到 9.1 年，增长了 3.7 年，增幅为 68.5%；中部地区由 5.1 年提高到 8.7 年，增长了 3.6 年，增幅为 70.6%；西部地区由 4.7 年提高到 8.2 年，增长了 3.5 年，增幅为 74.5%。故从增长率数据来看，我国四大区域之间的人口素质差异存在逐渐收敛的趋势，即人口素质越低的区域其提高速率越高，尤其是东、中、西部三大区域与东北地区之间的差距缩小最为明显。区分不同时期来看，20 世纪 80 年代、90 年代及 21 世纪头 10 年东北地区人口素质提高幅度分别为 14.3%、15.3%、12.0%，东部分别为 20.4%、21.5%、15.2%，中部分别为 21.6%、22.6%、14.5%，西部分别为 21.3%、22.8%、17.1%。由此可见，在提高区域人口素质方面，80 年代和 90 年代所取得的成就要大于 21 世纪头 10 年，这从四大区域的数据中均可发现。

2. 区域人口受教育结构的动态演变

从四大区域人口受教育结构的演变情况来看，虽然我国在提高人

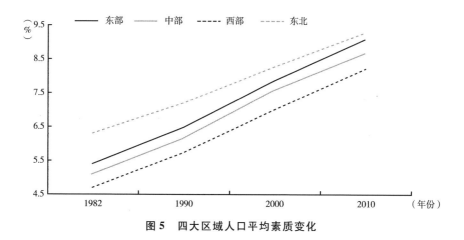

图5　四大区域人口平均素质变化

口素质方面成绩显著，但总体而言人口素质偏低。在20世纪80年代初期，人口以低端受教育水平人口为主①，即使在人口素质最高的东北地区，未上过学和小学文化程度人口占比也为61%左右，西部地区更是达到接近80%的水平（见图6）。到90年代初期，各区域人口素质结构已演变为以小学和初中为主体，虽然之后人口素质不断提高，但截至2010年，小学和初中人口的主体地位没有改变，两者所占比重在四大区域中最低为68%（东部），最高为73%（西部）。中端以上受教育水平人口在我国占比有所提高，但比重依然偏低。1982年，东北地区该人口占比最高，但也没有达到1%的水平；但到2010年，该占比已上升到接近11%的水平，上升速度较快。横向比较来看，我国东北地区人口素质最高，其次为东部，西部最低。早在1982年，东、中、西部地区人口受教育结构均以未上过学人口和小学人口为主体，唯独东北以小学和初中人口为主体，两者占比达到67%的水平。但从90年代初期开始，四大区域人口受教育结构总体特征类似，只是不同层次受教育水平人口占比大小有较小差别。在中高端和高端人口占比上，2010年东部地区已基本追赶上东北，为11%左右的水平。

---

① 本文将受教育水平分为低端、中端、中高端和高端。低端为未上过学和小学；中端为初中、高中和中专；中高端为大专；高端为本科和研究生。

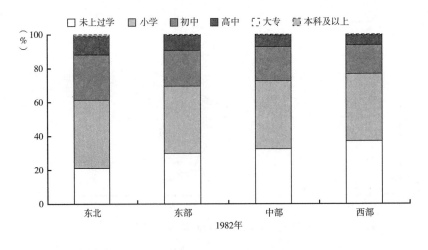

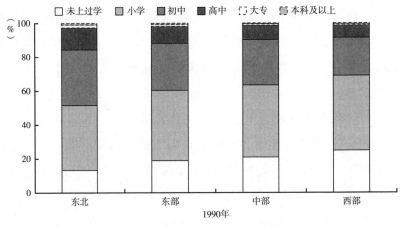

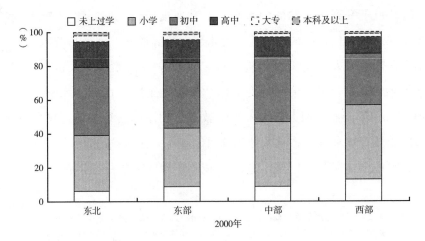

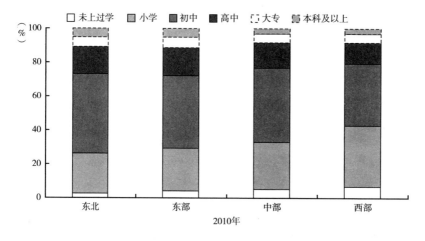

图6　四大区域人口受教育结构变化

总体来看，1982～2010年，各大区域人口受教育结构变化的一个共同特点是：随着人口更替及九年义务教育的推广和加强，未上过学和小学教育水平人口占比迅速下降，而中端及以上受教育水平人口占比迅速提高，尤其是初中人口占比提高较快，从而导致我国各区域人口受教育结构出现从以低端受教育水平人口为主体演变为以中低端受教育水平人口为主体的现象。

3. 各类受教育程度人口的区域分布演化

低端受教育水平人口在西部的分布比例有所提高，而在东北、东部和中部地区则均呈下降趋势，但这种变动幅度较小。与总人口在四大区域的分布比例及变动特征对照来看，低端受教育水平人口有趋于分布失衡的趋势。从表1和表2可以看出，横向比较来看，低端受教育水平人口在经济发达的东部和东北地区的分布比例均小于全国总人口在该地区的分布比例，这在1982年和2010年这两个时间点上均能体现。从动态变化来看，1982～2010年，东部总人口占比上升了约4个百分点，其他三个区域则有所下降；而低端受教育水平人口的区域分布比例变动则与总人口相反，其中东部地区未上过学和小学教育水平人口的比例分别从32.04%、33.98%下降到31.97%、33.70%，下降幅度分别达到 0.07 个和 0.28 个百分点；西部地区则由 33.16%、28.48% 分别上升到 36.21%、33.75%，上升幅度分别达到 3.05 个和 5.27 个百分点；中部和东北低端受教育水平人口占全国比重也均呈下降趋势（见表 2）。

表 1　总人口在四大区域的分布

单位：%，百分点

区域	四次全国人口普查				变动方向	累计变动幅度
	第三次	第四次	第五次	第六次		
东北	9.08	8.97	8.60	8.42	↓	− 0.66
东部	34.16	34.33	35.84	38.18	↑	4.02
中部	28.23	28.29	27.85	26.48	↓	− 1.75
西部	28.54	28.41	27.72	26.92	↓	− 1.62

资料来源：笔者整理。

表 2　低端受教育水平人口的区域分布

单位：%，百分点

区域	未上过学			小学		
	1982 年	2010 年	变动幅度	1982 年	2010 年	变动幅度
东北	5.95	4.07	− 1.88	9.14	7.05	− 2.09
东部	32.04	31.97	− 0.07	33.98	33.70	− 0.28
中部	28.85	27.75	− 1.10	28.40	25.50	− 2.90
西部	33.16	36.21	3.05	28.48	33.75	5.27

资料来源：笔者整理。

　　相较于总人口的区域分布来说，东部和东北在中端受教育水平人口占比上存在优势；并且，中端受教育水平人口在东北地区的分布比例在下降而在其他区域则在上升，其中东部上升最快。如表 3 所示，无论是从 1982 年还是从 2010 年的横截面数据均可看出，中端受教育水平人口在东部和东北地区的分布比例均大于总人口在这两地区的分布比例。以 2010 年为例，东部地区初中人口分布比例相比总人口分布比例高出 0.79 个百分点，高中人口则高出 4.08 个百分点；而中部和西部地区则恰好相反，同样在 2010 年，西部地区初中受教育水平人口的分布比例低于该地区总人口的分布比例达 3.15 个百分点，高中则低出 4.79 个百分点。从动态变化情况看，1982～2010 年，东北地区初中和高中受教育水平人口的分布比例分别下降 2.86 个和 4.25 个百分点，从而削弱了该地区原本在中端受教育水平人口分布上所具有的相对优势；东部地区则分别上升了 3.10 个和 3.36 个百分点，使得其具有的相对优势得到进一步加强；中部地区则分别上升了 0.09 个和 0.25 个百分点，表明中部地区在中端受教育水平人口分布上所具有的劣势有所减小；西部地区初中受教育水平人口分布比例下降了 0.32 个百分点，高中则上升了 0.63 个百分点。因此，总体来看，从表 3 数据我们很难直观判断出我国中端受教育水平人口的区域分布是趋于失衡还是平衡的。

表 3　中端受教育水平人口的区域分布

单位：%，百分点

区域	初中			高中		
	1982 年	2010 年	变动幅度	1982 年	2010 年	变动幅度
东北	12.24	9.38	-2.86	13.28	9.03	-4.25
东部	35.87	38.97	3.10	38.90	42.26	3.36
中部	27.79	27.88	0.09	26.33	26.58	0.25
西部	24.09	23.77	-0.32	21.50	22.13	0.63

资料来源：笔者整理。

中高端（大专）受教育水平人口在东北的分布比例下降较为明显，东部地区则上升较快，而中西部都有所上升。相较于总人口的区域分布而言，东北地区在中高端受教育水平人口上所具有的优势在持续削弱，东部地区的优势略有下降，中西部地区的劣势则有所减小。因而总体而言，中高端受教育水平人口的区域分布是趋于平衡的。

四 中国劳动力素质未来变化趋势分析

本文以第六次全国人口普查数据为基础，推算了从现在到 2030 年中国劳动力素质发展的情况。

（一）推算方法及过程

1. t 年新增人口计算

$$I^t = N^{t-1} \times (1 - d^{t-1}) \times b^{t-1} \tag{1}$$

其中，I^t 表示 t 年的新出生人口，N^{t-1}、d^{t-1}、b^{t-1} 分别表示 $t-1$ 年的总人口数、死亡率及出生率。

死亡率。考虑到在过去年份里，总人口死亡率基本稳定在 7‰ 左右，而且在 2010 年联合国对于世界人口趋势的预测中，中国未来人口死亡率基本在 7‰ 左右，因此假设 2011～2030 年总人口死亡率均为 7‰。

出生率。出生率数据来自联合国的预测，分为高、中、低与不变四种情形。针对每种情形，我们分别进行了预测（见表4）。

表4 2010～2030 年中国人口出生率的四种情形预测

单位：‰

年份	2010～2015	2015～2020	2020～2025	2025～2030
中（Medium）	12	11	10	9
高（High）	14	13	13	12
低（Low）	10	8	7	7
不变（Constant）	13	12	10	9

资料来源：World Population Prospects：The 2010 Revision。

2. 任意年龄段不同受教育程度人数的动态变化

对于 $t-1$ 年每一年龄段的人，在 t 年的受教育程度或受教育年限可能存在三种变化。

第一种情形是，如果在 t 年未达到标准毕业年龄（小学 12 岁、初中 15 岁、高中 18 岁、高等教育 22 岁、研究生 25.5 岁，相应 $t-1$ 年年龄分别为 11 岁、14 岁、17 岁、21 岁、24.5 岁），则除去死亡人数外，$t-1$ 年每一年龄段的人在 t 年进入同一教育程度的下一年级，受教育年限相应增加 1 年。

第二种情形是，如果在 t 年超过标准毕业年龄（$t-1$ 年小学、初中、高中、高等教育、研究生的年龄分别超过 11 岁、14 岁、17 岁、21 岁、24.5 岁），则意味着已经进入劳动队伍，t 年受教育年限与 $t-1$ 年相等。

第三种情形较为复杂。对于任意年度（如 t 年），不同受教育程度人数主要取决于上一年（如 $t-1$ 年）不同受教育程度的人数。当 $a^{t-1}=5$，11，14，17，21 岁时：

$$N_e^t = N_e^{t-1} + N_{e-1}^{t-1} \times (1 - d_{e-1}^{t-1}) \times r_{e-1,e}^t \tag{2}$$

$$N_{e-1}^t = N_{e-1}^{t-1} \times (1 - d_{e-1}^{t-1}) \times (1 - r_{e-1,e}^t) \tag{3}$$

其中，$t = 2011$，…，2030，表示年份；a^{t-1} 表示 $t-1$ 年的年龄；$e = 1$，2，3，4，5，6，分别表示未上过学、小学、初中、高中、高等教育与研究生；d_{e-1}^{t-1} 表示 $t-1$ 年度、受教育程度为 $e-1$ 的人口死亡率；$r_{e-1,e}^t$ 表示 $t-1$ 年度、受教育程度 $e-1$ 向受教育程度 e 的升学率。上述公式假设，在 t 年"升入"小学、初中、高中、高等教育与研究生时的标准年龄分别为 6 岁、12 岁、15 岁、18 岁与 22 岁，相应的 $t-1$ 年度的年龄分别为 5 岁、11 岁、14 岁、17 岁与 21 岁。

上述情形表示，$t-1$ 年度年龄为 5 岁、11 岁、14 岁、17 岁与 21 岁的人在第二年（t 年）将面临升学选择：接受更高一级的教育或直接参加工作，前者人数由式（2）计算得到，后者人数由式（3）计算得到。下面举个例子对此进行说明。假设 2010 年（$t-1$ 年）末 11 岁（通常情况下，第二年面临从小学升入初中）的小学生总人数是

10000 人（N_{e-1}^{t-1}），11 岁人口的死亡率为 0.1%（d_{e-1}^{t-1}），2011 年从小学升入初中的升学率为 99%（$r_{e-1,e}^{t}$），同时 11 岁已经上初中的人数为 1000 人（N_e^{t-1}）。则根据公式（2），2011 年末（t 年）的初中一年级总人数（N_{e-1}^{t}）为：1000 + 10000 ×（1 - 0.1%）×99%；根据公式（3），小学上完即参加工作的人数（N_{e-1}^{t}）为：10000 ×（1 - 0.1%）×（1 - 99%）。由于不知道 11 岁已上初中的学生（人数为 N_e^{t-1}）具体是上初几，这里其实是假设需要从初一继续从头上起。由于这部分学生比例并不大，而且 2017 年之后不再存在这种情况，因此对结果影响不大。t - 1 年年龄（a^{t-1}）为 14 岁、17 岁、21 岁时也面临类似情形。

上述三种情形共包含了各年龄段人口死亡率、不同受教育程度的升学率等变量，分别进行说明。

各年龄段人口死亡率。考虑到在过去年份里中国人口死亡率基本稳定（7‰左右），我们假设 2011 ~ 2030 年各年龄段人口死亡率也保持在 2010 年的水平，数据来自第六次人口普查合计非模板表 T4 - 01。由于难以得到各年龄段不同受教育程度人口死亡率，假设在相同年龄时各教育程度死亡率相等。

小学入学率、小学升初中入学率。小学入学率、小学升初中入学率在 2010 年分别为 99.7% 与 98.7%，已接近 100%，假设 2011 ~ 2030 年保持 2010 年的水平。

初中升高中入学率。从数据上看，1990 ~ 2010 年的初中升高中入学率与高中毛入学率之间存在较为稳定的对应关系（初中升高中入学率 = 0.8855 × 高中毛入学率 + 18.413，$R^2 = 0.9418$），我们通过对高中毛入学率的预测来估测未来的初中升高中入学率。具体分为两步：①《国家中长期教育改革和发展规划纲要》指出，2020 年努力使高中毛入学率达到 90%，而 2010 年高中毛入学率为 82.5%，假设 2010 ~ 2020 年以相同速率提升，则估计得到 2011 ~ 2020 年的高中毛入学率，对于 2021 ~ 2030 年的高中毛入学率，假设保持 2020 年的水平；②根据 1990~2010 年的拟合结果，推测 2011~2030 年的初中升高中入学率。

高中升高等教育入学率。由于 1999 年以来的高等教育扩招，高中升高等教育入学率与高等教育毛入学率之间并不存在明显的线性对应关系，而 2012 年 4 月 20 日教育部发布《全面提高高等教育质量的若干意见》，明确提出今后公办普通高校本科招生规模将保持相对稳定，因此假定 2011~2030 年的高中升高等教育入学率稳定在 2010 年水平，为 83.3%。

研究生入学率假定 2011~2030 年稳定在 2010 年水平，为 9.35%。

3. 计算各年劳动适龄人口的平均受教育年限

通过上述两步计算出各年度不同受教育程度人数，再根据不同年龄、不同受教育程度的受教育年限，计算得到各年劳动适龄人口的平均受教育年限。不同年龄、不同受教育程度人口的受教育年限设定如表 5 所示。

表 5 各年龄段及各种受教育程度的劳动人口的受教育年限假定

单位：年

年龄（岁）	未上过学	小学	初中	高中	高等教育	研究生教育
15	0.0	6.0	9.0	9.5	12.5	16.0
16	0.0	6.0	9.0	10.5	12.5	16.0
17	0.0	6.0	9.0	11.5	12.5	16.0
18	0.0	6.0	9.0	12.0	12.5	16.0
19	0.0	6.0	9.0	12.0	13.5	16.0
20	0.0	6.0	9.0	12.0	14.5	16.0
21	0.0	6.0	9.0	12.0	15.5	16.0
22	0.0	6.0	9.0	12.0	15.5	16.0
23	0.0	6.0	9.0	12.0	15.5	17.0
24	0.0	6.0	9.0	12.0	15.5	18.0
25	0.0	6.0	9.0	12.0	15.5	19.0
26	0.0	6.0	9.0	12.0	15.5	19.0
大于 26	0.0	6.0	9.0	12.0	15.5	19.0

此处的高等教育包括了大学本科与大学专科，前者标准学制为 4 年，后者标准学制为 3 年。考虑到两者数量大致相等，假设高等教育学制为 3.5 年。研究生教育包括了硕士研究生与博士研究生，前者标准学制为 3 年，后者标准学制为 6 年（3 年硕士 + 3 年博士）。但是，考虑到硕士研究生数量远高于博士研究生数量，并且有部分专业的硕士教育学制为 2 年，综合考虑后，假设研究生教育学制为 3.5 年。

考虑到劳动力年龄界限目前有不同标准，这里设置了六种不同的劳动力年龄界限：15～60 岁、15～65 岁、20～60 岁、20～65 岁、25～60 岁、25～65 岁。另外，由于国外的统计数据一般是以 25 岁及以上作为统计口径，我们也计算了这一标准时的情形。因此，我们共计算了四种出生率情形、七种劳动年龄标准下，中国劳动适龄人口平均受教育年限的未来变化趋势。

（二）推算结果

根据我们推算的结果，不同的出生率对于以平均受教育年限来衡量的劳动力平均素质水平影响较小。这主要是因为，在未来 20 年内，出生率的高低仅会影响到 0～20 岁的人口数量以及平均受教育年限[①]。由于 20 岁以上人口数量与受教育程度不受出生率高低的影响，因此，在不同的出生率情形下，未来劳动适龄人口的平均受教育年限基本稳定。测算结果显示，中等出生率、高出生率与不变出生率假定条件下计算的劳动力平均素质水平差异极其微小。限于篇幅，这里仅列出低出生率假定下以及中等出生率假定下的推算结果（见表 6、表 7、图 7、图 8）。

---

① 例如，2020 年 10 岁及以上的人口在 2010 年及之前就已经出生，因此，不同的出生率假设只会影响到 2020 年 10 岁以下的人口数；同样，不同的出生率假设只会影响到 2030 年 20 岁以下的人口数。

表 6　不同标准下劳动适龄人口平均受教育年限（低出生率情形）

单位：年

年份	15～60 岁	15～65 岁	20～60 岁	20～65 岁	25～60 岁	25～65 岁	25 岁及以上
2010	9.51	9.36	9.46	9.29	9.19	9.02	8.56
2011	9.58	9.42	9.54	9.37	9.28	9.10	8.63
2012	9.64	9.48	9.62	9.44	9.37	9.19	8.72
2013	9.70	9.53	9.71	9.52	9.48	9.28	8.81
2014	9.79	9.61	9.80	9.60	9.59	9.38	8.90
2015	9.88	9.69	9.86	9.66	9.69	9.48	9.00
2016	9.97	9.78	9.96	9.76	9.78	9.57	9.07
2017	10.07	9.88	10.04	9.84	9.84	9.64	9.14
2018	10.16	9.98	10.08	9.89	9.94	9.75	9.23
2019	10.24	10.06	10.18	10.00	10.02	9.83	9.30
2020	10.33	10.17	10.28	10.11	10.05	9.89	9.35
2021	10.41	10.27	10.37	10.22	10.14	10.00	9.44
2022	10.50	10.37	10.46	10.32	10.20	10.08	9.51
2023	10.59	10.47	10.56	10.43	10.22	10.11	9.54
2024	10.70	10.57	10.65	10.51	10.34	10.22	9.64
2025	10.82	10.66	10.77	10.61	10.46	10.32	9.74
2026	10.93	10.75	10.90	10.70	10.59	10.41	9.84
2027	11.06	10.84	11.04	10.80	10.72	10.50	9.93
2028	11.18	10.94	11.17	10.90	10.85	10.60	10.02
2029	11.31	11.05	11.31	11.02	10.97	10.70	10.10
2030	11.44	11.15	11.45	11.14	11.11	10.82	10.20

表 7　不同标准下劳动适龄人口平均受教育年限（中等出生率情形）

单位：年

年份	15～60 岁	15～65 岁	20～60 岁	20～65 岁	25～60 岁	25～65 岁	25 岁及以上
2010	9.51	9.36	9.46	9.29	9.19	9.02	8.56
2011	9.58	9.42	9.54	9.37	9.28	9.10	8.63
2012	9.64	9.48	9.62	9.44	9.37	9.19	8.72
2013	9.70	9.53	9.71	9.52	9.48	9.28	8.81
2014	9.79	9.61	9.80	9.60	9.59	9.38	8.90
2015	9.88	9.69	9.86	9.66	9.69	9.48	9.00
2016	9.97	9.78	9.96	9.76	9.78	9.57	9.07
2017	10.07	9.88	10.04	9.84	9.84	9.64	9.14
2018	10.16	9.98	10.08	9.89	9.94	9.75	9.23

续表

年份	15~60岁	15~65岁	20~60岁	20~65岁	25~60岁	25~65岁	25岁及以上
2019	10.24	10.06	10.18	10.00	10.02	9.83	9.30
2020	10.33	10.17	10.28	10.11	10.05	9.89	9.35
2021	10.41	10.27	10.37	10.22	10.14	10.00	9.44
2022	10.50	10.37	10.46	10.32	10.20	10.08	9.51
2023	10.59	10.47	10.56	10.43	10.22	10.11	9.54
2024	10.70	10.57	10.65	10.51	10.34	10.22	9.64
2025	10.82	10.66	10.77	10.61	10.46	10.32	9.74
2026	10.93	10.75	10.90	10.70	10.59	10.41	9.84
2027	11.06	10.83	11.04	10.80	10.72	10.50	9.93
2028	11.18	10.93	11.17	10.90	10.85	10.60	10.02
2029	11.31	11.04	11.31	11.02	10.97	10.70	10.10
2030	11.43	11.15	11.45	11.14	11.11	10.82	10.20

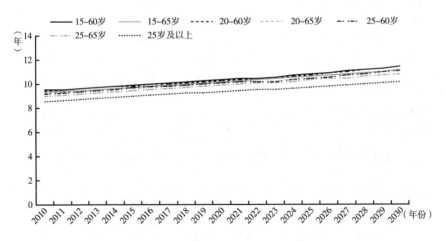

图7　中等出生率假定下劳动力的平均受教育程度

　　总体而言，中国未来的劳动力素质发展是比较快的。以中等出生率条件为例，25岁及以上劳动人口的平均受教育年限从2010年的8.56年上升到2030年的10.2年。中国劳动力素质的快速提高，将成为中国经济持续发展和产业结构升级的基础推动力。

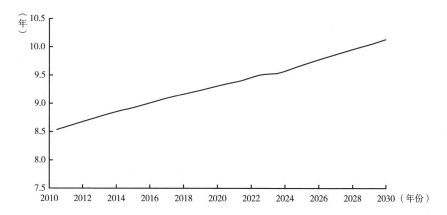

图 8　中等出生率假定下中国未来劳动力（25 岁及以上人口）素质发展的情况

第六章

创新的产业基础：
中国产业国际竞争力现状

康琦 李钢

一 引言

改革开放以来，中国发展之快，举世瞩目。尤其是 2001 年中国加入世界贸易组织（World Trade Organization，WTO）之后，中国经济迅速融入世界贸易体系，目前已成为世界第二大经济体、世界第一大出口国和第二大进口国，贸易总量世界第一。作为 WTO 成员国，中国奉行开放自由的贸易政策，积极融入国际和区域贸易合作。

加入 WTO 近 15 年来，中国对外贸易快速发展。2001~2013 年，中国商品出口增长了 8.3 倍，年均增长率为 19%。2013 年，中国成为世界上最大的商品贸易国，进出口总额达 41590 亿美元，较 2012年增加 2590 亿美元，占国内生产总值的 2.8%。图 1 直观地反映出中国加入 WTO 以来商品与商业服务出口年增长率的变化趋势，2002~2008 年，商品与商业服务的年增长率基本上在 20%~30% 的区间浮动；由于 2008 年国际金融危机的冲击，2009 年出口值出现负增长，但是国家通过积极的财政政策和稳健的货币政策保证了国内宏观经济的平稳较快发展，之后的几年商品与商业服务的出口增长率在10%左右波动。近几年的商品与商业服务出口年增长率不如21世纪初，其原因主要是受金融危机的影响，发达国家经济下行，对进口商品和服务需求下降；以及国内产业转型升级，出口主要商品由劳动力密集型产品向资本密集型产品和技术密集型产品转变。

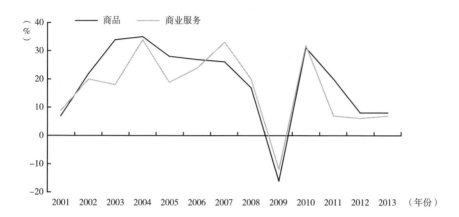

图 1　2001～2013 年中国商品与商业服务年增长率

资料来源：WTO，*International Trade Statistics*。

总的来说，在自由竞争的市场环境中，中国经济实现了量到质的飞越、经济结构的优化和产业的升级转型，中国产业国际竞争力显著增强。

中国社会科学院工业经济研究所从1995年开始对中国产业国际竞争力进行理论和实证研究；2002年对中国产业的国际竞争力进行了跟踪研究；2008年、2012年对中国产业国际竞争力继续进行了实证分析，认为加入WTO以后，中国传统劳动密集型产业仍然保持着较强的国际竞争力，同时一些技术和资本密集型产业的快速发展推动着中国产业国际竞争力不断提升，中国制造业竞争优势的增强也推动了中国产业国际竞争力的提升。

近年来，中国经济增长速度比过去10多年有所降低，中国进入了经济增长主要依靠转型升级、生产率提升和多元创新的新常态。在这样的背景下，中国对外贸易面临着前所未有的挑战和机遇，中国产业能否冷静地应对挑战，成熟地把握机遇，提升国际竞争力，走出一条创新型的经济发展之路成为国内外学者最为关注的问题之一。

本文在我们原来研究的基础上，结合最新的数据资料，对中国产业国际竞争力进行实证研究。试图分析中国产业国际竞争力的变化趋势，为中国产业结构转型提供有益的启示。文章剩余部分安排如下：第二部分是对国际竞争力理论的回顾；第三部分是中国产业国际竞争力的实证分析；第四部分是主要结论及启示。

二 理论回顾

亚当·斯密（1776）在其《国富论》中提出国际双边贸易的绝对优势理论（Theory of Absolute Advantage）[1]；大卫·李嘉图（1817）从相对生产效率的角度提出了比较优势原理（Law of Comparative Advantage）[2]，比较优势理论为具有产品相对优势的国家融入国际市场、参与国际贸易提供了理论基础。此后的国际贸易理论的演化和发展基本没有脱离绝对优势理论及比较优势原理的框架。赫克歇尔（E. F. Heckscher, 1919）[3]在纪念经济学家戴维的文集中发表了题为《对外贸易对收入分配的影响》的论文，提出了要素禀赋论的基本论点。俄林（B. Ohlin）[4]继承其师赫克歇尔的论点，于1933年出版了《域际贸易和国际贸易》一书，深入探讨了国际贸易产生的深层原因，创立了要素禀赋论（Heckscher-Ohiln Theory, H－O理论），该理论认为国与国之间在要素禀赋上存在差异，使得要素价格也会产生差异，进而导致生产成本和产品价格的差异。Elhanan 和 Krugman（1989）[5]等人用内在规模经济和外在规模经济解释了发达国家之间的贸易和产业内的贸易。

波特（Michael E. Porter, 1992）[6]对比较优势、要素禀赋等理论产生了质疑并提出了解释国家在国际市场上取得竞争优势的菱形模型

（Diamonds Framework）。菱形模型由四个基本决定因素和两个辅助因素组成，四个基本决定因素是要素条件（包括人力资源、自然资源、知识资源、资本资源等）、需求条件、相关及支持性产业以及企业的战略、结构和竞争。这些决定因素创造了企业竞争的一个基本环境，每一个决定因素都会决定产业国际竞争优势的形成。两个辅助因素是机会和政府。波特认为，竞争力来源于培养高级要素，即所谓创造、升级或专业化的要素；竞争力来源于集群；竞争力来源于企业的战略和激烈的竞争；竞争力来源于苛刻的市场需求。在此基础上，很多学者进行了进一步研究，Dunning（1993）[7]认为在跨国企业快速发展的趋势下，波特的单一国家模型难以解释竞争力。Rugman 等人（1993）[8]提出了"双菱形"模型来解释美国和加拿大两国的竞争力差异。芮明杰（2006）[9]在波特"钻石模型"的基础上，增加了"知识吸引与创新能力"这一因素，来说明国家参与国际产业分工体系过程中的产业竞争力。

金碚（1997）认为："各国产业在世界经济体系中的地位是由多种因素所决定的，从国际分工的角度看，比较优势具有决定性作用；从产业竞争的角度看，竞争优势又起决定性作用。而在现实中，比较优势和竞争优势实际上共同决定着各国各产业的国际地位及其变化趋势。"[10]他强调了比较优势和竞争优势的双重作用。

Siggel（1993，2001）[11~12]与金碚的观点类似，认为比较优势应该是个动态和开放的概念，而不应该只是李嘉图式的概念，比如规模经济和技术往往是密不可分的。林毅夫（2002）[13]认为竞争优势和比较优势是彼此相容的，他通过企业自生能力（Viability）试图在两个概念间建立逻辑联系，所谓自生能力，即开放、自由和竞争市场中企业的预期利润。林毅夫等（1999）[14]认为竞争力和比较优势并不相互排斥，产业竞争力的大小与其是否遵循比较优势原则直接相关。

可以看出，随着世界经济一体化深入发展，各个经济体之间的联系越来越密切；跨国公司等新的企业组织形式兴起，传统的二元国际竞争理论已经不能较好地解释当前的国际贸易状况。学者开始越来越认同比较优势与竞争优势并不是矛盾的，而是相容的。2012年，笔者在中国"入世"十年国际竞争力实证分析中，结合了比较优势分析和竞争优势分析，发现中国"入世"后在对外贸易中的比较优势和竞争优势都提升较快，并提出了国际竞争力综合指数是评价一国国际竞争力的重要指标。事实说明，这个指标能够很好地表示中国国际竞争力的变化，具有一定的理论和现实意义，因而我们本次研究将继续把国际竞争力综合指数纳入评价指标。

三 中国产业国际竞争力的实证分析

（一）指标分类及说明

评价国际竞争力的指标大致可以分为两类：比较优势指标和竞争优势指标。常用的比较优势指标有出口增长率优势指数（The Index of Export Rise Advantage，ERA）和相对出口优势指数（又称"显示性比较优势指数"，Revealed Comparative Advantage Index，RCA）；常用的竞争优势指标有国际市场占有率（Market Shares，MS）和贸易竞争指数（Trade Competitive Index，TCI）。李钢等（2012）提出了包括动态与静态的比较优势和竞争优势的国际竞争力综合评价体系，比较优势使用目标行业出口额占该国总出口的比重、相对出口优势指数、出口增长率优势指数和相对出口优势指数变化率四个指标来衡量；竞争优势使用国际市场占有率、贸易竞争指数、国际市场占有率提升速度和贸易竞争指数提升速度四个指标来衡量。

1. 出口增长率优势指数

出口增长率优势指数是指将一定时期目标产品出口增长率与该国

所有商品总的贸易增长率相比较，从而确定何种产品的出口增速更快，更具有竞争力。目标产品出口增长率优势指数大于零表示该产品相对其他出口产品具有比较优势，指数的值越大，表示比较优势越大。

$$ERA = (g_i - g_0) \times 100$$

其中，g_i 为第 i 种商品出口增长率，g_0 为商品出口总额增长率。

2. 相对出口优势指数

相对出口优势指数也称为"显示性比较优势指数"，是指一个国家某种产品的出口值占该国出口总值的比重与该种产品的世界出口总值占所有产品的世界出口总值的比重的比值。相对出口优势指数反映出一个国家某类商品（或服务）的比较优势以及竞争优势所形成的结果，是产业国际竞争力强弱的重要衡量指标之一。

$$RCA = \frac{X_i/X_0}{X_{wi}/X_{w0}}$$

其中，X_i 为一国第 i 种商品出口额，X_0 为该国商品出口总额；X_{wi} 为世界第 i 种商品出口额，X_{w0} 为世界商品出口总额。

根据日本贸易振兴协会（JETRO）的标准，如果 $RCA > 1$，则表示一国某产业（或产品）在世界经济中具有显示性比较优势，其数值越大，表示该产业显示性比较优势越明显。如果 $RCA > 2.5$，则表示该产业具有极强的竞争优势；若 $1.25 < RCA < 2.5$，则表示该产业具有较强的竞争优势；若 $0.8 < RCA < 1.25$，则表示该产业具有较为平均的竞争优势；如果 $RCA < 0.8$，则表示该产业不具有竞争优势，总体来说，若 $0 < RCA < 1$，则表示该国某产业（或产品）具有比较劣势，其数值越是偏离 1 接近 0，比较劣势越明显。

3. 国际市场占有率

国际市场占有率是指一个国家目标商品出口额占世界该商品出口额的比重。大多数经济学家普遍认为，产品市场占有率是产业竞争力强弱最直接的衡量指标。

$$MS = X_i/X_{wi}$$

其中，X_i 为一国第 i 种商品出口额，X_{wi} 为世界第 i 种商品出口额。

4. 贸易竞争指数

贸易竞争指数也称"贸易特化系数"，通常是指一个国家某产品净出口额与该产品贸易总额的比值，用来衡量一国某产品的国际竞争力。贸易竞争指数反映一个国家某产业是净出口还是净进口，以及净进口或者净出口的相对规模。若该比值为正，表明是净出口，该类产品的生产效率高于国际水平，具有较强的出口竞争力；反之，贸易竞争指数为负，即净进口，则意味着出口竞争力较弱。比值越接近1，说明国际竞争力越强。

$$TCI = \frac{X_i - M_i}{X_i + M_i}$$

其中，X_i 为一国第 i 种商品出口额，M_i 为一国第 i 种商品进口额。

5. 综合评价体系

产业国际竞争力的综合评价体系如表1所示。

（1）基础指标

表1将产业国际竞争力分为比较优势和竞争优势两大类因素。比较优势使用目标行业出口额占该国总出口的比重、相对出口优势指数、出口增长率优势指数和相对出口优势指数变化率四个指标来衡量，其中前两个指标属于静态指标，后两个指标属于动态指标。竞争优势使用国际市场占有率、贸易竞争指数、国际市场占有率提升速度和贸易竞争指数提升速度四个指标来衡量，其中前两个指标属于静态指标，后两个指标属于动态指标。每个基础指标的权重都是1/8。

表 1 产业国际竞争力综合评价体系

目标层	因素层		基础指标	计算公式	变量解释	权重
产业国际竞争力	比较优势权重=1/2	静态	目标行业出口额占该国总出口的比重	X_i / X_0	X_i为一国第i种商品出口额，X_0为一国商品出口总额	1/8
			相对出口优势指数	$\dfrac{X_i / X_0}{X_{wi} / X_{w0}}$	X_i为一国第i种商品出口额，X_0为一国商品出口总额；X_{wi}为世界第i种商品出口额，X_{w0}为世界商品出口总额	1/8
		动态	出口增长率优势指数	$(g_i - g_0) \times 100$	g_i为一国第i种商品出口增长率，g_0为一国商品出口总额增长率	1/8
			相对出口优势指数变化率	$\dfrac{A_i - A_{i-1}}{A_i}$	A_i为相对出口优势指数当年值，A_{i-1}为相对出口优势指数上一年的值	1/8
	竞争优势权重=1/2	静态	国际市场占有率	X_i / X_{wi}	X_i为一国第i种商品出口额，X_{wi}为世界第i种商品出口额	1/8
			贸易竞争指数	$\dfrac{X_i - M_i}{X_i + M_i}$	X_i为一国第i种商品出口额，M_i为一国第i种商品进口额	1/8
		动态	国际市场占有率提升速度	$\dfrac{A_i - A_{i-1}}{A_i}$	A_i为第i种商品国际市场占有率当年值，A_{i-1}为相应商品国际市场占有率上一年的值	1/8
			贸易竞争指数提升速度	$\dfrac{A_i - A_{i-1}}{A_i}$	A_i为第i种商品贸易竞争指数当年值，A_{i-1}为相应商品贸易竞争指数上一年的值	1/8

（2）基础指标指数

本文以 2001 年中国制成品国际竞争力综合指数为基期，令其国际竞争力综合指数值为 100，以此为基础计算 2013 年中国各行业国际竞争力综合指数。然后，根据公式（1）与公式（2）计算出各指标值。其中，出口增长率优势指数、贸易竞争指数、相对出口优势指数变化率、国际市场占有率提升速度、贸易竞争指数提升速度按公式（1）计算，其他指数按公式（2）计算。

A 指标 2013 年指数 ＝（A 指标 2013 值 － A 指标 2001 年制成品值）＋ 100　（1）

B 指标 2013 年指数 ＝（B 指标 2013 值 ÷ B 指标 2001 年制成品值）× 100　（2）

（3）因素指数

将各基础指标指数乘以该指标的权重，相加得到各因素指数。

（4）综合指数

将各因素指数乘以各自的权重，相加即得到产业国际竞争力综合指数。

（二）中国制造业国际竞争力研究

加入 WTO 以来，中国制成品的出口额增长迅速，2001 年制造业出口总额仅为 2358 亿美元，占世界制造业出口总额的 5.3%。经过短短的十年发展，到 2010 年中国制造业出口总额达到 14769 亿美元，占世界制造业出口总额的 14.8%，居世界第一位。之后的几年里中国制造业出口总额一直居世界首位，到 2013 年中国制造业出口总额达到 20770 亿美元，占世界制造业出口总额的 17.5%。

表 2 是 2001 年和 2013 年中国制造业国际竞争力各项指标。从综合指数来看，2013 年综合指数是 132，相比 2001 年有较大提高。2013 年除了出口增长率优势指数与 2001 年持平，其他四项基础指标均高出 2001 年水平，且变化比较明显。根据日本贸易振兴协会的标准，若 $1.25 < RCA < 2.5$，则表示该产业具有较强的竞争优势；若 $0.8 < RCA < 1.25$，则表示该产业具有较为平均的竞争优势。根据中国制造业相对出口优势指数，2001 年制造业具有较为平均的竞争优势，但到 2013 年已具有较强的竞争优势。2013 年，制造业国际市场占有率和贸易竞争指数分别为 17.5%、29.3%，相比 2001 年均增长了 2 倍左右。

表 2　中国制造业国际竞争力各项指标

出口商品	目标行业出口额占该国总出口的比重（%）		出口增长率优势指数		相对出口优势指数		国际市场占有率（%）		贸易竞争指数（%）		综合指数	
年份	2001	2013	2001	2013	2001	2013	2001	2013	2001	2013	2001	2013
全部商品	100	100	0	0	1	1	4.3	11.7	4.4	6.2	96.9	114
制成品	88.6	94	0	0	1.2	1.5	5.3	17.5	10.8	29.3	100	132

资料来源：根据 WTO *International Trade Statistics* 各年数据计算。

熟悉经济史的人都会发现，不管是 18 世纪的英国还是 19 世纪的美国，它们工业化的过程中农产品、燃料及矿产品在国家出口商品中的优势地位不断减弱。2001 年中国农产品、燃料及矿产品的出口、进口和贸易逆差额分别是 303 亿美元、537 亿美元和 234 亿美元；2013 年中国农产品、燃料及矿产品的出口、进口和贸易逆差额分别是 1320 亿美元、8150 亿美元和 6830 亿美元。2001～2013 年中国农产品、燃料及矿产品的贸易逆差额年均增长率为 32.5%。

随着中国市场化程度加深，中国经济的快速发展主要依赖于中国制造业的崛起。相对于中国的第一产业而言，中国制造业的比较优势越来越明显，制成品出口占全部商品比重由 2001 年的 88.6% 上升到 2013 年的 94%；在国际竞争优势方面，中国制成品的国际市场占有率由 2001 年的 5.3% 增加到 2013 年的 17.5%。自 2010 年以来，中国成为全球制造业出口最多的国家，是名副其实的制造业出口大国。

（三）中国制造业分产业国际竞争力研究

中国出口的制成品主要包括钢铁、化工产品、办公与电信设备、汽车产品、纺织品和服装。其中，纺织品和服装属于劳动密集型产品；钢铁和化工产品属于资本密集型产品，但是对资源的依赖度较高，对环境的影响较大；办公与电信设备和汽车产品属于技术密集型产品，虽然也需要一定的资本投入，但对技术的依赖度较高，对环境的影响不大。表 3 列出了中国制造业分产业各项指标。

1. 纺织品和服装

中国是人口大国，过去的几十年中国的廉价劳动力对中国制造业国际竞争力的提升贡献不小。纺织品和服装产业是典型的劳动密集型产业，无论是 2001 年还是 2013 年，纺织品和服装的综合指数都在 100 以上，而且从 2001 年到 2013 年有较大的提升。2013 年，纺织品和服装产业的综合指数分别达到 151 和 188 的较高水平。

表 3　中国制造业分产业各项指标

出口商品	出口增长率优势指数		相对出口优势指数		国际市场占有率（%）		贸易竞争指数（%）		综合指数	
年份	2001	2013	2001	2013	2001	2013	2001	2013	2001	2013
钢铁	−35	−6	0.57	1	2.4	12	−54.3	44.7	69.7	101
化工产品	3	−3	0.52	0.5	2.2	6	−41.1	−22.6	74	82
医药品	4.8	−5	0.34	0.22	1.4	2.4	22.6	−14.3	70	70
办公与电信设备	13	18.9	1.47	2.8	6.3	33.9	2.6	20.4	96	177
EDP 和办公设备	20	−10	1.64	3.37	7.1	41.2	30	59.4	100	194
电信设备	15	2	2.08	3.08	8.9	37.8	28.3	54.7	108	185
集成电路和电子元件	−16	34	0.47	1.83	2	21.8	−65.6	−38.3	70	138
汽车产品	12	−1	0.08	0.28	0.3	3.4	−44.1	−25.8	65.6	73.5
纺织品	−3	4	2.63	2.82	11.4	24.8	14.3	65.9	117	151
服装	−5	3	4.45	3.2	18.8	38.6	93.2	94.5	154	188

资料来源：根据 WTO *International Trade Statistics* 各年数据计算。

　　服装产业综合指数极高主要是由于该产业有较高的贸易竞争指数和相对出口优势指数。2001 年的贸易竞争指数是 93.2%，2013 年为 94.5%，变化不大，但都是制造业所有产业相应年份中贸易竞争指数最高的，2001 年贸易竞争指数仅次于服装业的电信设备（28.3%）与服装业相差了近 65 个百分点；2013 年贸易竞争指数仅次于服装业的纺织品（65.9%）与服装业相差了近 30 个百分点。服装业的相对出口优势指数 2013 年较 2001 年有所下降，但依然处在较高的水平，2013 年服装业的相对出口优势指数为 3.2，与相对出口优势指数最高的 EDP 和办公设备（3.37）相差不大。

　　纺织品的综合指数 2013 年相对 2001 年有所增加，而且变化明显，由 2001 年的 117 增加到 2013 年的 151，这种变化的主要原因是纺织品的国际市场占有率和贸易竞争指数显著提高。2001 年纺织品的国际市场占有率为 11.4%，2013 年为 24.8%，增长了 1 倍多；纺织品的贸易竞争指数变化最为明显，由 2001 年的 14.3% 增加到 2013 年的 65.9%。

　　纺织品和服装产业是中国传统的出口竞争优势产业，有较强的相对竞争优势和国际竞争优势。在中国制造业相对出口优势指数提高的背景下，纺织品的相对出口优势指数变化不大，服装业的相对出口优势指数反而大幅度减小。因而不难得出这样的结论：纺织品和服装产业在国内制造业中虽然仍具有比较优势，但是它们的比较优势地位在逐渐下降。

2. 钢铁和化工产品

钢铁和化工产业是典型的资本密集型产业。但是这类产业对自然资源的依赖度高，排放的废弃物对环境的影响较大。近些年中国大部分地区出现严重的空气污染，PM2.5 严重超标，对老百姓的日常生活和身体健康构成威胁；加之这类产业的过度投资，导致严重的产能过剩，人们对这类产业质疑较多。那么钢铁和化工产业近十年的国际竞争力发生了什么变化呢？

钢铁产业的综合指数变化非常明显，从 2001 年的 69.7 增加到 2013 年的 101。这种显著变化源于相对优势和竞争优势两方面的增强。表 3 清楚地反映出钢铁的各项基础指标的变化，出口增长率优势指数从 2001 年的 - 35 提高到 2013 年的 - 6，相对出口优势指数从 2001 年的 0.57 提高到 2013 年的 1，国际市场占有率由 2001 年的 2.4% 增加到 2013 年的 12%，贸易竞争指数变化最大，由 2001 年的 - 54.3% 增加到 2013 年的 44.7%。

化工产品的综合指数有所增加，但是变化并不明显。该产品的竞争优势有所增强，国际市场占有率由 2001 年的 2.2% 增加到 2013 年的 6%，贸易竞争指数由 2001 年的 - 41.1% 提高到 - 22.6%；但其比较优势却减弱了，出口增长率优势指数从 2001 年的 3 减小到 2013 年的 - 3，相对出口优势指数从 2001 年的 0.52 减小到 2013 年的 0.5，虽然减小的幅度不大，但也说明其在比较优势方面处于弱势地位。化工产品中的医药品表现更差，五项指标中，除了国际市场占有率有小幅的增加，其他四项指标均减小或不变。特别是贸易竞争指数，从 2001 年的 22.6% 减小到 2013 年的 - 14.3%。化工产品国际竞争力的不断下降可能与中国不断强化的环境管制有关。中国社会科学院工业经济研究所最近的一项研究表明，中国工业环境管制强度不断提升；而化工行业作为污染较为严重的行业，随着环境保护强度与民众环境保护意识的不断提升，其在中国发展的比较优势在不断丧失。

钢铁和化工产品在中国加入 WTO 的 15 年中，综合竞争力有所提高，尤其是钢铁产业增长幅度较大。但是它们的综合竞争指数都小于100，也就是说，它们的表现不如 2001 年中国制造业整体表现。值得注意的是化工产品，其比较优势在过去的十几年中在不断地减弱。

3. 办公与电信设备和汽车产品

随着互联网信息技术的发展，人们越来越依赖现代化的生活方式，办公与电信设备以及汽车产品越来越成为人们日常生活中必不可少的物品，近些年中国这类产业也取得了长足的发展。

办公与电信设备的综合指数从 2001 年的 96 增加到 2013 年的177，增长幅度较大，而且无论是比较优势还是竞争优势都明显增强。办公与电信设备中 EDP 和办公设备与电信设备表现尤为突出，它们的综合指数无论在 2001 年还是在 2013 年都在 100 或 100 以上，而且增长幅度较大。EDP 和办公设备的综合指数从 2001 年的 100 增加到2013 年的 194，是所有出口产品中综合指数变化最大的产品；电信设备的综合指数从 2001 年的 108 增加到 2013 年的 185；集成电路和电子元件的综合指数在 2001 年虽然小于 100，但是其变化非常明显，从 2001 年的 70 增加到 2013 年的 138。

EDP 和办公设备的比较优势和竞争优势在中国加入 WTO 的 15 年中有较大的提升。其相对出口优势指数 2001 年仅为 1.64，到 2013 年达到 3.37，是该年中所有制造业相对出口优势指数最高的。国际市场占有率在 2001 年仅为 7.1%，到 2013 年达到 41.2%，是该年中所有制造业国际市场占有率最高的。电信设备的竞争优势提升较大。国际市场占有率从 2001 年的 8.9% 增加到 2013 年的 37.8%，增加了 3倍多；贸易竞争指数 2001 年为 28.3%，2013 年达到 54.7%，增加了近 1 倍。集成电路和电子元件虽然综合竞争优势不强，但其各项基础指标的增长幅度均较大，是中国发展非常迅速的产业之一，2001 年集成电路和电子元件的出口增长率优势指数为 - 16，是该年中出口增长率优势指数中第二低的，但到 2013 年达到 34，是该年出口增长率优势指数中最高的；相对出口优势指数从 2001 年的 0.47 增加到 2013 年的 1.83，增长了近 3 倍；国际市场占有率在 2001 年仅为 2%，到 2013 年达 21.8%，增长了近 10 倍。

汽车产品的综合指数变化不大，从 2001 年的 65.6 增加到 2013 年的 73.5。比较优势和竞争优势都有所增强，但相对于办公与电信设备来说，发展并不是很快。国际市场占有率从 2001 年的 0.3% 增长到 2013 年的 3.4%；贸易竞争指数在 2001 年为 - 44.1%，2013 年为 - 25.8%，说明中国汽车产业的国际竞争力处于相对弱势地位。

数据表明，近 15 年里中国 EDP 和办公设备与电信设备的国际竞争力优势比较明显，发展也比较快。集成电路和电子元件产业的国际竞争力不强但发展迅速，而中国汽车产业的发展却相对滞后。

四　主要结论及启示

中国"入世"15 年来，制造业的国际竞争力有较大幅度的提升。中国制造业国际竞争力的增强主要依赖于纺织品与服装产业等劳动密集型的低端制造业的比较优势和竞争优势，但劳动密集产业的比较优势地位在逐渐弱化；传统的资本密集型的重工业产业的国际竞争力有一定的提升，但无论是比较优势还是竞争优势都不强；办公与电信设备等资本技术密集型产业的发展非常迅速，且已经具备了较强的比较优势和竞争优势，是未来中国产业国际竞争力提升的主要动力。

一直以来，人口红利被认为是中国经济增长的重要动力，随着中国人口出生率的下降，人口老龄化严重，数量型人口红利逐渐消失，劳动力的价格越来越高，人力成本的提高给中国的劳动密集型产业带来了不小的冲击。近年来，低端制造业不断地向劳动力低廉的东南亚地区转移，中国的劳动密集型产业发展越来越困难，因而中国传统的劳动密集型产业要继续保持较高的国际竞争力难度较大；可以预见，未来中国的低端制造业产品比较优势会不断减弱。但这并不意味着中国的劳动密集型产业、中国的制造业没有发展空间。由于近年来中国教育大发展，可以想象今后 10~20 年新进入劳动力市场的劳动力素质是较高的；这将极大地提高中国劳动力的素质，进而能促进中国经济的增长；我们将其称为质量型的人口红利。在发达国家与中国经济发展水平相当时，第二产业仍旧是发达国家经济增长的动力产业。中国社会科学院工业经济研究所的研究表明，至少到 2020 年工业仍旧是经济增长最重要的产业，第三产业仍难以成为中国经济增长的主动力产业。但中国下一个 20 年的劳动密集型产业与原来不同，将是技术密集与人力资本密集相结合的高效的、新型的劳动密集型产业。

中国社会科学院蔡昉研究员的研究表明，"在制造业，职工受教育年限每提高 1 年，劳动生产率就会上升 17%。如果企业职工从全部由初中以下学历的职工构成，改为全部由高中学历的职工组成的话，企业劳动生产率可以提高 24%，如果进一步改为全部由大专学历的职工组成的话，企业劳动生产率可以再提高 66%"。中国社会科学院工业经济研究所的预测表明，从目前到 2030 年劳动力受教育年限平均每年提高 0.1 年，根据蔡昉的研究数据，笔者可以估测仅劳动力素质提高一项就可以带动中国工业每年增长 1.7 个百分点。中国社会科学院工业经济研究所利用 CGE 模型预测的结果也表明，劳动力素质的提高，每年可以带动中国经济增长 2 个百分点。这些研究都表明，考虑到劳动力素质的提升，不能轻言中国经济潜在增长率已经下台阶了；可以说，虽然中国传统的数量型人口红利在不断减弱，但质量型人口红利会不断增强；质量型的人口红利将进一步推进中国产业结构优化，实现中国产业国际竞争力从数量型向质量型、从粗放型向集约型的战略性转变；而工业也将是中国充分利用质量型人口红利的

主战场，是推动中国经济高质量增长的主导产业。因而我们预计中国
制造业的国际竞争力在相当长时间内仍旧有巨大的提升空间。

参考文献

［1］ Smith, Adam, An Inquiry into the Nature and Causes of the Wealth of Nations, Methuen, 1950.

［2］ Ricardo, David, The Works and Correspondence of David Ricardo, Biographical Miscellany, Vol. 10. Cambridge University Press, 1955.

［3］ Heckscher, Eli Filip, The Effect of Foreign Trade on the Distribution of Income, 1919.

［4］ Ohlin, Berth, Interregional And International Trade ［M］, Harvard University Press, Cambridge, 1952.

［5］ Helpman, Elhanan, and Paul R. Krugman, Trade Policy and Market Structure ［M］, MIT Press, 1989.

［6］ Porter, Michael E., Capital Disadvantage: America's Failing Capital Investment System ［J］, Harvard Business Review, 1992, 70 (5): 65 – 82.

［7］ Dunning, John H., Internationalizing Porter's diamond ［J］, MIR: Management International Review, 1993: 7 – 15.

［8］ Rugman, Alan M., and Joseph R. D'Cruz., The "Double Diamond" Model of International Competitiveness: The Canadian Experience ［J］, MIR: Management International Review, 1993: 17 – 39.

［9］ 芮明杰：《产业竞争力的"新钻石模型"》［J］，《社会科学》2006 年第 4 期，第 68～73 页。

［10］ 金碚：《中国工业国际竞争力：理论，方法与实证研究》［M］，经济管理出版社，1997。

［11］ Siggel, Eckhard, International Competitiveness Comparative Advantage and Incentives: Interrelationships and Measurements, Concordia University, Department of Economics, 1993.

［12］ Siggel, Eckhard, International Competitiveness and Comparative Advantage: a Survey and a Proposal for Measurement ［J］, Journal of Industry, Competition and Trade, 2006: 137 – 159.

［13］ 林毅夫：《自生能力、经济转型与新古典经济学的反思》［J］，《经济研究》2002 年第 12 期，第 15～24 页。

［14］ 林毅夫、蔡昉、李周：《比较优势与发展战略——对"东亚奇迹"的再解释》［J］，《中国社会科学》1999 年第 5 期，第 4～20 页。

第七章

企业创新中市场与政府的关系与边界

李 钢 马丽梅

一 引言与文献综述

我国长期依靠物质要素投入的经济增长方式目前正面临着资源枯竭与环境污染的双重压力。经济增长方式向创新驱动转变从长期看是缓解上述压力最可行的路径；国家"十二五"规划明确提出，将科技进步和创新作为加快转变经济发展方式的重要支撑。2013 年，中共十八届三中全会更是将经济体制改革作为重点，提出深化科技体制改革，建设新型国家创新体系。《中共中央关于全面深化改革若干重大问题的决定》提出，要"发挥市场对技术研发方向、路线选择、要素价格、各类创新要素配置的导向作用"，"建立主要由市场决定技术创新项目和经费分配、评价成果的机制"；但同时又提出要"整合科技规划和资源，完善政府对基础性、战略性、前沿性科学研究和共性技术研究的支持机制"。但在实践中如何处理好市场对资源的决定性配置作用（市场激励）与政府对创新的规划与引导作用（非市场激励），如何推进企业创新，健全技术创新激励机制，获取新的可持续发展竞争力是十分不容易的；这需要在理论研究中细化与量化两者的边界及其关系。

现代经济增长理论强调，科技创新是决定经济增长的主要动力源泉（Romer，1990）[1]。技术的公共产品属性，很容易引发市场失灵与投资不足等问题（Tassel，2004）[2]，因此，整合科技规划和资源，完善政府对共性技术以及战略性、基础性、前沿性科学研究的支持机制，是保障经济可持续发展的必然选择。1942 年，熊彼特在其著作《资本主义、社会主义和民主》[3]中最早提出了企业创新理论的概念，在该书中，他还着重强调创新政策是决定企业创新的关键。真正对创新政策进行系统性的研究始于 20 世纪 80 年代，创新政策被看作一个系统，系统内存在多个组成要素，要素之间相互作用、彼此联系，其中，较有代表性的研究有 Rothwell 和 Ziegfeld（1982）[4]，纳尔逊（1992）[5]。Rothwell 和 Ziegfeld 指出，科技政策与产业政策密切关联，并将二者统一称为创新政策。根据作用层面的不同，创新政策可分为三类：环境面、供给面和需求面；纳尔逊研究了创新政策系统的具体构成，他认为创新政策主要包括专利制度、市场制度、政府和大学支持产业创新的政策，以及相关研究和开发制度；Wegloop（1995）对政府扶持协助产业创新发展行为进行了深入的研究，指出创新政策实质上是政府施政行为的总和。

创新政策之于创新的作用，Kuznets 在 1973 年研究了大量的史实，认为经济发展的两个必要因素为技术创新和创新政策结构，二者必须相互协调才能推动经济的发展[6]。Nelson（1993）[7]首次提出了一个概念——技术进步的制度结构，他指出技术进步的制度结构是影响技术创新的重要因素，其作用不可忽视。20 世纪中期兴起的发展经济学特别强调了运用非市场化激励手段推进战略性新兴产业的发展。由于存在市场失灵等问题，发展经济学的经典理论模型，如主导产业发展理论、筱原三代平的动态比较成本论和两基准理论等均主张政府培育扶持有显著外部性的战略性产业，即用非市场化手段达到推动产业结构高端化和经济发展的目的（Hirschman，1958）[8]。Amsden（1989）[9]和 Chang（2006）[10]通过研究美、日、欧等发达国家和地区的产业发展史，说明在产业发展初期非市场化激励是促成企业创新成长的主要动力，相对于市场激励，非市场激励在资本主义初期占有绝对优势。Chang（2008）[11]运用大量的事实指出发达国家目前虽然对创新主要采取市场化的激励手段，但在其发展的早期阶段都会频繁地借助于国有企业来发展。各国创新的历史表明，政府在企业创新中也是可以有所作为的，非市场化的激励也可以促进企业创新。近年来，我国政府着重强调发展技术市场，不断加大对企业创新的扶持力度，然而大量文献与事实显示获得绝大部分政府资助的国有企业在创新投入、创新效率等方面与民营企业及外资企业相比，均缺乏竞争力。Fare等人在2003年[12]以新产品销售收入为创新效率测度指标，运用中国1995年规模以上工业企业数据对外资企业、港澳台企业、股份企业、集体企业和国有企业进行研究，结果显示国有企业创新效率最低；吴延兵（2006）[13]运用中国工业行业面板数据研究发现国有产权对创新效率存在"负效应"；安同良等（2009）[14]研究R&D补贴与企业自主创新效率的关系，指出，耐人寻味的是，我国政府的绝大部分R&D补贴用于国有企业，但其R&D成果与私营企业和外资企业相比相差甚远；Lin等（2010）[15]运用世界银行调查数据对中国私有企业、合资企业以及国有企业进行研究，发现私有企业、合资企业研发投资相对更高；吴延兵（2012）[16]从创新投入、创新效率和生产效率三个角度研究不同所有制企业的技术创新表现，发现国有企业均表现欠佳。这些研究表明简单依靠非市场化的手段激励企业进行创新，成效并不好。

综上所述，市场化手段与非市场化手段都可以有效激励企业的创新，但同时也各有其"失灵"的表现。政府何时放手采取市场激励政策，打破行政主导和部门分割，充分发挥市场导向作用；何时更多地采取市场之外的强有力的非市场化激励，把握时机做出正确的判断是提高政府推进创新效率、完善创新激励机制的关键所在。以往对于创新政策的研究更专注于政策本身对于创新的作用，或仅仅是对市场以及非市场化激励政策的优势与劣势进行探讨，针对二者边界问题的研究也仅仅停留在案例探讨阶段。本文刻画了创新激励机制的作用差异，运用技术水平与产业技术特征两个维度对其进行度量，特别探讨激励机制中市场激励与非市场激励的边界问题，提出创新激励政策选择方案以实现政府与市场的有机交融和正向互动。本文试图提出一套量化分析方法，建立创新政策抉择模型，探讨创新激励机制中政府和市场的边界与互动关系。

本文的第二节对企业创新的市场激励与非市场激励进行界定，同时阐述国际公认创新型国家的创新激励机制选择以及创新体系建设在国家战略中的重要核心地位；第三节与第四节，分别探讨国家的技术水平以及产业技术特征与国家创新政策的关系，在此基础上对二者进行量化分析；第五节构建创新政策决策模型，基于模型讨论市场激励与非市场激励的边界与互动，同时指出政策选择机制对后发国家的意义以及当前边界的变化趋势；第六节运用该模型对国家重大科技专项进行实证分析；第七节为政策建议。

二　企业创新的市场激励与非市场激励

（一）企业创新的市场激励与非市场激励

市场化机制是以市场为中心，通过市场自身的供求机制、价格机制和竞争机制，能够自发地使资源达到优化配置并推进技术进步与创新的一种机制。非市场化机制就是除市场化机制以外的机制，主要是发挥政府的调控作用。市场机制虽然能够实现资源的优化配置，但也存在诸多弊端和缺陷，突出表现为不能实现公共产品的开发创新。此外，在资源配置上也存在很多不利影响，如外部效应、风险和不确定性以及竞争不充分等问题，即所谓的"市场失灵"。在宏观经济运行中，市场机制不可避免地会出现失业、物价不稳定和经济衰退期等经济社会问题。应对市场机制中存在的"失灵"，或者说是"负效应"，必须借助于非市场化机制，维护市场的运营秩序，保证企业健康成长，实现创新发展。

企业创新的市场激励，就是以市场为主体，充分发挥市场的作用，在国家制定的保障市场公平有序运行的法律政策规范下，通过"看不见的手"调节推进企业创新的发展，发挥市场对技术研发方向、路线选择、要素价格、各类创新要素配置的导向作用，是市场激励在创新方面的重要体现[17]。企业创新的非市场激励就是除市场激励以外的政府激励政策，就是国家通过对市场形势以及某一行业自身发展水平的判断，在某一特定时期对某一特定行业实施的激励政策，如对某一创新项目设立专项基金进行资助等。它具有非市场化机制的属性，通过政府的补贴或政策上的扶持推进企业的成长与创新发展。为克服市场的失灵，政府通过整合科技规划和资源，对基础性、战略性、前沿性科学研究以及共性技术研究的支持，是非市场激励在推动创新方面的重要体现。

（二）创新型国家的市场激励与非市场激励

国际学术界通用的对于创新型国家的定义，主要是基于现阶段创新对于经济发展的推动作用。根据这个定义，目前世界上公认的创新型国家主要有 10 个，分别为美国、德国、丹麦、法国、芬兰、瑞典、英国、日本、新加坡和韩国。衡量创新型国家的三个重要指标包括研发投入占 GDP 的比重、科技进步贡献率和技术对外依存度，以上国家上述指标的排名均在世界前列。综合比较分析创新型国家的特点，可以看到，创新已经逐步成为国家发展的深层驱动力，成为各国国家战略的核心内容。各国政府也都在不遗余力地进行国家创新体系建设的战略设计，使创新战略上升到国家战略的核心位置，以便使本国能够在日趋激烈的国际竞争中争得一席之地。

尽管各个国家都将构建国家创新体系作为社会经济制度的核心，然而，由于经济、社会、文化以及自身资源禀赋等方面的差异，各个国家形成了独特的国家创新体系建设和运行模式。美国的创新体系主要是以"硅谷"为典型代表的"科技创新工业园"。对美国创新战略进行分析，在创新体系中，企业能够感知并产生具有商业价值的想法，充当创新引擎的角色。通过市场中竞争机制的作用，好的创新通过检验并进行传播，企业在这一过程中不断重塑自身，不断产生创新，为美国带来更大的繁荣。由于市场无法凭借自身优势产生充分的创新流，就需要政府在创新体系中充当推动者的角色。政府在选择创新政策时并不拘泥于政府不参与或是政府干涉，而是选用最佳方式充当合适的角色来支持企业的创新活动。可以看出，美国的企业创新机制并非单纯地采用市场激励抑或非市场激励，而是采用二者的有机结合，政府在合适的时机充当不同的角色。日本的创新体系呈现产业集群式的特点，代表性的地区有东京、大阪、名古屋以及北九州。20世纪50年代的日本在技术创新方面存在一系列的困难，如不健全的市场机制，企业几乎毫无自主创新能力以及不完善的技术创新基础设施等，在这样的情况下，日本政府几乎完全承担了构建与完善技术创新体系的全套工作。政府在技术创新过程中的作用不仅是克服市场困难，而且主导引领了技术创新的方向。一方面，日本政府制订各项国家技术发展计划，指导企业的技术创新活动；另一方面，政府充分运用自身优势以各种角色参与企业的创新，在必要时直接进行行政干预，以达到影响企业创新行为的目的。日本形成了"强政府"与技术创新追赶过程紧密联系的技术创新体系。显然这一时期，非市场激励是日本克服技术创新困难的关键[18]。

三　国家技术水平、创新政策与测量

（一）技术水平与创新政策

虽然从目前来看，发达国家对创新主要采取了市场化的激励手段，但其中的逻辑是发达国家技术领先，所以采取了市场化的手段，从而可以在国内及全球获取更大的利益。

要解释这一问题，首先从公有企业与私有企业的关联谈起。许多普遍的经验表明：建立公有企业的目的不是更好地发展公有经济进而取代资本主义，而是启动资本主义。历史上，国家在其发展的早期阶段都会频繁地借助于国有企业进行发展（Chang，2008）[19]。18 世纪，普鲁士在腓特烈大帝时期（1740～1786 年）建立了很多公有企业来稳固经济，例如，纺织、冶炼、军工、瓷器、丝绸和炼糖等行业的企业。19 世纪末期日本效仿普鲁士，建立了造船、钢铁、采矿、纺织以及军工等方面的国有企业。在这些企业建立后不久，日本政府就对这些企业实行了私有化，但有些企业即便在私有化之后也继续获得大量的补贴，尤其是造船企业。更近期的例子就是韩国的钢铁制造商浦项制铁公司，1960 年初，韩国政府专门建立了一个国有企业来开展钢铁项目，使得没有发展钢铁行业先天优势的韩国拥有了世界上效率最高的钢铁企业之一，而且该钢铁企业现在是世界上第三大钢铁企业。也就是说，为了避免市场失灵，在不具有市场优势的行业发展初期，先采用公有制的方法建立公有企业，然后将其慢慢市场化，是获取经济利益取得成功的必经之路。特别要说明的是，此处的市场失灵与经济学中常说的市场失灵（不完全竞争、外部效应、信息不充分、交易成本、偏好不合理）等不同；经济学中常讲的市场失灵是以发达国家市场运行为依据进行的概括与总结，并不能完全反映发展中国家经济运行的实际。我们这里的市场失灵主要是指由于价格机制不能反映经济发展的动态效果，从而发展中国家的幼稚产业不能发展的经济现象。

从目前来看，技术水平领先的国家多采取市场化的手段激励企业进行创新；但我们不能就此得出市场化手段是促使这些国家技术领先的原因，而可能由于这些国家处于技术领先的地位，因而可以采取市场化的手段激励企业进行技术创新。可以说，市场化的手段不是决定发达国家技术水平先进的根源，而仅仅是推动技术发展的途径；问题的根源在于发达国家通过非市场化手段为其技术领先积累了一定的资本，进而运用市场化手段激励技术的发展。回到上面的问题，实际上是创新政策取决于国家技术水平的高低，目前大多数发达国家采取市场化的激励政策是以前期一个非市场化政策为基础的，国家的非市场化政策永远是技术发展的根基，市场化政策仅仅是辅助工具。大量的事实进一步说明了上述观点，许多欧洲经济体，像第二次世界大战后的奥地利、芬兰、法国、挪威和意大利，它们的经济成功至少在1980年以前是依靠非市场化的手段换取的。尤其是法国和芬兰，政府借助于国有企业运用非市场化手段始终引领着本国的技术现代化[19]。在法国，许多家喻户晓的企业过去都是国有企业，比如，雷诺（汽车）、阿尔卡特（电信设备）、圣戈班（玻璃及其他建筑材料）、尤西诺（钢铁，并入阿赛诺，现在是阿赛诺－米塔尔的一部分，是世界上最大的钢铁企业）、泰雷丝（国防电子）、埃尔夫阿奎坦（石油和天然气）、罗纳普朗克（制药）。在1986～2004年不同时期的私有化之前，政府凭借这些国有企业运用非市场化手段主导了法国的技术进步和工业发展。在芬兰，公有企业被看作非市场化的重要工具，在林业、矿业、交通设备、钢铁、化工业和造纸机械等行业，公有企业都处于技术现代化前沿。即便在最近的私有化之后，芬兰政府也只在很少企业中放弃了控股权（Chang，2006）[10]。

（二）一国在某一领域技术水平的度量

基于显示性比较优势指数的度量，虽然存在一定的理论缺陷，但它是评价产业国际竞争力的重要指标（金碚等，1997）[20]，而产业竞争力的核心在于"生产力"（波特，2002）[21]，即产业技术水平，因此，该指标能够在一定程度上反映某一行业国家之间技术水平的差距，同时，与其他方式的度量相比从数据上更具可行性。以下为其度量公式。

$$RCA_{ij} = \frac{\dfrac{Q_{ij}}{\sum_{i=1}^{s} Q_{ij}}}{\sum_{j=1}^{t} \dfrac{Q_{ij}}{\sum_{j=1}^{t} \sum_{i=1}^{s} Q_{ij}}}$$

其中，RCA_{ij} 表示 i 国在 j 行业的显示性比较优势指数，s 表示国家数，t 表示行业产品数目，Q_{ij} 表示国家 i 出口产品 j 的出口值，$\sum_{j=1}^{t} Q_{ij}$ 表示国家 i 的总出口值，$\sum_{i=1}^{s} Q_{ij}$ 表示世界出口产品 i 的出口值，$\sum_{j=1}^{t} \sum_{i=1}^{s} Q_{ij}$ 表示世界总出口值。一般而言，RCA 值大于 1 表示该商品出口值在国家出口值中的比重大于在世界出口值中的比重，则该国的此产品在国际市场上具有比较优势，具有一定的国际竞争力（Balassa, 1965）[22]，本文定义为技术水平高；反之，则不具有国际竞争力，本文定义为技术水平低，对 2011 年中国各行业的 RCA 进行测算，结果如表 1 所示。

表 1 2011 年中国各行业显示性比较优势指数

行业	RCA	劳动生产率比值（美国/中国）	所属行业
通信设备、计算机及其他电子设备制造业	2.93/1.54	2.69	Machinery and transport equipment(1.48)
交通运输设备制造业	1.26/0.45	3.17	
仪器仪表及文化、办公用机械制造业	1.22/3.51	3.46	
通用设备制造业	1.2	2.56	
电气机械及器材制造业	0.79	2.38	
专用设备制造业	0.67	2.62	
纺织业	2.88	2.58	Manufactured goods (1.28)
纺织服装、鞋、帽制造业	2.88	—	
金属制品业	1.88	2.09	
木材加工及木、竹、藤、棕、草制品业	1.58	1.99	
橡胶制品业	1.23	2.62	
非金属矿物制品业	1.05	2.25	
黑色金属冶炼及压延加工业	0.99	2.65	
造纸及纸制品业	0.63	3.44	
印刷业和记录媒介的复制	1.28	2.19	
有色金属冶炼及压延加工业	0.54	2.68	
皮革、毛皮、羽毛(绒)及其制品业	0.50	2.31	

续表

行业	RCA	劳动生产率比值(美国/中国)	所属行业
化学原料及化学制品制造业	0.67	4.50	Chemicals and related products, n. e. s. (0.55)
塑料制品业	0.34/0.66	3.35	
石油加工、炼焦及核燃料加工业	0.32	—	
医药制造业	0.23	7.18	
化学纤维制造业	0.55	4.17	
家具制造业	2.89	2.28	Miscellaneous manufactured articles(2.30)
工艺品及其他制造业	2.30	2.18	
文教体育用品制造业	2.30	4.32	
石油和天然气开采业	0.09/0.05	9.31	Mineral fuels, Lubricantsand related materials(0.10)
煤炭开采和洗选业	0.27	—	
黑色金属矿采选业	0.18	—	Crudematerials, inedible, except fuels(0.18)
有色金属矿采选业	0.18	—	
非金属矿采选业	0.18	—	
烟草制品业	0.25	1.01	Beveragesand tobacco (0.16)
饮料制造业	0.11	3.99	
食品制造业	0.45	4.34	Food and live animals (0.45)
农副食品加工业	0.45	—	

注：第4列为联合国商品贸易数据库总行业分类，括号内为其 RCA，本文将其下属行业与国内行业分类进行对应，某一行业可能对应几个行业，用"/"隔开；若无精确对应行业，用第4列总行业分类值替代，因篇幅有限，未列出其具体对应行业。

资料来源：作者根据联合国贸易与发展会议数据库（http://unctadstat.unctad.org）及CEIC 数据库计算整理得出。

在表1中，本文还测算了行业层面的美国劳动生产率与中国劳动生产率之比，虽然数据存在一定的缺失及误差，但从整体趋势上看，生产率之比与 RCA 所反映的国家行业技术水平高低较为一致，表现为对于我国具有比较优势的行业（Machinery and transport equipment，Manufactured goods），其内部各行业，除个别外，美国的生产率为中国的 2～3.5 倍，而不具有比较优势的行业，美国的生产率几乎为中国的 4 倍甚至更多。考虑到数据可获取性，本文下面以 RCA 为基础进行研究。

四 产业技术特征、创新政策与测量

由于市场失灵等多方面因素的存在，私有投资者不会青睐高风险、大规模且成熟期长的项目，而是更加关注资金流动快、短期收益显著的行业。产业不确定性越高，投资者就越保守[23~24]。那么这些私有投资者不感兴趣但对国民经济发展有益的行业就需要非市场化的手段来维持。因此，不同的产业技术特征应对应不同的创新政策，怎样衡量产业的技术特征？技术不确定性包含的四个维度能够更好地对其进行概括描述。

（一）技术不确定性的定性度量——技术不确定性的四个维度

不确定性是指人们缺乏对事件基本知识的了解，对事件可能的结果知之甚少，因此，不能通过现有理论或经验进行预见和定量分析。技术不确定性的产生不仅仅是因为缺乏与已知事件有关的信息，更根本的是还存在尚不知道如何解决的技术经济难题，而且准确地追踪行动的结果是不可能的。

为了更深入地研究技术不确定性，实现部门间的横向对比，将其分解为四个维度进行分析——技术机会、创新的可收益性、技术进步的累积性和创新知识基础（Breschi and Malerba，1997[25]；吕铁、贺俊，2013[26]）。第一是技术机会。技术机会越大，技术的不确定性越高。技术机会是指给定研发投资规模时成功实现创新的概率，概率越大表示技术机会越大。第二是创新的可收益性。创新的可收益性越大，技术的不确定性越低。第三是技术进步的累积性。技术进步的累积性越低，技术的不确定性越高。技术进步的累积性表示下一期的技术对当期技术的依赖程度。第四是创新知识基础。创新知识基础门槛越高，技术的不确定性越低。

（二）技术不确定性的定量度量

很多文献对于行业技术不确定性的研究仅仅停留在定性分析阶

段，本文尝试从产出角度提出一个度量技术不确定性的指标：

$$TU = \frac{IOV}{PQ}$$

其中，*TU* 表示行业的技术不确定性，*IOV* 表示行业总产值，即行业产出，*PQ* 表示行业发明专利数，该比值越高表示行业的技术不确定性越低，反之，技术不确定性越高。该比重从产出角度对技术不确定性进行度量。另由表 2 可以看到，排名靠前的行业多数为新兴行业，而排名靠后的多为传统行业，若将这些行业进一步细分为具体的产业，技术不确定性的划分会进一步明确。

此外，本文运用工业总产值与 R&D 经费的比值从投入角度对其进行度量，研发成功概率越低的行业，研发投入占销售收入（本文用总产值代替）的比重越高。在美国，许多传统行业，如食品工业和主要金属加工业，其研发成本通常仅占销售收入的 0.4%，而在医药制造业，较低的成功率使得研发成本经常要占去销售收入的 20% 或是 16%[27]。行业的技术不确定性越高，企业就需要把越来越多的资源投入 R&D，这包括资金投入的不断增大，原有的熟练工人被越来越多的专业技术人员所代替，以及增加对 R&D 管理的资源分配等。因此，当工业总产值与 R&D 经费的比值越低时，就表示行业技术不确定性越高。表 2 给出了中国工业各行业以上两个指标的测算数据。

表 2　工业行业技术不确定性排名

按专利数排名	行业名称	工业总产值/专利数	工业总产值/R&D经费	按R&D经费排名
1	通信设备、计算机及其他电子设备制造业	1.03	65.35	3
2	仪器仪表及文化、办公用机械制造业	1.13	60.23	2
3	医药制造业	1.42	58.24	1
4	专用设备制造业	1.60	69.77	4
5	电气机械及器材制造业	2.14	79.05	6

续表

按专利数排名	行业名称	工业总产值/专利数	工业总产值/R&D 经费	按 R&D 经费排名
6	文教体育用品制造业	2.61	230.77	21
7	通用设备制造业	3.05	90.30	7
8	塑料制品业	4.59	210.55	18
9	家具制造业	4.62	546.28	32
10	金属制品业	4.89	204.82	17
11	化学原料及化学制品制造业	5.10	123.52	11
12	交通运输设备制造业	5.24	72.84	5
13	非金属矿物制品业	6.31	282.36	23
14	印刷业和记录媒介的复制	6.68	199.31	16
15	橡胶制品业	7.34	111.73	9
16	有色金属冶炼及压延加工业	7.72	181.49	14
17	工艺品及其他制造业	8.33	285.04	24
18	化学纤维制造业	9.11	111.69	8
19	饮料制造业	9.55	163.77	13
20	食品制造业	9.79	216.79	20
21	水的生产和供应业	10.16	604.84	34
22	石油和天然气开采业	13.51	134.58	12
23	烟草制品业	13.89	331.49	26
24	造纸及纸制品业	14.93	212.36	19
25	木材加工及木、竹、藤、棕、草制品业	15.44	602.49	33
26	黑色金属冶炼及压延加工业	15.55	119.78	10
27	纺织业	16.64	233.79	22
28	电力、热力的生产和供应业	19.61	915.08	35
29	纺织服装、鞋、帽制造业	19.74	440.52	27
30	皮革、毛皮、羽毛(绒)及其制品业	23.68	544.05	31
31	农副食品加工业	27.36	456.91	28
32	石油加工、炼焦及核燃料加工业	30.04	537.90	30
33	非金属矿采选业	32.61	495.41	29
34	黑色金属矿采选业	38.75	1772.34	36
35	煤炭开采和洗选业	47.72	181.82	15
36	燃气生产和供应业	65.46	1899.42	37
37	有色金属矿采选业	70.91	330.56	25

资料来源：根据《中国工业统计年鉴》(2012)、《中国科技统计年鉴》(2012)计算整理得出。

将二者进行比较，发现 R&D 经费对于行业不确定性的划分敏感度更高一些，表现在各计算数值的变异系数上，其中，按 R&D 经费计算的各行业变异系数为 115.13%，而按专利数计算的变异系数为 107.96%，按 R&D 经费计算的技术不确定性离散程度更高一些，进而灵敏度较高，但两者十分接近；但是，值得关注的是，无论从产出角度还是从投入角度进行度量，被判断为不确定性高的行业几乎未发生变化，如医药制造业，仪器仪表及文化、办公用机械制造业，通信设备、计算机及其他电子设备制造业等。与此同时，被判断为不确定性低的行业虽有不同，但未发生显著性变化，仅有排在中间部位的极个别行业有较为显著的变化。综合以上对比可以看到，本文选用的指标能够对这种不确定性进行判断，特别是当行业的技术不确定性较高或是较低时，该指标的判断更为精准。再考虑到 R&D 经费在财务计量上有较大的随意性，而发明专利数是一个较为准确的数值，因而本文下面以发明专利数为基础进行研究。

五　创新政策决策模型与两种激励的边界与互动

（一）创新激励决策模型

首先，对本文所阐述的技术水平的比较进行说明，技术水平的比较可以分为横向与纵向的比较。横向的比较是指各行业之间技术水平的比较，例如，IT 行业与餐饮业技术水平的比较；纵向的比较是指不同地区的同一行业的技术水平比较，例如，美国的制造业与中国制造业的技术水平比较。而本文所指的技术水平的高低属于后者，为中国某一行业国际水平的比较。技术的不确定性为行业间的横向比较。

一国在某领域技术水平越低，在国际市场越不具有比较优势，市场失灵就越明显，此时非市场化手段就显得至关重要。此外，技术方向路线的明确程度也与市场存在紧密的联系，对于技术路线较为清楚且目标明确的行业，只需要不断追加资本的投入，目的在于项目的实现，市场在这一行业发挥的作用就较为微弱。然而对于技术路线不明确的行业，因为没人知道什么是技术方向，市场就能充分发挥在技术研发方向、路线选择以及各类创新要素配置等方面的导向作用。可以概括为：技术水平的高低以及技术路线的明确程度决定创新政策的选择，如图 1 所示。需要注意的是，本文所建立的政策选择机制模型仅用于说明某一行业适用于何种激励手段，具体的实施还须进一步考虑某一行业在一国所处的战略性地位。

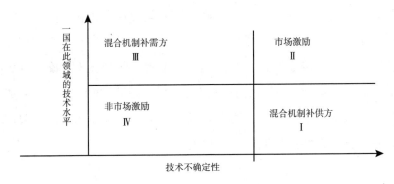

图 1　政策选择机制

图 1 的横轴表示技术不确定性，纵轴表示一国在某一行业的技术水平，将两轴的交点记为原点，横轴方向上离原点越远表示行业的技术不确定性程度越高，反之，则技术不确定性程度越低；同理纵轴方向上也是如此，离原点越远表示一国在该行业的技术水平越高，反之，则在该行业的技术水平越低。表 3 为按照该框架分析的我国工业行业所处的政策选择划分。

由图 1 可以看到政策选择机制分为四类。第一类，该行业的技术不确定性高且技术水平也相对较高，即位于右上角的第 Ⅱ 象限，私有企业、小企业在这些行业存在比较优势，且这些行业多为劳动密集型行业，如表 3 所示的通信设备、计算机及其他电子设备制造业等，市场对创新的导向作用能够充分得到发挥，位于该象限的行业应采取

表3　工业行业政策选择机制象限划分

政策选择象限	处于该象限位置的行业
第Ⅰ象限	医药制造业,专用设备制造业,塑料制品业,化学原料及化学制品制造业,交通运输设备制造业(陆运),非金属矿物制品业
第Ⅱ象限	通信设备、计算机及其他电子设备制造业,仪器仪表及文化、办公用机械制造业,电气机械及器材制造业,文教体育用品制造业,通用设备制造业,家具制造业,金属制品业,交通运输设备制造业(除陆运外的其他运输),印刷业和记录媒介的复制,橡胶制品业,有色金属冶炼及压延加工业,工艺品及其他制造业
第Ⅲ象限	木材加工及木、竹、藤、棕、草制品业,黑色金属冶炼及压延加工业,纺织业,纺织服装、鞋、帽制造业
第Ⅳ象限	化学纤维制造业,饮料制造业,食品制造业,石油和天然气开采业,烟草制品业,造纸及纸制品业,皮革、毛皮、羽毛(绒)及其制品业,农副食品加工业,石油加工、炼焦及核燃料加工业,非金属矿采选业,黑色金属矿采选业,煤炭开采和洗选业,有色金属矿采选业

注:RCA大于1表示中国在该行业的技术水平高,RCA小于1表示该行业的技术水平低;技术不确定性指数小于9表示该行业技术不确定性高,反之,大于9表示技术不确定性低。

资料来源:根据表1、表2整理。

市场激励手段,政府重在维护公平的竞争市场,加大知识产权运用和保护力度,维护市场的有序运行,打破行政主导和部门分割,建立主要由市场决定技术创新项目和经费分配、评价成果的机制。第二类,该行业在该国的技术水平较低且有较为明确的技术发展方向,即位于左下角的第Ⅳ象限,在这些行业,公有制企业拥有比较优势,且这些行业多为资本密集型行业,如表3所示的石油和天然气开采业及部分制造业等,在这些行业中,市场的失灵尤为明显,政府的作用至关重要,政府可以采取新型举国体制,整合科技规划和资源,通过科技重大专项等方式,推动某一产业从第Ⅳ象限向第Ⅲ象限转变。第三、第四类,一国技术水平高且技术不确定性低的行业以及技术不确定性高但该国技术水平低的行业,即左上角及右下角的第Ⅲ和第Ⅰ象限,应采用二者结合的手段,双管齐下,即市场激励与非市场激励充分互动的混合机制。

（二）市场激励与非市场激励的互动，政策选择机制中的混合机制再探讨

从图 1 中可以看到两个混合机制区域，虽然两个区域均为混合区域需要同时采取两种激励手段，但哪一种手段处于主导地位以实现混合机制的效率是值得再探讨的问题，即政府如何实现市场激励与非市场激励的有机互动达到推动企业创新的目的。实际上，单纯从技术不确定性角度进行分析，可将行业分为传统行业和新兴行业，技术不确定性高意味着该企业为新兴行业，反之，技术不确定性低则为传统行业。毋庸置疑，对于某一新兴行业，其在国际上处于领先地位，位于决策模型的第 II 象限，那么，采取市场激励是明智之举。对于技术处于较弱地位的战略性新兴产业，其政策选择无疑是当前我国乃至新兴发展中国家迫切需要解决的难题。

在这个问题上可以列举不少选择失败的案例。日本政府的"强政府"特征引领日本走上了创新强国的道路，但是由政府主导的"人工智能"计算机计划以及模拟高清电视研发等项目不但没有实现日本技术领先的地位，而且在一定程度上阻碍了相关产业的发展；中国政府大力支持电动汽车产业的发展，试图将新能源汽车的主要技术路线集中于电动汽车项目，但是在该项目上很多被扶持企业自力更生的能力较差，产业发展存在较大的隐患和不确定性，电动汽车产业的发展处于尴尬境地。

Geroski（2003）[28]指出探索性、多样性的创新投资是产业成长的必然要求。进入 21 世纪，创新领域发生着质的变化，关键知识由高度集中逐渐分散化，创新组织也呈现生态化的趋势，以往我国政府所采取的传统的重点培育少数骨干精英的做法已经越来越不适应产业发展的创新要求。因此，应强化市场作用，弱化政府干预，强调政府的"服务"功能。实现该形式的政府与市场互动是推进处于弱势地位的战略性新兴产业发展的必然选择。借鉴欧美国家成功经验，这种互动

主要体现在四个方面：首先，加强知识产权运用和保护，保证市场的有序发展，同时努力打造产学研创新协同平台，为企业创新提供智力资本支撑；其次，由市场决定技术创新项目和经费分配、评价成果，避免行政主导和部门分割，政府给予创新项目资金上的支持或政策上的鼓励；再次，积极促进探索各种形式的合作，推动关键性技术的突破；最后，激发民营企业创新活力，改善科技型中小企业融资条件，创新商业模式，促进科技成果资本化、产业化。科技政策不是培育少数精英，而是推进各类创新主体的合作和多形式的探索，实现政府的"服务"功能，强化企业在技术创新中的主体地位，为企业创新提供良好的商业环境。例如，美国"先进制造业伙伴计划"的基本政策思路主要是营造有利的商业环境，如积极促成多形式的产业合作，增加物质资本等，并不是具体扶持某一特定企业或科研院所（AMP Steering Committee，2012）[29]。

与新兴行业不同，针对传统型且在国际上处于较领先地位的行业，应发挥市场的基础性作用，同时由于其技术路线的明确性，强化非市场化机制以实现国际竞争力进一步提升，将上述互动讨论总结，如表 4 所示。

表 4　新兴行业与传统行业的混合机制选择

技术不确定性决定的行业类型	新兴行业		传统行业	
国际地位分类	国际领先地位	国际弱势地位	国际领先地位	国际弱势地位
政策机制选择	市场激励	混合机制	混合机制	非市场激励
混合机制说明		以市场为主，弱化非市场激励	以市场为基础，强化非市场激励	
非市场化激励方向		补供方，主要通过科技项目等方式推进科技成果转化，推动该产业向图 1 所示的第 II 象限转化	补需方，如采用政府采购等方式进一步提升产业的国际竞争力	

（三） 政策选择机制对后发国家的意义

技术不确定性高的产业，多为国家战略性新兴产业，对经济增长的带动作用强，决定国家未来的竞争优势。其突出特点是快速的技术进步、R&D 比重高，同时还带有初始投资巨大、成长潜力大以及高风险等特点。带有这些特点的经济活动具有动态的不完全竞争性，能够产生动态超额利润（即经济租），将一国送入快速发展的轨道。而与之相反，技术不确定性较低的产业特点表现为技术创新低、研发投入低、风险低，进而创造的经济租也相对较低，对经济发展的带动作用较弱。演化发展经济学家熊彼特更是将企业的技术竞争（而非价格竞争）引申成为国家之间的竞争，解释不同国家之间经济活动的差异如何决定国家之间经济发展程度的先进与落后。对于不同的国家而言，如果一国集中了更多的技术不确定性高的产业，宏观经济中创新、技术进步和产业升级的重要性更为突出，那么相比其他更多地从事技术不确定性低的行业的国家而言，该国更具国际技术和经济竞争优势，能够通过国际贸易等方式将经济交换所创造的剩余更多地集中于本国。

从以上分析可见，技术不确定性高的产业为后发国家打开了成功实现赶超的"机会窗口"，如地理大发现时代航海业之于西班牙海上霸主地位的确立，18 世纪工业革命时代纺织业与大英帝国的辉煌，19 世纪末化工业、钢铁工业等新兴产业之于德国、美国的崛起，二战后半导体产业、汽车工业之于日韩的经济腾飞等。在这些国家经济发展的历史事实中，航海业、纺织业、化工业、钢铁工业和半导体产业等，都属于当时技术路线不确定的产业，即战略性新兴产业。

对于后发国家来说，由于人力资本等因素的影响，其战略性新兴产业往往处于国际弱势地位，即位于图 1 中的第 I 象限，属于混合机制区域，那么，把握掌控好混合机制的运用，实现市场激励与非市场激励的有机互动是后发国家实现经济飞跃的关键所在。

（四）政府与市场的边界趋势

通过上文的分析，市场化的手段通过引入竞争机制能极大地推进创新的发展，非市场化的手段通过政府的保护与支持能够对创新行业起到扶持作用。那么，目前，市场激励与非市场激励是否存在严格的边界？这一边界是不可逾越的，还是在渐渐淡化、模糊且不断融合呢？理论上，二者的融合能够促进创新产业更加健康高效发展，市场化保证了经济的高效率，非市场化避免了市场的失灵，保证了经济的健全。现实中，欧盟采用的创新券政策颇具二者融合的意味。

创新券政策是一项政府激励创新政策，其目的是满足中小型企业的创新发展需求。中小型企业存在创新资源缺乏以及经济实力不足等缺陷，使企业自身的创新活动难以实现。创新券的应用就为企业解决了这一难题，政府通过给企业发放创新券，实际上是另一种形式的"货币"，企业可以运用政府补贴的"货币"实现与高校和科研机构的合作，完成企业自身的创新活动。2004年以来，创新券在欧洲得到了广泛的推广，包括意大利、荷兰等在内的十余个国家相继出台了创新券政策以扶持中小企业的创新发展。荷兰在创新券政策方面具有较为丰富的经验，近几年来政府累计发放上万张创新券以支持企业的创新活动（郭丽峰、郭铁成，2012）[30]。

这种创新券政策存在两大优势。其一，克服了市场对创新资源配置的"失灵"问题，实现了公共科技投入的公平性。在市场机制的作用下，在看似公平竞争的市场上，中小型企业实际上面临着很多不公平的待遇。然而中小型企业是国民经济的基础，不但解决了国家的就业难题，而且在技术创新方面也有着突出的贡献。这就要求政府的政策要体现公平性，在关注大项目、大企业的同时，兼顾对中小型企业的支持，在市场失灵的地方给予政策倾斜推进中小型企业的创新。创新券避免了政府投入的挪用和浪费，提升了政府科技投入的效率。创新券只能用于购买创新服务，政府投入流失他用的现象得以避免，同时，创新券不同于真正的货币，未被使用也不会造成财务上的浪费。其二，企业自主选择购买创新服务，那么创新券所支持的项目就具有用户需求导向和市场导向的性质，企业通过创新券项目解决了自身的创新难题，获得了新的技术，取得了高的附加值。整个创新活动中不存在闲置的科研成果，更不会出现科研成果转化的难题，政府科技投入效率得到提升。购买实施创新券的行为无形地引导了社会投资，影响了高校与科研机构的研发方向，能够真正促进研发与市场的紧密结合，放大政府投入的效能。

大量的事例，如上文提到的美国等发达国家，虽极力地倡导市场化手段，但都不同程度地使用了政府保护的非市场化手段；日本在经济发展中虽以"强政府"为特征，但也相应地引入了市场化手段。尤其是 2008 年金融危机后，新自由主义强调的"市场"暴露出很多缺陷，社会主义制度体现了强大的优势，全面使用新自由主义充分强调市场作用引发各方质疑，发达国家开始通过不同程度的非市场化手段来维持自身经济。也就是说，政府与市场的边界正在逐渐模糊淡化，政策与市场呈现相互融合的趋势。

值得强调的是，这种相互融合是两种手段相互结合激励创新企业的发展，并不代表边界的不清晰。所谓的边界不清晰，是指政府的政策选择失误，本应较多地使用非市场激励，却过度地使用了市场激励，或是本应发挥市场对创新的导向作用，却给予企业太多的保护。所谓的"融合"，实际上是政府在正确判断经济形势的前提下，实现非市场激励与市场激励的有机结合以推动创新企业健康良性发展。

六　对于中国重大科技专项的分析

表 3 给出的分类只是工业行业的大致分类，具体考虑某一行业采取何种激励政策，还需要对该行业的具体数据加以分析。运用第五节

的分析框架将国家重大科技专项归类于某一具体行业中进行实证分
析。实证结果如表 5 所示。

表 5　国家重大科技专项政策选择分析

专项名称	技术水平度量	技术不确定性度量	技术路线是否明确	政策选择机制象限
核心电子器件、高端通用芯片及基础软件产品专项	1.50	2.47	否	Ⅱ
极大规模集成电路制造装备与成套工艺专项	1.50	2.53	是	Ⅲ
新一代宽带无线移动通信网专项	2.88	0.79	是	Ⅲ
高档数控机床与基础制造装备专项	0.64	2.35	是	Ⅳ
大型油气田及煤层气开发专项	0.09	50.43	是	Ⅳ
大型先进压水堆及高温气冷堆核电站专项	1.14	0.82	是	Ⅲ
水体污染控制与治理专项	1.14	0.77	是	Ⅲ
转基因生物新品种培育专项	—	—	—	—
重大新药创制专项	0.22	1.33	否	Ⅰ
艾滋病和病毒性肝炎等重大传染病防治专项	—	—	—	—
大型飞机专项	0.69	2.76	是	Ⅳ
高分辨率对地观测系统专项	0.69	2.34	是	Ⅳ
载人航天与探月工程专项	0.69	2.55	是	Ⅳ

注：对科技专项技术不确定性的度量，在数据处理时，要适当地考虑到技术路线的明确程度与否。技术不确定性高，但技术路线十分明确的专项，将其定义为技术不确定性较低。技术路线是否明确是根据国家重大科技专项中描述，是否有具体的研发目标来确定。"—"表示由于数据问题未对该专项进行分析。

资料来源：《中国经济普查年鉴》（2008），联合国贸易与发展会议数据库 2008 年数据（http://unctadstat.unctad.org），中华人民共和国科学技术部网站（http://www.nmp.gov.cn）。

表 5 中，位于第Ⅳ象限的专项较多，回归图 1，需要采用非市场
激励政策，符合国家重大专项的宗旨，说明该专项的确立能够促进该
领域的健康发展。有 4 个专项位于第Ⅲ象限，回归图 1 以及混合机制
的讨论，需要强化非市场机制，说明该专项的确立也能够推进该领域
的发展，并使该领域保持国际竞争力。

值得一提的是两个专项——重大新药创制专项以及核心电子器
件、高端通用芯片及基础软件产品专项，分别位于第Ⅰ、Ⅱ象限，回
归图 1 及混合机制的讨论，需要采用市场激励，弱化非市场激励，上

文分析中大量的真实案例显示，对于位于Ⅰ、Ⅱ象限的行业，若过多地采用非市场激励势必会阻碍该领域的创新，不能激发企业的积极性，减弱其自力更生的能力。因此，这两个专项的确立很可能在一定程度上阻碍该领域的健康发展。

七 结论与进一步的讨论

《中共中央关于全面深化改革若干重大问题的决定》提出："加快转变经济发展方式，加快建设创新型国家，推动经济更有效率、更加公平、更可持续发展。"可以说，创新型国家的构建是实现经济可持续增长的重要条件；而构建创新型国家关键是激发企业的创新动力。这其中的核心问题是"处理好政府和市场的关系，使市场在资源配置中起决定性作用和更好发挥政府作用"。我们的研究表明，在激励企业创新方面，"政府和市场的关系"并不是非此即彼，而是互有所长，各有可以发挥作用的产业领域；作为一个发展中大国，中国特别需要建立协调两种激励手段的国家创新政策体系，从而通过企业的不断创新，推动中国经济的转型升级。我们的研究还表明：技术不确定性高且我国技术水平也相对较高的行业可以采取市场化机制激励企业创新，这些行业包括软件、医药等行业；技术不确定性低且我国技术水平也相对较低的行业可以采取非市场化机制激励企业创新，这些行业包括航天、航空等行业；技术不确定性高但我国技术水平相对较低的行业主要采取"补供方"的混合机制激励企业创新，这些行业包括医药制造业、化学原料等行业；技术不确定性低但我国技术水平相对较高的行业主要采取"补需方"的混合机制激励企业创新，这些行业包括钢铁、纺织等行业。

为什么国与国之间的创新能力存在巨大的差距？其背后的真正动因是什么？表6是一些国家劳动力的学历素质。由表6可以看到，以美国为首的创新型国家，在2000年这一比重均已经达到25%以上，美国为34.8%，日本已经达到35%，约为同一时期中国的3倍。

2007 年，美国的这一比重已经达到 61.1%，几乎翻了一番，为美国的创新提供源源不断的强劲动力；其他国家的这一比重也有所增长，除英国外，均达到 35% 以上。以上数据表明，这些创新型国家的人力资本雄厚，尤其是美国高等教育人数已经达到劳动力人口的一半以上，增速几乎达到每年 3.8%。20 世纪后期，熟练的人力资本成为发达国家在创新过程中争相抢占的资源，甚至变得比实物资本更为重要。Mowery 等在 1989 年针对从事 R&D 活动的美国公司进行研究，显示，随着 R&D 项目规模的不断扩大以及 R&D 公司数目的不断增长，美国对科学家以及高级工程师的需求也随之明显增加，且全部增加数中这方面的增加比重最大。中国与之相比相差甚远，甚至与其他创新型国家也存在巨大的差距，2000 年，中国的这一比重比这些国家的一半还要低，至 2010 年这一比重也未得到明显提高。人力资本的积累是一个长期过程，由此决定了中国是一个后发国家，其创新道路在短期内不可能实现质的飞跃，需要一个积累过程。如果我们承认人是创新中最重要的因素，创新的差距实际上是劳动力素质的差距，对此问题会有更加清醒的认识。工经所最新一份研究表明，目前中国劳动力素质大体相当于美国 1940 年左右的水平。中国目前的劳动力素质在企业创新方面仅可能是"有所为，有所不为"；特别是非市场化手段支持的产业创新必须要有所聚焦，聚集于我们所说的处于第Ⅳ象限的产业。根据本文的研究，我们提出如下政策建议。

表6　一些国家劳动力人口高等教育人数比重

单位：%

国家	中国		美国		英国		以色列		日本		韩国		印尼	
年份	2000	2010	2000	2007	2000	2008	2000	2008	2000	2008	2000	2007	2000	2008
比重	12.7	15.6	34.8	61.1	26.0	32.2	40.9	45.1	35.0	41.4	24.0	35.0	4.6	7.1

　　注：比重表示劳动力人口中受高等教育人数的占比，中国 2010 年的占比由笔者根据中国第六次人口普查数据计算得到。
　　资料来源：《国际统计年鉴》（2012）。

（一）对于技术不确定性低又关系国家安全的产业，可以采取新型举国体制通过大型项目促进企业创新能力的提高

举国体制适用于国家重大战略行动和竞争事务，其主要特点在于凭借强大的政治优势以及高效的组织方式集中优势资源协同攻关。西方国家在某些特定问题和时期也频繁地运用举国体制，以美国的"阿波罗"登月计划为例，共有 400 多万人参加，同时动用了 2 万家企业、120 所大学，仅仅不到十年却耗资高达 240 亿美元。纵观国际知名的创新人才培养基地，均是以大学和科研院所为支撑，将企业作为主体逐渐发展形成的。如知名的波士顿 128 号公路高新技术园区以麻省理工学院等一流院所为依托，举世闻名的"硅谷"也是依靠斯坦福大学的支撑。美国、英国等发达国家的经验显示，创新型人才的开发是一种系统的、规模的社会整体行为，这就需要举国体制充分发挥其在制度以及政治上的优势，将教育与产业相结合，强化企业在技术创新中的主体地位，建立产学研协同创新机制，同时推进应用型技术研发机构市场化、企业化改革，改革人才遴选和管理体制，优化学科布局，形成可持续发展的人才培养系统。计划经济时期，我国的举国体制大多依靠行政手段来实现资源的集中；然而改革开放以来，市场的作用愈显突出，新型的举国体制既要完善政府对共性技术以及战略性、基础性、前沿性科学研究的支持机制，也要健全技术创新市场导向机制，实现市场激励与非市场激励的有机融合，建立健全鼓励原始创新、集成创新、引进消化吸收再创新的体制机制，共同推进我国的大发展、大繁荣。

（二）敢于发挥社会主义制度的优越性，利用不同所有制企业在创新领域的比较优势，提升企业的创新能力

国外大量经验说明，当行业技术水平相对薄弱时，企业过早地面对市场竞争，只会使其夭折，这一时期，公有制企业具有不可比拟的优势；即使是世界公认的创新型国家在其发展的早期阶段也会频繁地借助于国有企业进行发展。竞争的最终目的是提高生产率，然而将正处于婴幼期的产业置于竞争中，无异于"拔苗助长"，政府的支持是创新产业厚积薄发的基础。虽然对幼稚产业的保护也存在失败的案例，但是这些案例留下的唯一经验是如何更好地运用非市场激励，适当地引入市场实现互动，而非完全采用市场化手段。此外，技术路线及目标的明确程度也决定着创新政策的抉择。以"蛟龙号"为例，其技术路线目标极为明确，即发展中国深海运载技术，提供重要高技术装备辅助中国大洋海底资源调查和科学研究，同时研发适合中国深海勘探、海底作业的共性技术，启动"蛟龙号"载人深潜器的自主集成研制、自行设计工作。技术路线目标明确，意味着人力与资本长期集中的投入，市场对于长期且集中的投入往往是失灵的，这就需要政府采用非市场激励，发挥国有企业的比较优势，制订中长期的计划以实现技术的创新与突破。对于我国技术水平低、技术路线明确的产业，如"两弹一星"、航天、"蛟龙号"等，位于政策决策模型第Ⅳ象限，必须加大政府扶持力度，强化国有企业创新地位。对于技术水平高、技术不确定性低、发展路线方向明确的产业，位于政策决策模型第Ⅲ象限，国有企业仍具有比较优势，强化非市场激励，可推进国际竞争力的进一步提升。

（三）把握政府与市场的互动、构建可持续的政策框架、充分发挥市场机制是推进战略性新兴产业发展的关键

国家战略性新兴产业，是经济增长的主要动力源泉，决定了国家未来的竞争优势。而我国的战略性新兴产业往往在国际上竞争力不足，多处于政策选择模型的第Ⅰ象限，把握好混合机制的运用，如表4所示，强化市场激励、弱化政府激励、强调政府的服务功能是推进战略性新兴产业可持续发展的关键。战略性新兴产业多为技术密集型产业，多样性和探索性的创新投资是产业成长的必然要求（Geroski，

2003)[28]。以往我国对战略性新兴产业的科技政策表现为集中资源培育科技精英，然而新兴产业成长的多样性、探索性特点要求政府功能逐渐向服务型转变，以产业导向为基础，推进各类创新主体的多形式研发合作。

（四）建立规范、公平、高效的创新竞争秩序是激发中小企业创新活力的关键

产业创新领域独特的技术经济特征，使中小企业也跻身为产业竞争力的重要载体。然而，我国的中小企业，创新能力尤显不足。它们对科技成果需求迫切，但受自身经济、科研水平的约束，对创新成果的吸收能力尤显不足。中小企业转变增长方式实现创新驱动，迫切需要公共政策支持。一方面，政府应进一步改善科技型中小企业融资条件，完善风险投资机制，激发中小企业创新活力；另一方面，应发展技术市场，健全技术转移机制，创新商业模式，促进科技成果资本化、产业化，为企业创新提供优质环境。此外，我国目前对中小型企业的创新投入政策没有具体的针对性，政府无法把控创新支持资金的流向。创新券政策能够改善这一状况，提高政府创新政策的效率，而且我国目前已经具备了实行创新券政策的良好条件（郭丽峰等，2012)[30]。

参考文献

[1] Romer, P., Endogenous Technological Change [J], Journal of Political Economy, 1990, Vol. 98, No. 5, pp. 71 – 102.

[2] Tassel, G., Policy Issues for R&D Investment in a Knowledge-based Economy [J], Journal of Technology Transfer, 2004, Vol. 29, No. 2, pp. 153 – 185.

[3] 〔美〕熊彼特：《资本主义、社会主义与民主》[M]，商务印书馆，1999。

[4] Rothwell, R. and Ziegfeld, W., Industrial Innovation and Public Policy: Preparing for the 1980s [M], Westport, Conn: Greenwood Press, 1982.

［5］〔美〕理查德·R. 纳尔逊：《美国支持技术进步的制度》，载 G. 多西著《技术进步与经济理论》，钟学义译，经济科学出版社，1992。

［6］Krugman, P., The Fall and Rise of Development Economics. in Rodwin and Schön（eds.）, rethinking the Development Experience：Essays Provoked by the Work of Albert O. Hirschman, Brookings Institution Press, 1994.

［7］Nelson, R., National System of Innovation：A Comparative Study ［M］, Oxford University Press, 1993：259.

［8］Hirschman, A., The Strategy of Economic Development ［M］, Westview Press, 1958.

［9］Amsden, A., Asia's Next Giant：South Korea and Late Industrialization ［M］, New York, Oxford：Oxford University Press, 1989.

［10］Chang, H., The East Asian Development Experience：The Miracle, The Crisis and the Future ［M］, London：Zed Books and Penang：Third World Network, 2006.

［11］Chang, H. and Bad S., The Guilty Secrets of Rich Nations and the Threat to Global Prosperity ［M］, London：Random House, 2008.

［12］Fare, R., Shawna G., Mary N. and Zhang, Z. Productivity Growth, Technical Progress, and Efficiency Change in Industrialized Countries ［J］, The American Economic Review, 1994, Vol. 84, pp. 66 – 83.

［13］吴延兵：《R&D 存量、知识函数与生产效率》［J］，《经济学》（季刊）2006 年第 5 卷第 4 期，第 1129 ~ 1156 页。

［14］安同良、周绍东、皮建才：《R&D 补贴对中国企业自主创新的激励效应》［J］，《经济研究》2009 年第 10 期，第 87 ~ 98 页。

［15］Lin, C., Lin, P. and Song, F., Property Rights Protection and Corporate R&D：Evidence from China ［J］, Journal of Development Economics, 2010, No. 93, pp. 49 – 62.

［16］吴延兵：《中国哪种所有制类型企业最具创新性？》［J］，《世界经济》2012 年第 6 期，第 3 ~ 29 页。

［17］Arrow, K. J., Economic Welfare and the Allocation on Resources for Invention. in Nelson, R. R.（ed.）, the Rate and Direction of Inventive Activity, NBER, Princeton, 1992.

［18］Martin, H., and Christian, O., Technology and Innovation in Japan：Policy and management for thetwenty-first century ［M］, London：Routledge, 1998.

［19］OECD, Strategic Industriesina Global Economy：Policy Issues forthe 1990s. 1991.

［20］金碚等：《中国工业国际竞争力：理论、方法与实证研究》［M］，经济管理出版社，1997。

［21］〔美〕迈克尔·波特：《国家竞争优势》［M］，李明轩、邱如美译，华夏出版社，2002。

［22］ Balassa, B. , Trade Liberalization and " Revealed" Comparative Advantage ［J］, The Manchester School, 1965, Vol. 33, pp. 99 – 123.

［23］ Aghion, P. , Bloom, N. , Blundell R. , Griffth R. , and Howitt, P. , Competition and Innovator: An Inverted U Relationship ［J］, Quarterly Journal of Economics, 2005, Vol. 20, No. 2, pp. 701 – 728.

［24］ Acs, Z. J. , and Audretsch, D. B. , Innovation Market Structure, and Firm Size ［J］, Review of Economics and Statistics, 1987, Vol. 69, No. 4, pp. 567 – 574.

［25］ Breschi, S. , and Malerba, F. , Sectoral Systems of Innovation: Technological Regimes, Schumpeterian Dynamics and Spatial Boundaries. In: Edquist, C. (Ed.), Systems of Innovation. Frances Pinter, London, 1997.

［26］ 吕铁、贺俊：《技术经济范式协同转变与战略性新兴产业政策重构》［J］，《学术月刊》2013 年第 7 期，第 78 ~ 89 页。

［27］〔美〕F. M. 谢勒：《技术创新：经济增长的原动力》［M］，姚贤涛、王倩译，新华出版社，2001。

［28］ Geroski, P. , The Evolution of New Markets. Cambridge ［M］, Oxford University Press, 2003.

［29］ AMP Steering Committee, Capturing Domestic Competitive Advantage in Advanced Manufacturing, availablevia http://www. whitehouse. gov/sites/default/files/microsites/ostp/pcast_ amp_ steering_ committee_ report_ final_ july_ 17_ 2012. pdf, 15 August 2013.

［30］ 郭丽峰、郭铁成：《用户导向的政府创新投入政策——创新券》［J］，《科技创新与生产力》2012 年第 8 期，第 10 ~ 13 页。

实践篇

第八章

颠覆性技术的产业化预测：
以平板显示技术替代 CRT 技术为例

李 钢　何 然

一　引言

技术进步是现代社会经济增长的最重要驱动力[1~2]，同时也是影响产业形成和发展的最重要因素之一[3]。西方对技术进步的系统研究从二战后就已经开始，涉及这一题目的学科包括组织科学、管理科学和工业工程学、经济学等。根据技术进步对现有产业环境的影响程度和方式的不同，学者们对技术进步的类型进行了多种划分。Michael Porter 和 Geoffrey Moore 均在其专著中提到技术进步可以划分为连续的技术进步和非连续的技术进步。前者指温和地、渐进地对现有技术和产品进行改良，这类技术进步一般不改变产业链的模式，不要求使用者改变使用方式，这类技术来源于产业在位者或上游供应商。非连续的技术进步将改变整个产业链的构成，改变用户的使用模式并引致全新的产品出现和相关需求，这类技术进步往往会使原来满足相似需求的产业彻底消失或产生重大变革，这类进步的原动力一般是产业在位者以外的其他因素，如外来竞争者以及新的供应商[4~5]。Tushman 和 Anderson 将技术创新分为能力瓦解型创新和能力提升型创新，并认为这两类创新在过程创新和产品创新中都存在[6]。也就是说，不一定要有新的产品，满足一定条件的全新的生产同类产品的方法也可以成为能力瓦解型创新。他们强调价格与性能比的变化剧烈程度是区别这两类创新的重要依据。类似地，Abernathy 和 Clark 将技术创新分为保守型创新和剧烈型创新，他们将技术创新的影响范围和程度作为最重要的界定标准。比如，是否会使原来产品的构造完全被废弃，是否会使原来的专家失去价值，是否会要求厂商大规模更换设备和人员并涉及全新的科技领域等[7]。Christensen 将创新划分为颠覆性创新和持续性创新，颠覆性创新指那些可以带来新的价值链和新的市场的创新，持续性创新则是产业内的在位者为了相互竞争而采取的提升价值链的创新[8]。颠覆性创新和颠覆性技术属于同义词，但是颠覆性创新的使用更为广泛，因为全新市场的形成往往不仅是新技术的贡献，还有技术的全新应用和新政策等因素在起作用。有学者对创新的颠覆性程度（disruptiveness）和剧烈程度（radicalness）做了区分，提出颠覆性程度是指新兴消费者群体在多大程度上从新产品中看到了价值，这些产品会逐渐颠覆主流消费者所使用的产品；而剧烈程度是指一项创新在多大程度上依赖于全新的而非已经存在的技术。颠覆性创新的剧烈程度既可以很高，也可以较低[9]。本文中对颠覆性技术的定义采用 Tushman 和 Anderson 对能力瓦解型创新的定义与 Abernathy 和 Clark 对剧烈型创新的定义的结合，并认为即使没有完全替代原有市场的技术创新也属于颠覆性技术，比如，汽车，这里与 Christensen 的定义有所不同。

从新产品的角度来说，航空公司的出现属于颠覆性创新，而飞机引擎中的涡轮风扇的发明属于非颠覆性创新；水泥的发明属于颠覆性创新，而大型集成电路的发明属于非颠覆性创新。从产品替代的角度来说，蒸汽机到内燃机的演变、磁带到 CD 的演变、有线电话到无线电话的演变属于颠覆性创新，而台式机到笔记本的演变或苹果手机代际替代属于非颠覆性创新。从生产过程来说，天然宝石到人造宝石、热裂解到催化裂解、天然取冰到人造冰属于颠覆性创新，而从普通退火玻璃到钢化玻璃属于非颠覆性创新。由于本文所尝试的预测方法基于专利数据，因此，所适用的范围更偏重于颠覆性技术而非颠覆性创新，或者说更偏重于剧烈程度较高的产品创新，像有线电话到无线电话、磁带到 CD 等，而像电子商务、社交网络等基于商业模式或组织模式转变的创新就很难通过专利数据来进行预测。另外值得注意的是，颠覆性创新往往是长期大量演化性创新的累积结果，有时很难界定某个专利是属于颠覆性技术的专利还是两个颠覆性技术专利之间的"过渡技术"的专利，我们在选取所研究的技术领域时着重考虑了这一问题。

Abernathy 和 Utterback 的经典文章《产业创新的模式》[10]认为演化性创新的特点是持续的微小创新，伴随生产规模扩大、专业化程度和标准化程度提高、边际成本下降，行业逐渐失去灵活性，越来越依靠规模经济来弥补固定成本，面对需求变化和技术淘汰愈加脆弱。颠覆性创新则集中地带来品种繁多的、具有全新功能和特性的新产品。他们通过对飞行器、汽车、半导体、电灯泡等行业技术创新模式的归纳分析发现：在成熟产业内的技术进步往往限于积累性的产品和技术进步，剧烈的技术创新往往是由外部因素导致的，如小公司的创立、其他行业大公司涉足新行业、政府补贴的变动、产业规制的变动等。颠覆性创新往往引发新的产业及其主导产品的诞生，与市场需求的磨合使产品的定义和功能逐渐清晰，之后该行业就进入演化性创新阶段，直到新产品再次带来颠覆性创新。

如果能够对颠覆性技术群集中地进行观察和预测，理论上有可能预测到大规模的产业变革。随着现代信息管理技术水平的迅速提高和全球专利数据管理体系的日趋完善，专利文献在技术预测方面的作用日益受到重视。专利文献记录了目前世界上大多数技术和产品的解决方案，数量庞大的专利文献作为基础研究和发明的备案，本身就是技术成果商业化甚至产业化前的记录，它们对于技术发展趋势尤其是颠覆性技术产业化的趋势理论上应具有一定的预测能力。相比其他技术信息资源，专利文献的优点包括时效性强、系统详尽、格式规范、分类科学等[11]。本文试图从专利文献数据中挖掘相关信息，探索在颠覆性技术产业化甚至更早阶段，其专利文献数据所可能具有的统计特点，并提出一个对颠覆性技术产业化进行预测的分析框架。

二 技术预测的方法

技术预测（Technology Forecasting），有时也称为未来导向的技术分析（Future-Oriented Technology Analysis），是对潜在技术的特点和产生时间进行预测的一类方法，可对技术的状态、参数及其变化趋势进行预测。技术预测试图从现有信息中发现未来技术的发展趋势，得出符合一定逻辑的对于技术参数、特性和功能变化的量化估计。技术预测正逐渐成为影响产业形成和技术发展的一个重要因素，它已被许多公司用于制定企业技术研发策略，也被政府用于制定技术和产业政策。然而对技术的未来走向进行预测是一项复杂的工作，这样的预测需要将社会科学和自然科学的知识相结合，既需要预测者对科学的预测方法有透彻把握，也要求其对相关技术领域有一定的了解。对技术预测方法的研究大致开始于 20 世纪上半叶，许多如今常用的技术预测手段都可以追溯到 20 世纪五六十年代，在冷战背景下，它们的诞生很大程度上是受到政府的影响。

在技术预测方法的分类上，许多文献只是将不同方法罗列出来。一些学者简单将其划分为数量型方法和判断型方法，还有一些学者将其划分为判断型或经验型方法、趋势外推方法、模型方法、场景测试和模拟方法、其他方法五类。还有文章将所有方法分为九大类，包括专家意见、趋势分析、监测及智能法、统计法、模型和模拟、场景测试、决策法、描述性及矩阵法、创新法。目前学界并没有一个权威的技术预测分类。在本文中，笔者根据不同方法的技术特点和预测结果特点将其分为三大类加以描述，分别是模型化方法、统计和数据挖掘方法、描述性方法，以下在每一类方法中选取具有代表性的方法进行简要介绍。

（一）模型化方法

外推式的模型化方法包括间断平衡模型、逻辑斯蒂曲线增长模型、摩尔定律等。

Abernathy 和 Utterback 所提出的创新产生的规律就属于间断平衡模型，即少数主导技术的诞生被众多微小的成本节约型创新所"打断"，在两次颠覆性创新之间是所谓的平衡阶段。Connie Gersick 对平衡阶段做出的描述是：系统在平衡阶段会由于内在或外在波动进行微小的调整，但是不会改变其深层次结构[12]。一个经典例子是花旗银行在面对后台日益增加的纸面工作时，在十年间只是不断增加雇员数量。直到 20 世纪 70 年代，John Reed 彻底革新了后台运行模式，并大力推广自动取款机，才结束了这种情况。Jonathan Grudin 指出，如同生物的进化一样，小的变异在不断涌现，只是在技术领域，这样的变异并不是完全随机的，在平衡阶段，产品内部的零件越来越小，成本越来越低，性能越来越好[13]。

在技术进步的定量预测方面，20 世纪末，许多研究者通过对大量行业历史数据的拟合，发现 Logistic 模型对技术进步乃至社会集体行为等方面的预测效果比较好。Logistic 曲线是一类增长曲线的代表，这类曲线的特点是呈"S"形，一开始呈指数增长，然后增长率趋缓，逐渐贴近最大值。

Logistic 曲线及类似的增长曲线不仅可以用于预测具体参数随时间的变动，还可以用来描述新技术对旧技术的替代过程。Fisher 和 Pry 分析了历史上百余次技术替代案例，发现了新旧技术的替代大体遵循两条 Logistic 曲线间替代的模式。

Gordon E. Moore 于 1965 年首次提出摩尔定律[14]，即芯片上的集成电路密度每年会翻一番，后来他将其调整为每两年翻一番，并称这一指数递增规律可以延伸到整个半导体产业，且适用于体积、单位成本、密度、速度等一系列技术参数。过去几十年间，微处理器、动态随机存取存储器（DRAM）等技术似乎也在按照摩尔定律所预测的规律演进。有研究者发现这一规律也适用于生物技术、纳米技术和基因技术等。除经典的摩尔定律外，还有一些变形的指数增长模型，如Wright模型、Goddard模型、SKC模型等。

模型化方法的另一个重要组成部分是模拟方法。随着计算机模拟技术的进步，一些研究者开始运用软件对基于微观主体的模型（Multi-agent-based Models）进行模拟，以求发现微观主体间的决策互动如何引发宏观技术变迁。Juneseuk Shin 和 Yongtae Park 指出这类方法可以较好地描述技术演化过程中主体间非线性的互动[15]；同时，模拟方法不像传统模型外推方法那样给出一个确定的预测结果，而是给出一个不同结果的概率分布。

用于技术预测的微观主体模型有两大类：多主体模型和元胞自动机模型。Gordon 利用多主体模型在计算机上模拟出了一种传染病在人群中的传播过程，他认为这一模型可以用于模拟任何具有人际传播特点的过程，比如疾病、思想、市场行为、技术扩散[16]。Potter 等[17]指出 Gordon 的模型可以经过拓展后用于模拟可持续能源技术的变迁。他们将每一种能源技术视作一个主体，每一种技术有其自身特点，然后在所处的参数空间中设置好专家、大众和政府的分布。当不同技术遇上不同人群时，会产生不同的传播效果。

Bhargava 等设计了一种元胞自动机模型[18]，在初始回合，一些单元是某一技术的采用者，另一些单元是这项技术的潜在采用者。每个单元在下一回合采用该技术与否服从一定的概率分布。模拟结果显示，采用某一技术的单元数量随时间推移呈"S"形曲线变化。Martino 认为可以向该模型中引进"创新"元素，以更好地模拟现实[19]。

主体模型存在的主要问题是：很难判断模型需要达到何种程度的细节，才能得到贴近现实的结果；互动个体的特征有时很难定义。模拟的方法还包括复杂适应性系统模型（Complex Adaptive System Modeling）、系统模拟（System Simulation）等。

（二）描述性方法

在描述性方法中，技术路线图（Technology Road Map，TRM）是近年来发展最为迅速的工具。大多数关于 TRM 的文章都是通过案例研究来阐述 TRM 的步骤和基本思想的，TRM 中需要识别的基本要素包括需求/原动力、可以满足这些需求的产品和服务、可以支持这类产品和服务的技术、在以上三个要素间建立的联系、获取所需技术的研发计划、为这类计划分配的资源。技术路线图按照影响范围大小可以分为国家层面、产业层面和国际层面。在美国全面产业规划中，技术路线图很早就有应用。1992 年美国的"全国技术路线图"对美国的半导体产业的研发产生了深远影响。这个路线图计划引发了该产业内的众多技术讨论，并且经常在国际技术会议上被列为议题。此外日本经济技术产业省（METI）从 2003 年开始就积极进行国家层面的技术路线图规划。欧盟也有类似的机构进行技术演化路径的预测，欧盟"卓越网"技术平台（European Networks of Excellence and Technology Platforms）就是一个综合技术评估平台，对大规模的科研投资进行评估和预测。近年来，许多学者对技术路线图方法进行了拓展，比如，一些学者设计了多路线技术路线图并尝试为镜片实验室设备（Lab-on-a-chip）的技术路径做出规划。有些学者提出了预测创新路径（Forecasting Innovation Pathways，FIP）的框架，主要对刚刚出现的技术进行创新路径的预测。

和技术路线图密切联系的一种方法是情景分析或需求分析，两者经常一同使用。事实上，制作技术路线图的重要一步就是识别新需求，当整体需求环境不确定性很强时，情景分析可以通过对不同需求场景进行假设，包括每一情景下的需求、产品、竞争对手、市场状况等，然后根据每一种情景的可能性大小对不同情景下满足需求的产品或技术排序[20]。

专家调查法又称德尔菲法，一直以来是最为常用的技术预测方法。主要步骤包括邀请专家填写关于特定技术的调查问卷，对专家的答案进行统计并做出相应的预测，再将预测结果反馈给专家，由他们做二次判断或预测，再次加以统计。如此反复几轮，直到专家意见趋于一致。专家调查法仍然是技术预测领域最为常用的方法，对于全国或者整个产业链的大范围预测，专家调查法很可能是唯一可行的方法。

（三）统计和数据挖掘方法

信息技术的发展为技术预测带来了许多新的预测工具，目前比较常用的是科学计量方法（Scientometrics）和文献计量方法（Bibliometrics），这类工具以往被运用于信息科学领域，用以识别技术网络。如今，研究者将这两种方法与机器学习、统计分析以及数据库技术结合起来，用于发现大量数据之间的联系并寻找未来技术可能的发展方向。Porter 和 Cunningham 指出，社会科学家早在几十年前就已经开始使用内容分析（Content Analysis）方法，利用统计专利和学术文献的数量以预测技术走向的做法至少可以追溯到 1965 年 Derek J. de Solla Price 的文章[21]。随着电子文本资源日益丰富，内容分析法发展成为文本挖掘的方法。数据挖掘的目标是从大量数据中提取有用的信息，而文本挖掘则是从海量的文本数据中定向提取信息。文献计量分析最主要的优点是它可以摆脱专家咨询带来的系统性主观偏见，使研究者得以发现一些原本由于知识局限或视角偏颇所难以发现的规律。

将文献计量方法用于技术预测的实证研究有很多。Marcio de Miranda Santo 等[22]利用科学网（Web of Science）的学术文献数据对纳米技术进行分析。他们追踪了 47 个纳米领域子技术的文献数量在 1994～2004 年的变化，并横向分析了不同国家之间的文献数量。Charles Trappey 等[23] 对我国的射频识别（Radio Frequency Identification）技术的发展趋势进行了预测。他们从国家知识产权局（SIPO）搜集到的 1389 份 1995～2008 年的专利应用数据，按照 41 个关键词进行聚类分析将其分为六大类，并按照逻辑斯蒂曲线拟合，估计出每一类技术目前所处的发展阶段。

专利地图（Patent Map）广义上指将大量专利文件数据转化为直观的图表形式。Sungjoo Lee[24] 等设计了一套基于专利地图的方法用于识别存在较大发展空间的技术领域。他们通过关键词提取和主成分分析等过程将个人掌上电脑（PDA）技术的专利数据转化为二维散点图，并通过寻找散点图中的"技术空位"来预测未来 PDA 技术的发展方向。Sang Sung Park 等[25] 利用类似的专利地图和 K 维聚类分析（KM－SVC）对美国、欧盟和中国的技术管理领域（Management of Technology，MOT）的潜在技术进行了预测，发现，美国和欧盟的"技术空位"出现在"移动通信技术管理"领域，而中国的"技术空位"出现在"半导体技术管理"领域。

另外，许多学者利用文本挖掘和复杂网络分析相结合的手段对专利数据进行分析，开辟了许多新的技术预测方法。Byungun Yoon 等[26] 对基于复杂网络的专利分析方法进行了较为清晰的梳理。首先，从数据库中获得所感兴趣领域的专利数据，并通过专业文本挖掘软件提取出专利文件的关键词，将所获得的文本数据转变为便于统计处理的向量型数据。然后利用计算机将这些向量以专利网的方法表示出来，其中专利就是网络中的节点，专利间的关系由连接节点的线表示。之后可以借由一些量化的指标对专利网进行深度分析并得出可以指导决策的量化信息。Péter Érdi 等[27] 通过不同专利间的引用数据构建了专利网络。基于美国专利和商标管理局（USPTO）提供的 1991～1996 年的数据，他们对即将生成新技术的领域进行了预测，预测结果与 1997 年美国专利与商标管理局所宣布的第 11 类专利分类下的新增子类——第 442 行业小类有明显的重合。

使用专利分析进行预测的案例还有很多，如 Kajikawa 和 Takeda[28]利用引用分析和聚类分析预测新兴技术。他们还使用技术路线图在不同的概念之间建立联系。在另一项研究中，Kajikawa 等[29]利用专利引用数据对生物质能源领域进行了技术预测。Kajikawa 等还运用类似的方法对可再生药物技术进行研究。还有相当数量的文章利用基于专利数据的数量、变化率等基本统计量进行技术预测。

（四）总结

现存的技术预测的量化方法绝大部分关注的是技术参数的变化趋势，或者说用于预测能力提升型创新，而对于颠覆性技术的预测则比较有限，成功的事前预测则更为罕见。一些文章对颠覆性技术的预测持怀疑态度，Barney 认为，公司往往由于幸运地选择了之后成为颠覆性技术的领域进行研发而成功，之后又被研究而总结出其成功的模式[30]。如果需要等到一个技术已经颠覆了原有技术才能判断它是颠覆性技术，那么这样的预测价值何在呢[31]？但是仍有很大一部分学者持更加中肯的态度，Schmidt（2004）提出了一个模型用于判断一个市场是否已经足够成熟以被新技术所颠覆。Ashish Sood 等（2011）提出了一个基于风险模型的颠覆性创新预测模型[32]。Danneels（2004）认为可以通过对现有的技术预测方法进行改进用于预测颠覆性技术[33]。近年来，利用专利引用网络所做的尝试在一定程度上成功地对新产业的形成进行了事后预测。文本挖掘或专利分析方法相比较一般的模型方法的优势在于前者的信息来源于技术进步最直接的体现——专利信息，基于大量专利数据所进行的语义分析，使预测结论往往比简单的量化数据更具实际意义。与描述性方法相比，文本挖掘方法具有量化程度高、可以避免人为判断时的主观偏见等优点。另外，随着计算机技术的进步，这类方法由于相关软件的不断涌现而变得日益便捷。基于此，本文对颠覆性技术预测方法的探索采用专利分析的方法，数据的处理方法是根据 Byungun Yoon 所提出的基于关键词的专利地图方法拓展而来的。

三　专利数据及数据分析框架

（一）数据来源

本文数据分析部分所用数据来自美国商务部下属的美国专利与商标管理局（USPTO）公开于其官方网站的专利全文数据库。该数据库自 1998 年 11 月建成以来，已经收录了从 1976 年至今超过 300 万份专利文件全文数据，以及从 1790 年到 1975 年的超过 400 万份专利文件摘要数据。

在技术领域选取上，我们选取了显示技术领域作为研究的范围。具体来说，我们将平板显示相关技术（以 LCD 为代表）作为所关注的颠覆性技术，传统 CRT 显示技术作为所关注的在位技术或者说被颠覆技术。选取这两项技术的原因主要包括：①两项技术开始交替的时间大致在 20 世纪 80 年代至 90 年代，这段时期的专利数据比较完整，而且有很长时间的后续数据；②两项技术的范围大小和专利文件数量比较适合进行定量研究；③两项技术比较容易界定，中间技术的模糊性较低；④LCD 技术作为平板显示技术的最重要代表，从 20 世纪 80 年代开始以惊人的速度发展起来，它具有体积小、重量轻、低电压、微功耗等众多优点，且制造成本下降迅速，在所有 CRT 得以应用的领域几乎都成为 CRT 有力的替代者，并最终几乎完全替代了市场上的 CRT 技术，比较符合本文对于颠覆性技术创新的界定。根据两项技术的发展进程，我们决定搜集 1981 年、1996 年、2013 年这 3 年的专利文件数据，每个观测点之间相差 15 年左右。在关键词的选择上，"显像管"作为平板显示技术前的主流显示技术的关键词，而"平板显示"以及平板显示的代表"液晶显示"被作为平板显示技术的关键词。搜索专利文件时所使用的搜索代码见附录。经过多次检索和对信息不完整的专利文件进行筛选后，我们将专利文件范围缩小到 3174 份专利，其中 1981 年 182 份、1996 年 695 份、2013 年 2297 份。

（二）数据处理步骤

首先我们对 1980～2013 年平板显示技术和 CRT 技术两类技术的专利文件数量趋势进行对比分析，并与两类技术在显示器和彩电等产品上的应用及其替代情况进行比对，观察从专利文件数量角度是否可以提前获得两类技术已经开始替代的信号。

接下来我们希望从专利文件的关键词角度来发现平板显示技术和 CRT 技术在开始更替期间各有哪些特点。Sungjoo Lee 等在 2009 年提出了一种基于专利文件关键词来构建专利地图的方法，用于识别某一领域技术的发展空间。他们首先运用文本挖掘的方法将专利文件整理为具有规整结构的数据库，便于从中提取出一系列关键词向量。然后利用主成分分析方法减少关键词向量的维度，以便将之对应于二维的专利地图。然后地图上大面积低密度的空白部分便是潜在的"技术空位"，专家通过对这些空位进行分析以及一些技术趋势指标的筛选后便可以得出有意义的潜在技术领域。

我们基本上采用了上述专利地图构建的前三步，首先，通过提取 3174 份专利文件的标题、摘要和专利内容字段的关键词，我们获得了超过 30000 个关键词，进一步通过词频筛选、无关词去除、同义词合并等步骤，将原关键词集合缩减为 176 项 1～4 个单词的关键词（组）。每一项关键词（组）至少出现在 25 份专利文件中。值得一提的是，如果降低所出现在的专利文件数量的要求，可以得到一个更大的关键词集合，包含更多的关键词信息，但是这样做一方面会造成关键词数量急剧增加，另一方面也存在降低预测能力的可能，因为有些关键词在少数几个专利文件中频繁出现的原因可能是作者的用词习惯或者是描述特定技术时所常用的表达方式，而不具有代表性。接下来，我们按照关键词出现频数为每一个专利文件构建一个 176 维的关键词向量。在构建好 3174 个关键词向量后，我们得到一个 3174×176 维的关键词矩阵。由于美国专利与商标管理局所提供的下载的数据是未经解析的原始 xml 格式数据，所以在使用前需要对数据进行解析并将其导入数据库方可使用，其中涉及的工作量巨大。这里我们使用了 PatentiNSGHT Pro 软件的专利数据下载功能，该软件可以实时批量搜索下载美国专利与商标管理局的专利全文数据库上的数据，同时有较为强大的专利分析功能。我们还利用了该软件的关键词提取功能完成了关键词向量的构建。

接下来利用主成分分析的方法，我们将这 3174 个 176 维向量投影为 3174 个二维向量和三维向量，之所以选择投影至二维向量和三维向量，是为了相互比较参考，三维向量保留了更多信息，但是由于数据量较大而画出的散点图不如二维向量散点图清晰。Sungjoo Lee 等也建议在数据量允许的情况下降维到三维以与二维图像进行比较。我们使用 R 语言中的 Prcomp 函数进行主成分分析，其算法的基本原理是将高维（高列数）矩阵线性变换为一个低维（低列数）矩阵，或者说将原矩阵的行向量投影到特定的低维方向上，使投影的方差最大，即尽可能在降维的同时保留原矩阵关于方差的信息①。

接下来我们进行了两项工作，一是将所得到的二维和三维向量用散点图的方式直观表示出来。和 Sungjoo Lee 等的研究目的不同，我们希望探索显像管技术和平板显示技术的专利文件的文本数据上的不同特点，因此我们关注的是散点图从 1981 年到 1996 年再到 2013 年的分布的变化以及两类技术的散点图的不同特点，而非散点图上的

---

① 该函数的详细信息见 http：//stat. ethz. ch/R - manual/R - patched/library/stats/html/prcomp. html。

"空位"。二是根据三维向量计算出每一年两类技术的组间距离和组内距中心平均距离。两个距离的定义式如下：

$$令 A = \begin{bmatrix} a_1 \\ \vdots \\ a_m \end{bmatrix}, \text{其中} a_i = (a_{i1}, \cdots, a_{il}) \in R^l, B = \begin{bmatrix} b_1 \\ \vdots \\ b_n \end{bmatrix}, \text{其中} b_j =$$

$(b_{j1}, \cdots, b_{jl}) \in R^l$。

且 $\bar{a} = 1/m \sum_{i=1}^{m} a_i$，则 A 组内距中心平均距离 $D_A =$

$1/m \sum_{i=1}^{m} \| a_i - \bar{a} \|$。

B 组间距离 $D_{AB} = 1/mn \sum_{i=1}^{m} \sum_{j=1}^{n} \| a_i - b_j \|$。

这一计算实际上是直观散点图的一种扩展，主要目的是衡量两类技术专利的范围大小，一般来说，涵盖范围较大的技术其应用价值更高，应用范围更广，也更容易形成产业链。

四 数据分析结果

（一）基础专利文献计量分析

Miranda Santo 等在其文章中利用文献总数的变化来判断一项技术的大致发展趋势。为了观察显像管技术和平板显示技术的不同发展趋势，我们在图 1 中列出了 1980～2013 年两项技术的专利数量变化，数据为在美国专利与商标管理局数据库进行检索后得到的原始数据，因此和最终我们所使用的专利文件数有所出入。

专利文件规模显示两种技术在 20 世纪 80 年代基本持平，在 1988 年以前，显像管技术的年专利文件数均高于平板显示技术。从 1989 年开始，平板显示技术的专利文件数开始超越显像管技术。从图 2 可以看到，平板显示技术与显像管技术专利文献数量比的常用对数在

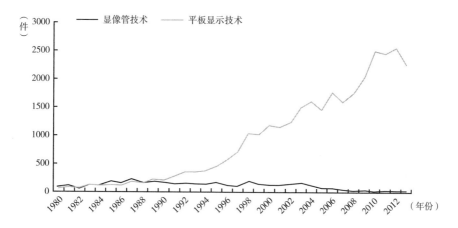

图 1　1980～2013 年显像管技术和平板显示技术专利文件数

资料来源：作者根据美国专利与商标管理局数据库计算得到。

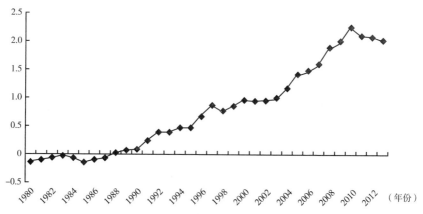

图 2　1980～2013 年平板显示技术/显像管技术专利文献数比（常用对数）

资料来源：作者根据美国专利与商标管理局数据库计算得到。

1996 年首次超过 0.5，在 2004 年首次超过 1.0。值得一提的是，虽然美国从 20 世纪 60 年代开始液晶显示技术就逐步商业化，但真正大规模产业化是在 80 年代末 90 年代初。90 年代初欧美平板显示技术飞速发展，薄膜电晶体液晶显示技术（TFT - LCD）开始产业化，而在我国，液晶显示技术直到 90 年代末 21 世纪初才逐步成为国内显示设备厂商所使用的主流技术。据统计，2000 年全球显示器市场的总销售额中，CRT 和 LCD 已各占 50%。而我国直到 2004 年 TFT - LCD 显示器的产量才首次超过 CRT 的产量，2004 年我国显示器产量 9429 万台，其中 CRT 显示器产量 4687 万台，占总产量的 49.7%，TFT - LCD 显示器产量 4742 万台，占总产量的 50.3%[1]。根据中国电子视像行业协会的统计，2009 年我国彩电行业总产量为 9590 万台，其中，液晶电视产量 6780 万台，占 70.7%，传统显像管（CRT）电视产量 2510 万台，仅占 26.1%，这意味着液晶显示技术成为行业市场绝对主导技术的时代已经到来。而从专利文件数的角度来说，在 90 年代初期，平板显示技术的发展速度就已明显超过显像管技术，两种技术的专利文献数量比的常用对数在 1996 ~ 2003 年处于 0.5 ~ 1.0，这段时间恰好是两项技术发生迅速替代的时期。如果我们将上述指标超过 0.5 作为两项技术开始发生替代的信号，那么对于我国市场来说，专利数量至少提前了 8 年预测到两者市场占有率的替代情况，如果将上述指标超过 0.25 作为信号，则提前了至少 12 年。这说明专利文件在某种程度上确实可作为这两项技术产业化趋势的先导指标。进一步计算各年份两类技术专利文件数的相关系数为 - 0.74，说明两类技术间很可能具有一定程度的替代关系。

（二）利用专利地图方法进行技术替代分析

我们按照上一部分所述方法对两类技术在 1981 年、1996 年、2013 年三年中新增的专利文件进行了分析处理，得到了每一年投影在第一、第二主成分方向上的二维散点图（见图 3）。直观上来看，平板显示技术有很明显的"扩散"特点，这是数量上增加迅速所导致的。可以观察到，代表 CRT 技术的专利文件的散点在 3 个年份中均沿主成分 2 方向拉伸，而在主成分 1 方向十分集中，而平板显示技术相关的散点在 1981 年时主要沿主成分 1 方向延伸，

---

[1] 《我国 LGD 产量超过 CRT》，《办公设备技术与信息》2005 年第 2 期，第 22 页。

到了 1996 年在两个方向都已经有所延展。另外，1981 年时显像管技术散点的数量实际上是多于平板显示技术的，然而从图 3 中来看，平板显示技术的离散点所占的面积和离散程度都要大于前者。

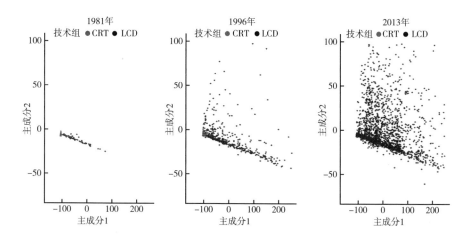

图 3　每年新增专利文件二维散点图

注：为了突出特点，已将散点图显示范围以外的极少数点删去。

图 4 ~ 图 6 分别按技术、年份和技术及年份描绘了 1981 年、1996 年、2013 年三个年份的累计专利文件的二维散点图。可以看到，

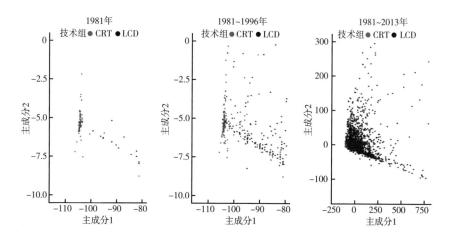

图 4　累计专利文件二维散点图（按技术组分）

2013 年的平板显示技术专利明显向主成分 2 方向呈扇形发散，而
1996 年和 1981 年的平板显示技术专利主要向主成分 1 的方向扩展分
布，反倒是 1981 年的 CRT 技术专利文件主要分布在主成分 2 的方向
上。这说明替代旧技术的新技术往往在自身优势领域成熟后会逐渐覆
盖旧技术的应用领域，并拓展旧技术曾具备的优势和特性。

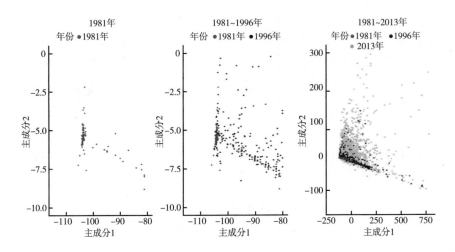

图 5　累计专利文件二维散点图（按年份分）

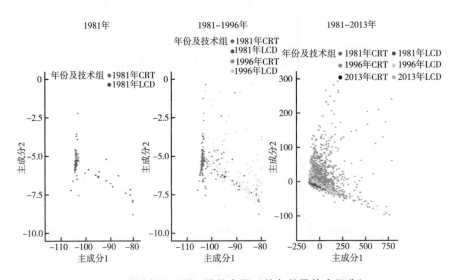

图 6　累计专利文件二维散点图（按年份及技术组分）

　　作为参考，我们又将原数据降至三维（见图 7），发现的特点和二维散点图基本相同。在所有三个年份中平板显示技术的点在更多方向上有所延伸，而 CRT 技术的点则分布得相对很集中。

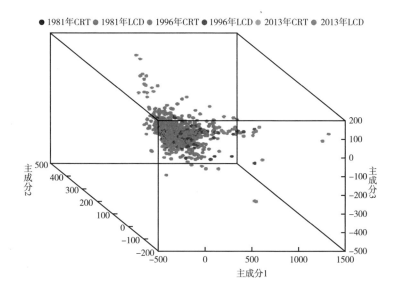

● 1981年CRT ● 1981年LCD ● 1996年CRT ● 1996年LCD ● 2013年CRT ● 2013年LCD

图 7　专利文件三维散点图

注：为了突出特点，已将散点图显示范围以外的极少数点删去。

　　为了更好地说明两类技术专利文件的不同特点，我们又分别计算了两类技术专利的关键词向量在三个年份的组间平均距离和组内距中心平均距离，距离的计算基于主成分分析后所得到的三维向量。图 8 和图 9 显示了上述距离在 3 个年份的变动情况。

　　组内距中心平均距离实际上是每一类技术的散点图所覆盖范围的间接度量。可以看到，平板显示技术的组内距中心平均距离持续增加，且在 1981 年时就已高于显像管技术。而显像管技术的组内距中心平均距离从 1981 年到 1996 年有所上升，但从 1996 年到 2013 年又有所下降，且上升的速度明显低于平板显示技术。组间平均距离从 1981 年起持续明显增加，说明在降维后，平板显示技术的"扩散"并非持续地填补显像管技术周围的空位，而是朝更广的方向发散式地扩散。可以想象，

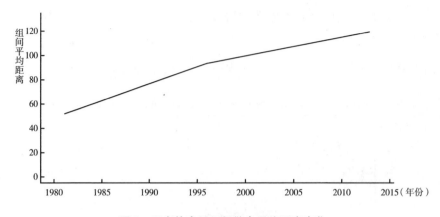

图 8 两个技术组组间散点平均距离变化

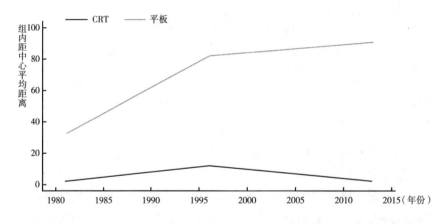

图 9 两个技术组组内散点距中心平均距离变化

如果按照 Sungjoo Lee 等提出的寻找"技术空位"的方法是很难根据我们所搜集到的数据预测到平板技术将要颠覆显像管技术的。我们认为颠覆性技术的一个重要特点是其基于关键词向量制成的专利散点图的覆盖范围相对于在位技术持续快速扩大，并且不是按照"空位填补"的方式增加，而是按照沿不同方向"发散"式扩散。从实际经济意义来说，某类技术涉及的技术领域越多，其形成涵盖多个产业的产业链的机会也越大，也越有可能受到原产业之外的因素影响，成为颠覆性技术，这符合现有文献关于颠覆性创新的技术来源的基本共识。

（三）颠覆性技术更替背景下的企业转型失败案例

彩虹集团成立于 1977 年，是我国"六五"期间为引进国外彩色显像管成套技术和设备而设立的国有独资企业；全盛时旗下拥有全资子公司、控股公司 11 家，并拥有 2 家上市公司——彩虹股份和彩虹电子。2000 年中国前十大彩色显像管企业共生产彩色显像管 3261.8万件，其中仅彩虹彩色显像管总厂就生产了 751 万件，比位居第二的北京松下彩色显像管有限公司多 63.5%。彩虹电子及其附属公司2004 年年报显示，2004 年彩虹电子共销售彩管约 1367.4 万件，同比增长 23.1%，净利润 3.85 亿元，同比增长 22%，从财务上看已达到彩虹集团发展的顶峰。

但正是在 2004 年，国内显示器市场 LCD 销量超过 CRT。在全球显示器配件的重要产地台湾，LCD 的出货量更是在 2003 年就已超过CRT[34]。台湾的 TFT – LCD 技术其实来自日本的技术转移，因此，可以推测日本更早就已显现出替代信号。在彩电产业领域，CRT 电视被液晶电视和等离子电视替代，显示屏的尺寸也由于平板技术的应用而迅速加大，市场正式跨入平板彩电时代。如果根据前文所述的基于专利文件计量的预测方法来看，早在 1988 年美国的 LCD 相关专利文件数量就已首次超过 CRT，并且此后一路飞速发展，至 2003 年时已超过CRT 技术一个数量级。我们所绘制的专利地图显示 LCD 技术的组内距中心平均距离的增速从 20 世纪 80 年代开始就一直高于 CRT 技术，说明二者的替代不是突然间发生的，而是如本文第二部分所述，是长期大量演化性创新的累积结果。正是在这样一个 CRT 技术已经进入衰退期而 LCD 从成长期向成熟期转变的时间点上，彩虹集团管理层出现了重大决策失误。2003 年，彩虹集团在原有生产线基础上，又投入 20 亿元增建了一条 34 英寸 CRT 彩管生产线，并于次年再建一条年产 200 万件的 21 英寸彩色显像管生产线。2004 年 12 月，国内几乎所有彩电企业都打出了平板彩电的旗号，大规模改变主打产品结构，导致彩管业库存急剧上升。截至 2004 年 12 月底，全国彩管业库存量约为 224 万件，比 2003 年底上升了 367%。彩虹集团这一系列重大决策性失误源于对技术替代缺乏战略性考量。当 CRT 显示技术在国内市场还很火热时，彩虹集团未能及时关注到国际技术市场上平板显示技术已经渐成气候；而在 CRT 技术颓势已现时，彩虹集团竟逆势投入大量资金上马新的 CRT 彩管生产线，盲目提高产能，最终形成更大的沉没成本，让本已尾大不掉的彩虹集团加速驶向错误的方向。2004 年底，彩虹电子在香港上市，其股价当天便跌破发行价，之后更是一路下跌[35]。

2004 年彩虹集团换帅，在产品策略上做出了调整，但由于错过了技术更替的末班车，受技术、人员和资金的制约，虽然从 2005 年之后彩虹开始逐步涉足光伏玻璃、发光材料等新领域，彩虹电子仍不得不将 CRT 作为主要业务。直至 2008 年，彩虹集团才得以谋划大型的第六代 TFT - LCD 生产线项目，但那时国内 TFT - LCD 产业已经强敌环伺，一半以上的液晶产品被国际厂商和台湾厂商把控，国内液晶生产巨头京东方当年亏损 8.08 亿元，同时新一代的 OLED 技术也在侵蚀着普通液晶显示技术的市场。随着转型环境日益恶劣，彩虹集团积重难返，于 2013 年初被中国电子信息产业集团有限公司全资收购。试想如果在 20 世纪 90 年代中后期时彩虹集团领导层能够及时发现显示技术领域潜伏的重大变革，不低估技术替代的速度，果断引进 LCD 相关技术和生产线，逐渐调整产品结构和市场策略，情况将大不相同。这也正是技术预测，特别是颠覆性技术预测的重大意义。

五 结论和反思

虽然目前来看，对颠覆性技术进行早期预测的难度是极高的，但作为后发国家，对颠覆性技术产业化的时间可以进行大体判断。对于发达国家将要采取新技术进行产业化可以进行跟踪监测，在发达国家转到新技术时，我们可以对有关行业及企业进行早期预警，防止企业投资形成的固定资产浪费。本文尝试从专利文献的角度对颠覆性技术替代旧有技术及其产业化进行预测，发现通过对专利文献数量进行计量的方法可以提前数年时间对其市场占有率的替代性变化进行预测。而专利地图则从"质"的层面对不同技术的专利文献所涵盖的关键词进行了描绘，可以发现，具有颠覆性的新技术往往按照不同方向"发散"式扩散，涉及的应用领域和技术特点在很短的时间内就超过旧有技术，并最终涵盖和拓展旧技术所特有的优势和应用特点。

前文所尝试的利用专利地图对技术替代进行预测的方法存在两个比较大的局限。第一，关键词提取受专利文件数量的影响很大，由于是事后回测，LCD 相关专利文件总数超过 CRT 相关专利文件总数较多，因此按照词频来确定关键词时，将不可避免地导致在 CRT 文件中出现次数较多而在 LCD 专利文件中出现次数较少的关键词被剔出关键词集合。这将严重影响之后所做的专利散点图在不同主成分方向上的形态特征。第二，关键词是基于全部年份的专利文件整体提取的，在靠后年份专利总数较多的情况下，将自然出现代表靠后年份的专利文件的散点"填补"代表之前年份专利文件的散点形成的"空位"的情况。相反，基于专利文献数量计量的方法在本文中有效地预测了平板显示技术对传统 CRT 技术的替代。

附录　美国专利与商标管理局专利全文数据库搜索代码（**Query**）

TTL/CRT OR TTL/"cathode ray tubes" OR ABST/CRT OR ABST/"cathode ray tubes"

ANDNOT（TTL/LCD OR TTL/"Liquid Crystal Display" OR TTL/"Flat panel display"）

ANDNOT（ABST/LCD OR ABST/"Liquid Crystal Display" OR ABST/"Flat panel display"）

AND ISD/1/1/1980 - >12/31/1980

TTL/LCD OR ABST/LCD OR TTL/ "Liquid Crystal Display"

OR ABST/ "Liquid Crystal Display"

OR TTL/ "Flat panel display" OR ABST/ "Flat panel display"

AND ISD/1/1/1996 – >12/31/1996

参考文献

[1] Solow, Robert M., Technical Change and theAggregate Production Function [J], Review of Economic and Statistics, 1957, Vol. 39, pp. 312 – 320.

[2] Klein, Burton, Wages and Business Cycles, A Dynamic Theory [M], Pergamum Press, and New York, 1984.

[3] Lawrence, P. R., and Dyer, D., Renewing American Industry [M], Free Press, New York, 1983.

[4] Porter, M. E., The Competitive Advantage: Creating and Sustaining Superior Performance [M], Free Press, and New York, 1985.

[5] Moore, Geoffrey A., Crossing the Chasm: Marketing and Selling Technology Products to Mainstream Customers, Harper Business, 1991.

[6] Tushman, M. L., and Anderson, Philip, Technological Discontinuities and Organizational Environments [J], Administrative Science Quarterly, 1986, Vol. 31, No. 3, pp. 439 – 465.

[7] Abernathy, William and Kim B. Clark, Innovation: Mapping the winds of creative destruction [J], Research Policy, 1985, Vol. 14, pp. 3 – 22.

[8] Christensen, C. M., The Innovator's Dilemma [M], Harvard Business School Press, Boston, 1997.

[9] Govindarajan, Vijay and Praveen, K. Koala, The Usefulness of Measuring Disruptiveness of Innovations Ex – Post in Making Ex – Ante Predictions [J], Journal of Product Innovation Management, 2006, Vol. 23, No. 1, pp. 12 – 18.

[10] Abernathy, W. and Utterback, J., Patterns of Industrial Innovation, Readings in the Management of Innovation [M], Pitman Press, Boston, 1982, pp. 97 – 108.

[11] 方曙、胡正银、庞宏桑、张娴：《基于专利文献的技术演化分析方法研究》[J]，《图书情报工作》2011 年第 22 期，第 42 ~ 46 页。

[12] Gersick, C. J. G., Revolutionary Change Theories: A Multilevel Exploration of the Punctuated Equilibrium Paradigm [J], Academy Management Review Manage, 1991, Vol. 16, pp. 10 – 36.

[13] Grudin, Jonathan, Punctuated Equilibrium and Eechnology Change [J],

Interactions，2012，Vol. 19，Issue 5，pp. 62 – 66.

［14］ Moore，G. E.，Cramming More Components Onto Integrated Circuits ［J］，Electronics，1965，Vol. 38，No. 8.

［15］ Shin，Juneseuk and Park，Yongtae，Brownian Agent-based Technology Forecasting ［J］，Technological Forecasting & Social Change，2009，Vol. 76，Issue 8，pp. 1078 – 1091.

［16］ Gordon，Theodore，A Simple Agent Model ofan Epidemic ［J］，Technological Forecasting & Social Change，2003，Vol. 70，Issue 5，pp. 397 – 417.

［17］ Potter，Ian J.，Heidrick，Ted R.，Phillips，Joanne G.，Technology Futures Analysis Methodologies for Sustainable Energy Technologies ［J］，International Journal of Innovation and Technology Management，2007，Vol. 4，Issue 2，pp. 171 – 190.

［18］ Bhargava，S. C.，Kuman，A. and Mukerjee A.，A Stochastic Cellular Automata Model of Innovation Diffusion ［J］，Technological Forecasting and Social Change，1993，Vol. 44，pp. 87 – 97.

［19］ Martino，Joseph P.，A Review of Selected Recent Advances in Technological Forecasting ［J］，Technological Forecasting and Social Change，2003，Vol. 70，Issue 8，pp. 719 – 733.

［20］ Garcia，Marie L.，and Bray，Olin H.，Fundamentals of Technology Road Mapping ［J］，Sandia Report，April 1997.

［21］ Price，Derek J. de Solla，Is Technology Historically Independent of Science? A Study in Statistical Historiography ［J］，Technology and Culture，1964，Vol. 6，Issue 4，p. 533.

［22］ Marcio de Miranda Santo，Coelho，Gilda Massari，Filho，Lélio Fellows and dos Santos，Dalci Maria，Text Mining as a Valuable Tool in Foresight Exercises：A Study on Nanotechnology ［J］，Technological Forecasting & Social Change，2006，Volume 73，Issue 8，pp. 1013 – 1027.

［23］ Trappey，Charles V.，Wu，Hsin-Ying and Taghaboni-Dutta，Fataneh and Trappey，Amy J. C.，China RFID Patent Analysis ［J］，Proceedings of the ASME International Manufacturing Science and Engineering Conference，2009，Vol. 1.

［24］ Lee，Sungjoo，Yoon，Byungun and Park，Yongtae，An Approach to Discovering New Technology Opportunities：Keyword-based Patent Map Approach ［J］，Technovation，2009，Vol. 29，Issue 6，pp. 481 – 497.

［25］ Sang Sung Park，Sunghae Jun and Dong Sik Jang，Technology Forecasting Using Matrix Map and Patent Clustering ［J］，Industrial Management & Data Systems，2012，Vol. 112，Issue 5，pp. 786 – 807.

［26］ Yoon，Byungun and Park，Yongtae，A Text-mining-based Patent Network：Analytical Tool for High-technology Trend ［J］，Journal of High Technology

Management Research, 2004, Vol. 15 (1), p. 37 – 50.

[27] Péter Érdi, Kinga Makovi, Zoltán Somogyvári, Katherine Strandburg, Jan Tobochnik, Péter Volf, László Zalányi, Prediction of Emerging Technologies Based on Analysis of the U. S. Patent Citation Network [J], Scientometrics, 2013, Vol. 95, Issue 1, pp. 225 – 242.

[28] Kajikawa Y. and Takeda, Y., Structure of Research on Biomass and Bio-fuels: A Citation-based Approach [J], Technological Forecasting and Social Change, 2008, Vol. 75, pp. 1349 – 1359.

[29] Kajikawa, Y. Usui, O., Hakata, K., Yasunaga, Y. and Matsushima, K. Structure of Knowledge in the Science and Technology Roadmaps [J], Technological Forecasting and Social Change, 2008, Vol. 75, pp. 1 – 11.

[30] Barney, J. B., On Flipping Coins and Making Technology Choices: Luck as an Explanation of Eechnological Foresight and Oversight [J], Technological Innovation: Oversights and Foresights, Cambridge University Press, New York, 1997, pp. 13 – 19.

[31] Tellis, G. J., Disruptive Technology or Visionary Leadership? [J], Product Innovation Management , 2006, Vol. 23, pp. 34 – 38.

[32] Sood, Ashish and Tellis, Gerard J., Demystifying Disruption: A New Model for Understanding and Predicting Disruptive Technologies [J], Marketing Science, 2011, Vol. 30 (2), pp. 339 – 354.

[33] Danneels, Erwin, Disruptive Technology Reconsidered: A Critique and Research Agenda [J], Journal of Product Innovation Management, 2004, Vol. 21 (4), pp. 246 – 258.

[34] 陈钦雨、叶佳欣：《台湾 CRT 与 TFT – LCD 产业之比较分析——以产业生态与生命周期观点》[D]，台湾大叶大学硕士学位论文，2005。

[35] 崔婷婷：《彩虹电子：误判产业转型速度由旗手沦为殉葬品》[J]，《中国经济和信息化》2012 年 4 月 26 日。

第九章

传统能源行业创新:
"互联网＋电网"的新探索

在"互联网＋"浪潮的冲击下,我国的传统行业都正在被深深改变。向来以"传统保守"而自居的能源电力行业,也不例外地迎来了互联网企业的进入。在庞大而复杂的能源系统中,电能凭借传输效率等优势占据能源系统的中心地位,"互联网＋电网"也便成为能源互联网的最佳融合点。近年来,欧美等发达国家正逐步实现电力与互联网的深度融合。在我国,伴随着能源互联网相关产业规划的出台和电力体制改革的启动,"互联网＋电网"模式有望成为能源互联网领域的有益探索。

一　"互联网＋电网"是新电改背景下
能源互联网的重要切入点

2015年4月15日,新一轮电力体制改革正式拉开试点序幕。时隔13年,电力体制改革的再次启动和相关配套文件的相继出台,将扫除能源互联网万亿元市场面临的体制障碍,有效推动分布式能源发展,释放能源互联网带来的制度红利,催生电力市场化带来的万亿元蓝海市场。

在新电改背景下，电网企业起着能源互联网中重要的"枢纽"作用，通过衔接电源与受端，整合不同能源种类，实现能源网络的"清洁替代"和"电能替代"。与此同时，配售电业务将面向社会资本开放，这意味着，如果能够利用基于电网的实际数据对其进行深度分析，便有助于提供更多的高附加值服务，这才是能源互联网的真正入口所在。

把握了电力用户的大数据资源，实际上是把握了能源互联网的"命门"；获取了电网运行所产生的海量电力数据，实际上是获取了能源互联网的先机。因此，"互联网＋电网"模式把握住了新电改背景下能源互联网的重要切入点，值得探索应用。

表1　"互联网＋电网"模式与传统电力行业的比较

	"互联网＋电网"	传统电力行业
发电环节	分布式能源即插即发；利用分布式和微网技术，就近消纳，余电上网，大大提升可再生能源利用效率；设备状态在线监测，确保设备可用性；通过需求侧管理平稳波峰波谷	分布式发电设施安装复杂；光伏和风电等可再生能源利用小时数有限；维护保养困难，不能及时了解设备运行情况；峰谷用电需求差异巨大，严重影响发电资产经济性和安全性
输配电环节	监控电网中所有配输电设备；广泛运用传感器和建立在ICT技术基础上的控制系统，能够快速发现故障，实现精准定位、自动修复；微电网在大电网突然失效的情况下能够实现独立运行，并且在大比例接入可再生能源的情况下也能确保电力质量	只能监控一次变电所，无法监控低压变电所；非直接的故障侦查，模糊的故障定位；有不同接口类型的分布式电源的微电网在进入孤岛运行状态时，系统很难维持电压和频率的稳定，难以做到即插即用
电力市场	参与者都能及时获得有外延的电力市场信息；ICT技术应用将使电力市场交易多元化	参与者无法直接、及时了解电力市场的相关信息；缺乏交易工具、交易模式和衍生产品

资料来源：Martec Analysis，作者整理。

二　"互联网＋电网"战略顺应全球
电网互联新趋势

清洁能源替代化石能源是全球能源发展的必然趋势，而要解决清洁能源的大规模开发利用和输送性难题，必须将清洁能源转化为电能才能实现有效使用。因此，电力能源是未来重要的"终端能源"，实现全球电网互联是构建全球能源互联网的重要内容。

全球能源互联网由跨洲、跨国的骨干网架和各国泛在智能电网组成，通过连接各国能源基地和各类分布式电源实现各国能源互联互通，将不同种类的清洁能源转换后传送至各国用户，具有绿色环保性、安全可靠性、服务泛在性等优点。当前，世界各国也都在加紧电网互联进程，例如，北美、欧洲、南部非洲等地区均在逐步实现电网互联。

我国自 2013 年实行"一带一路"倡议以来，在电力方面也积极进行输电工程的跨国实践，具备了构建能源互联网的基础。今后，我国还将继续加强与其他国家的电网互联，"互联网＋电网"战略对于我国顺应全球电网互联趋势具有重要意义。

三　"互联网＋电网"战略有望赢得能源变革市场先机

随着全世界能源消耗的持续增长，能源安全问题日渐突出，新一轮能源变革正在兴起，加快构建绿色高效、节能环保、安全可靠的现代能源供应体系成为全球各国的共同战略目标，美国、德国等先进国家已经大规模推广，我国也正处于能源变革的关键时期。构建能源互联网是推进能源变革的重要方式，不仅能有效提高能源使用率，还有利于提升能源行业的开放程度，优化能源体制和结构。

当前，中国国家能源局牵头制定的能源互联网相关产业规划开始启动，包括阿里巴巴、百度、腾讯在内的多家企业也已经积极投身布局能源互联网。在中国，能源互联网这片"蓝海"才刚刚显现。根据有关券商的测算，能源互联网的市场规模将突破 5.5 万亿元。

"互联网＋电网"作为能源互联网的重要切入点，不仅是对能源互联网发展趋势的积极响应，还有望在能源互联网广阔的前景中赢得先机。

四　建议与思考

（一）鼓励互联网企业与电力企业合作，打造能源互联平台

随着"互联网＋"的深入发展，能源电力行业的竞争已不单单是电力企业之间的竞争，互联网企业凭借轻资产服务基因以及平台化布局和数据信息处理的优势，在能源互联网的产业链中已占据越来越重要的地位，较传统电力企业更适合完成最后的分销和服务环节。但与此同时，能源电力企业凭借天然的重资产投资基因仍旧会占据电力生产的源头和输送配运的中间环节，因此，能源电力行业的竞争已转变为互联网企业联手能源企业合作构成的联盟之间的竞争。

在此趋势下，一是要鼓励、规范互联网企业与电力企业的合作，加强互联网企业对能源实体产品的理解，为积极向传统电力企业"靠拢"的互联网企业提供宽松、良好的政策环境，鼓励互联网企业搭建信息资源共享平台。二是通过能源互联平台的打造，全方位接入能源生产者和能源消费者，根据能源消费需求精准安排能源生产，实现能源互联的高度智能化和能源利用的高效性、环保性目标。

（二）引导电力企业积极拥抱互联网，参与"互联网＋电网"创新发展

在"互联网＋"时代，传统企业如何运用新思维抓住新机遇成为其保持竞争优势的关键所在。国网四川省电力公司以其专业性、可靠性、安全性优势弥补互联网企业专业性不足的劣势，积极拥抱互联网，联手具备与亿万消费者直接互联巨大优势的腾讯，形成优势互补，弥补传统电力企业服务对接不足的劣势，值得电网企业学习借鉴。

为此，一是应鼓励智能电力企业参与"互联网＋"行动计划和智慧城市建设，依托互联网大型企业，实现现有智能电网的技术延伸和扩展，构建"互联网＋电网"生态圈；二是强化电力企业对互联网的认识，对不同规模的电力企业进行有针对性的指导。一方面，培育创新意识较强的小微企业，作为对"互联网＋电网"产业的有益补充；另一方面，促进电力龙头企业与高校、研究院所进行产学研合作，降低企业创新风险。

（三）健全能源互联机制，加快能源互联技术研发

能源互联涉及政治、经济和技术各个方面的支持，不仅需要建立相互依存、互利互惠的合作机制，还需要加快能源互联技术研发，突破能源互联网发展的瓶颈。

因此，一是要建立能源互联机制，以优势互补、共同发展为原则，建立包含组织机制、市场机制、运行机制和政策保障机制在内的互联共享机制，实现政府、企业和用户的广泛参与、通力合作；二是要加快能源互联技术研发，充分利用移动互联网、云计算、大数据等新一代信息技术优势，赋予电网更多的数据采集、综合分析决策功能，将电网基础设施的智能化水平提升至更高层面，实现互联网技术与电网、电源、储能等技术的紧密结合，控制电网稳定可靠运行。

五　"互联网＋电网"案例分析：腾讯启动"互联网＋电网"战略

2015 年 5 月 25 日，腾讯公司与国网四川省电力公司（简称"四川电力"）签署"互联网＋电网"战略合作协议，依托腾讯的"互联网＋"解决方案和智慧城市平台，以及四川电力的智能化服务和品牌建设需求，在智慧电力、营销服务、品牌建设等领域开展全方位、深层次的战略合作，成为能源领域互联网企业与传统企业合作布局的

重要事件。

　　腾讯此次进行"互联网＋电网"合作模式的探索，一是实现了"互联网＋"从战略到行动的有效落实。有助于其凭借云计算能力、平台基础等优势，与四川电力的智能化服务相结合，共同整合四川电力用户大数据资源，提高电网工作效率和运营水平，寻找到企业发展新的突破点。二是有利于布局智慧城市未来发展。通过与四川电力携手，结合四川省优势产业和发展需求，抢占四川省"城市服务"入口，开展智慧电力等服务，为四川电力用户提供个性化、优质化和高效化的智慧服务。三是整合了"智慧生活"解决方案。将传统行业商业模式"移植"到微信平台，将信息技术应用到传统电力行业，一方面，通过微信平台为用户提供查询、充值缴费、客户互动等微信解决方案；另一方面，连接微信支付功能，实现移动端缴费等服务，为电力用户提供便捷操作。

第十章

商业模式颠覆： 网购与传统购物模式的比较分析

廖建辉

一　问题提出

如今，很难想象一家企业的生产若离开了计算机、互联网、移动通信是否还能继续正常运转。信息技术对生产的影响巨大，对生活方式的影响也同样如此，当前，人们借助于信息技术足不出户就顺利进行社交、娱乐、商务洽谈、购物等活动。尤其近年来，网络销售这一新兴模式对传统零售业几乎带有颠覆性的影响。网络销售，相对消费者而言就是网购。网购是通过互联网检索商品信息，并通过电子订购单发出购物申请，然后通过网上支付，厂商通过邮购方式发货，或通过快递送货上门的一种购物方式。[1]网购的主要商业模式有 B2C（Business to Customer）和 C2C（Customer to Customer）两种，代表性电子商务企业有淘宝、京东、腾讯商城、苏宁易购、当当、凡客诚品等。据统计，2012 年 11 月 11 日（"双 11"），仅一天淘宝/天猫的销售额便达到 191 亿元，相当于 2011 年王府井百货全年销售额，相当于 2011 年麦当劳中国旗下 1400 家门店合计销售额的近 2.36 倍。[2]而仅一年后的"双 11"，淘宝/天猫的 1 天销售额猛增至 350 亿元，同比涨幅超过80%。从企业层面看，京东商城的爆炸性成长是个很好的例证。京东商城是一家自营性电商企业，成立于2004年初，仅仅用了10年时间，如今已成长为拥有员工3.5万人、年营业额超过1000亿元的大型企业；2014年5月22日，京东正式在美国纳斯达克挂牌上市，市值达到340亿美元，成为当时仅次于腾讯、百度的第三大互联网上市公司。此外，总体统计数据也能佐证网购市场的飞速发展。如表1所示，近年来，我国社会消费品零售总额实现了快速发展，从2009年的132678亿元增长到2013年的234380亿元，增长了0.77倍。而同期网购市场各项指标增长更快，据中国电子商务研究中心统计，2009年我国网购用户规模为1.21亿人，到2013年增长到3.12亿人，增长了近1.6倍；网购市场规模2009年还仅有2600亿元，到2013年已增长到18851亿元，增长了近6.3倍，网购占社会消费品零售总额的比重也由2009年的2.0%迅速提高到2013年的8.0%。[3]而这还仅仅是网购发展的起始阶段，有专家认为，网购一旦占到社会消费品零售总额的5%就会呈井喷之势。[2]据中国电子商务研究中心预测，2014年，我国网购用户规模将会进一步增长到近3.8亿人，网购市场规模也会提高到27861亿元，占社会消费品零售总额的比重预计达到9.8%（见表1）。[3]

表1　中国网购指标变化

年份	网购规模（亿元）	社会消费品零售总额（亿元）	网购占社会消费品零售总额比重(%)	网购用户规模（亿人）
2009	2600	132678	2.0	1.21
2010	5141	156998	3.3	1.58
2011	8018	183919	4.4	2.03
2012	13205	210307	6.3	2.47
2013	18851	234380	8.0	3.12
2014	27861	—	9.8	3.80

注：2009～2013年为统计数据，2014年为预测数据。

资料来源：社会消费品零售总额数据来自历年《中国统计年鉴》，其余数据来自中国电子商务研究中心的《2013年度中国网络零售市场数据监测报告》。

　　与传统零售相比，网络销售最大的特点是用线上的电商平台取代了线下的实体销售环节，并借助于互联网技术促进了生产、流通、销售之间的信息传递，大幅度减少了商品流通环节。由于电子商务平台是一个虚拟世界，不受营业场地和商品数量的影响，其代替实体销售可以节省出传统零售模式下高昂的进场费、服务费、店铺租金、水电费等固定费用。并且，电商平台不受地域限制，凡是存在互联网的地方都可以进入同一个市场，由此提升了全国市场的统一程度，而且进入电商平台的店铺、商品种类越多，价格竞争越激烈。基于以上两个因素，网购模式下商品价格低廉优势非常突出。根据一淘网的价格监测分析，2011 年我国网购商品的平均价格是线下商品的 70% 左右。[4] 另据庞秀平和赵宇实地走访调查，对比某省会城市大型电器商场和京东商城同品牌同型号的 10 款液晶电视机，京东商城的价格平均要便宜 21.4%；当当网一年统计下来所有图书平均打 6 折出售，而图书大厦的图书几乎不打折；凡客诚品的服装、鞋、箱包等商品比实体店的价格平均低 50%。[5] 事实上，正是出于价格考虑，广大消费者纷纷选择网购这一模式。根据艾瑞咨询（iResearch）的调查，中国网购用户选择网购的主要原因中，价格便宜占 48.4%，方便快捷占 25.7%。[4] 造就价格优势的另一个因素是税收。由于互联网购物中的技术特点及我国税法尚不完善，目前网购中的征税存在很大的漏洞，尤其是 C2C 的销售模式几乎处于一种免税状态；[6] 在 B2C 模式下，许多第三方发货企业在消费者不要求时便不开具发票，逃税问题较为严重。[7] 近几年，随着网上支付手段取得重大突破，物流配送体系获得快速发展，当前网购已变得非常快捷，也使网购越来越受到消费者青睐。

　　网购的快速发展带来了一系列后果，虽然带动了下游物流业的快速发展，但也造成实体店面的经营困难。毋庸置疑，这样一种消费模式的出现造成的社会经济影响是深远的，其出现也具有必然的原因。因此，在一个经济学框架内分析网购模式与传统购物模式的不同之处，寻找出现的机理和影响因素，并就其发展趋势判断出其对生产、流通、就业等各领域可能造成的影响就显得很有必要。为此，本文设计两个理论模型，分别代表网购模式和传统购物模式，通过模型比较以考察网购模式出现的机理和影响因素，并对其可能产生的社会经济影响进行分析。

二 模型设计

传统购物模式与网购模式都可以划分为生产、流通、销售三个环节，最主要的不同在于销售和流通两个环节。在销售环节，传统购物模式下表现为人到实体店购物，购买和实物交割同时发生，并且这一过程是双向的，而网购模式下表现为货物直接寄送到目的地，购买和实物交割时间出现分离，并且这一过程是单向的。在流通环节，传统购物模式存在多级批发、多级代理现象，而网购模式则在一定程度上减少了这一过程。在本文的模型设计中，假设在流通环节，单位商品单位距离运输成本相同，流通障碍造成的影响主要反映在租金和税收上；本文传统购物模型和网购模型最主要的区别在于最终的零售环节。

（一）传统购物模型

假设存在一个圆形城市，城市半径为 R；城市人口均匀分布，分布密度为 ρ（见图1）。居民为相同个体，个体收入水平均为 y。A 为城市中心，也是城市唯一的市场所在地，城市居民只能在 A 处采购到所需商品。此处商品是总量上的泛指。B 为企业所在地，与城市的距离为 L，其生产制造出商品后，商品经过运输到达 A 处，在到达城市市场过程中，商品可能经过若干的流通环节，将会遭遇层层征税、层层加租。在本模型中，将不考虑税收的影响，R、ρ、y、L 均为大于0的常数。

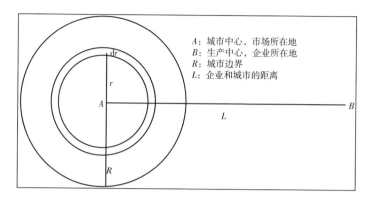

A：城市中心，市场所在地
B：生产中心，企业所在地
R：城市边界
L：企业和城市的距离

图 1　传统购物示意

1. 消费

假设消费者均为理性人，具备相同的效用函数，需求曲线相同。消费者的购买行为受到收入水平、商品价格水平和交通成本的影响。设单个个体需求函数为 $d(p,r,y)$，有 $\frac{\partial d}{\partial p} < 0$，$\frac{\partial d}{\partial r} < 0$，$\frac{\partial d}{\partial y} > 0$，赋予个体需求函数直观表达式为：

$$d(p,r,y) = ay - b \cdot (p + 2c_1 r) \tag{1}$$

式中，a、b 均为常数型系数，$a > 0$，$b > 0$；p 为消费者所面对的市场中的商品价格，$p > 0$；c_1 为单位交通成本，$c_1 > 0$；r 为居民所住区域与城市中心的距离，$0 \leqslant r \leqslant R$。

那么，考虑与 A 处距离为 r 的一小块区域情况，该区域人口总量为 $\rho \cdot 2\pi r \cdot dr$，商品需求总量合计为 $2\pi r\rho \cdot dr \cdot [ay - b \cdot (p + 2c_1 r)]$。由此可计算出城市商品需求总量为：

$$
\begin{aligned}
Q_d &= \int_0^R 2\pi r\rho [ay - b \cdot (p + 2c_1 r)] \mathrm{d}r \\
&= \pi\rho ay \int_0^R 2r\mathrm{d}r - \pi\rho bp \int_0^R 2r\mathrm{d}r - 4\pi\rho b c_1 \int_0^R r^2 \mathrm{d}r \\
&= \pi\rho ay R^2 - \pi\rho bp R^2 - \frac{4}{3}\pi\rho b c_1 R^3
\end{aligned}
\tag{2}
$$

2. 生产

在生产方面，考虑当社会商品产量提高时，可以采取更加专业化生产并保持企业之间更加密切的分工协作以降低生产成本。此外，更大规模的生产将会促进先进生产设备的使用，进一步降低单位产品的平均生产费用。因此，假定企业的平均成本将会随着产量的提高而降低，即假定企业平均成本曲线 $AC(Q)$ 是一条向下倾斜的曲线，并有 $\frac{\partial AC}{\partial Q} < 0$。此外，同时假设生产环节处于完全竞争环境，单个企业经济利润为 0，企业按照平均成本定价，并进一步假定企业平均成本曲线的具体形式为：

$$AC(Q_S) = \alpha_0 - \beta Q_S \tag{3}$$

式（3）中，α_0、β 分别为系数，且 $\alpha_0 > 0$，$\beta > 0$；Q_S 为商品供应总量。

3. 流通

在我国传统商品流通模式下，商品的流通成本高昂，商品从企业生产制造出来后，往往要经历一级批发、二级批发等多个环节，各环节商品还将面临层层加租、层层扣税现象。尤其是进入城市渠道商（超市、百货商店）或自建实体店的租金很高，占了商品价格的很大比重。为简化模型，考虑各项成本表现为直接相加形式，其中纯粹的单位商品单位运输成本同样为 c_2，单件商品所含租金为 θ，暂不考虑税收的影响。则可以得到市场上单件商品的价格为：

$$p = (AC + c_2 \cdot L + \theta) = \alpha_0 - \beta Q_S + c_2 \cdot L + \theta \tag{4}$$

4. 均衡

在市场均衡情况下，可以得到总供给等于总需求，即 $Q_S = Q_d$，通过式（2）、式（4）可求得均衡下的商品价格水平 p_1^* 和商品需求总量（供给总量）Q_1^* 分别为：

$$Q_1^* = \frac{\pi\rho a y R^2 - \pi\rho b R^2 (\alpha_0 + c_2 L + \theta) - \frac{4}{3}\pi\rho b c_1 R^3}{1 - \pi\rho b \beta R^2} \qquad (5)$$

$$p_1^* = \frac{\frac{4}{3}\pi\rho b \beta c_1 R^3 + (\alpha_0 + c_2 L + \theta) - \pi\rho a y \beta R^2}{1 - \pi\rho b \beta R^2} \qquad (6)$$

（二）网购模型

网购模式主要包括 B2C 和 C2C 两种。当前 B2C 模式下，如京东商城等，其自营业务在流通环节基本只有电商一家代理部门，流通环节大幅度减少。B2C 主要有三种模式：第一种模式，电商仅是网络销售平台，自身并不直接参与任何商品的买卖，代表有天猫商城、QQ 商城；第二种模式，电商除了构建网络销售平台外，还自主经营销售商，这种模式下电商需要花费巨资自建物流体系，代表电商有京东、苏宁易购、当当网；第三种模式，电商集生产、销售及构建网络销售平台于一体，主要代表是凡客诚品。可见，当前电商经营模式虽然不一，但网购下的主要结构非常清晰，主要包括生产、物流及网络销售平台三大环节，模式不同很大程度上反映在产业链上下游整合程度不同上。而 C2C 模式的主要代表为淘宝网，由于价格竞争异常激烈，各网点基本都采取直接从厂家进货的方式，代理环节也非常简短。俞金国等人的研究发现，淘宝网上 C2C 卖家已形成北部沿海集聚区、东部沿海集聚区和南部沿海集聚区三大网点集聚区，这种现象背后的一个主要原因在于邻近我国三大工业基地的区位优势，可以随时保持和企业直接沟通。[8]

图 2 是网购示意图，各项假定与传统购物模式一致，不同之处在于：①A 处虽然依旧是城市中心，但其作为城市商品买卖市场的地位彻底丧失；②商品被企业在 B 处生产出来后，经过物流运输到城市边缘 C 处的仓储中心，再通过物流形式分发到城市各处的消费者手中。

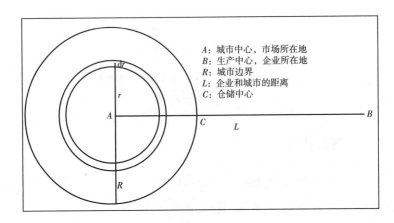

A：城市中心，市场所在地
B：生产中心，企业所在地
R：城市边界
L：企业和城市的距离
C：仓储中心

图 2　网购示意

1. 生产

在网购模式下，电商的网络销售平台替代了传统的超市、自营店、百货商场。现实中，卖家在电商平台经营商品需要缴纳一定租金。例如，淘宝网目前针对中小卖家只收取 1000 ~ 5000 元的保证金，且可以随时提现，基本等同于"0 元开店"；天猫商城主要服务于大型卖家，入驻天猫当前每年大抵需要缴纳 3 万 ~ 6 万元的技术服务费，同时预付 1 万 ~ 30 万元的保证金。[6] 由于该租金相比企业生产成本不大，因而假设为 0。假设企业处于完全竞争环境下，所定产品出厂价格为完全竞争价格，也是消费者在电商平台所看到的价格。企业的平均成本曲线 $AC(Q)$ 依然假设为一条向下倾斜的曲线，即有 $\dfrac{\partial AC}{\partial Q} < 0$，并假设其与传统购物模式下的函数形式相同，即

$$p = AC(Q_s) = \alpha_0 - \beta Q_s \tag{7}$$

式（7）中，α_0、β 分别为系数，且 $\alpha_0 > 0$，$\beta > 0$；Q_s 为商品供应总量。

2. 流通

无论是商品通过与京东商城类似的自建物流运输，还是通过第三方物流运输，商品都要通过物流环节先行运输到位于城市边缘的仓储

中心，然后再通过城市分区域的小规模分发方式运输到消费者手中。在此过程中，假设单位商品单位距离运输成本同样为 c_2。并且，在城市内部的小规模配送过程中，假设配送距离就是消费者与城市中心 A 的距离 r，配送费用由单位商品单位距离运输成本 c_2 和配送距离 r 同时确定[1]。此外，假定物流环节同样为完全竞争环境，则可以得到与 A 处距离为 r 的消费者所购买的单件商品的影子价格为：

$$p' = (AC + c_2L + c_2r) \qquad (8)$$

3. 消费

消费者依然是理性购买者。消费者在电商平台上能搜索到商品的价格信息，该价格为商品的出厂价格 p。但在购买时，需要另行交纳由商品运送所实际产生的配送成本。对于消费者而言，其购买受两者之和的影响，即受到商品的影子价格 p' 的影响。设单个消费者的需求函数为 $d(p', y)$，其具体形式可以表示为：

$$d(p', y) = ay - b \cdot p' \qquad (9)$$

同样考虑与市中心距离为 r 的一小片区域，该区域人口总量为 $\rho \cdot 2\pi r \cdot dr$，商品需求总量合计为 $2\pi r\rho \cdot dr \cdot [ay - b \cdot p']$。由此可计算出城市商品需求总量为：

$$Q_d = \int_0^R 2\pi r\rho \cdot dr \cdot [ay - b(\alpha_0 - \beta Q_S + c_2L + c_2r)]$$
$$= \pi\rho ay R^2 - \pi\rho b(\alpha_0 + c_2L)R^2 + \pi\rho b\beta Q_S R^2 - \frac{2}{3}\pi\rho b c_2 R^3 \qquad (10)$$

4. 均衡

当市场均衡时，有 $Q_d = Q_s$，由此可解得均衡条件下的商品需求

---

① 在图2中，可能位于城市边缘但又距离仓储中心很近的区域理论上配送距离短，配送费用因而较低。之所以如此假定主要出于两个理由：一是便于计算，也许以仓储中心为中心存在运往城市各处的最优路线，但该路线可能在数学上较为复杂以至于很难处理；二是现实社会中，配送费用的确定就是按照距离市中心的远近来确定的。

总量（供给总量）Q_2^* 和均衡价格 p_2^* 分别为：

$$Q_2^* = \frac{\pi \rho a y R^2 - \pi \rho b (\alpha_0 + c_2 L) R^2 - \frac{2}{3} \pi \rho b c_2 R^3}{1 - \pi \rho b \beta R^2} \tag{11}$$

$$p_2^* = \frac{\alpha_0 + \pi \rho b \beta c_2 R^2 L + \frac{2}{3} \pi \rho b \beta c_2 R^3 - \pi \rho a y \beta R^2}{1 - \pi \rho b \beta R^2} \tag{12}$$

三　结果分析

本文第二部分已设计出传统购物模型和网购模型两个模型，并分别求出其最后的均衡解 p_1^*、Q_1^*、p_2^*、Q_2^*。由此，可以通过比较两个模型推导出均衡结果，考察网购究竟对社会商品的平均价格水平和商品需求总量存在怎样的影响。

（一）均衡价格和产量比较

1. 均衡产量比较

首先考察均衡产量的差异。由于在模型中，各系数均为正数，由此可知公式中各子项均为正的。以 Q_1^* 为例，此即表示，$\pi \rho b \beta R^2 > 0$，$\pi \rho a y R^2 > 0$，$\pi \rho b R^2 (\alpha_0 + c_2 L + \theta) > 0$，$\frac{4}{3} \pi \rho b c_1 R^3 > 0$。由于 Q_1^* 一定为正数，所以分子和分母同时为正或同时为负。根据当租金 θ 变小时，将会降低商品的出售价格从而提高商品的销售量，因而 θ 变小将会增大 Q_1^* 值，由此可判断，分子分母同时为正数，即有 $1 - \pi \rho b \beta R^2 > 0$，$\pi \rho a y R^2 > \pi \rho b R^2 (\alpha_0 + c_2 L + \theta) + \frac{4}{3} \pi \rho b c_1 R^3 > 0$。求解 Q_2^* 和 Q_1^* 的差值可得：

$$Q_2^* - Q_1^* = \frac{\pi \rho b \theta R^2 + \frac{2}{3} \pi \rho b R^3 (2 c_1 - c_2)}{1 - \pi \rho b \beta R^2} \tag{13}$$

在（13）式中，等式右边的式子中分母大于 0。分子中，第一项 $\pi\rho b\theta R^2 > 0$。因此，Q_2^* 和 Q_1^* 孰大孰小很大程度上取决于 $2c_1$ 与 c_2 的比较，即单位商品单位距离运输成本是否小于个人传统购物情景下单位距离的交通成本的 2 倍。本文认为答案是肯定的，理由是：第一，网购下物流运动是单程的，而传统购物是双向的；第二，商品运输一般都更有规模性，尤其是由生产基地运输到仓储中心，该过程往往能够采用火车、大型货车、轮船等成本非常低廉的运输方式，即便是城市分区域的小规模配送也同样具有规模性，而个人购物往往并不具有规模性；第三，传统模式下个人购物若采用自驾购物，往往成本更高昂，并且，个人购物的隐性成本其实应该包括更广泛、更科学的范围，具体应该包括购物过程中所花时间所产生的机会成本以及寻找合意货物产生的搜寻成本，而网购模型下基本不产生以上两种成本。因此，本文认为 $2c_1 > c_2$，等式右边分子中的第二项 $\frac{2}{3}\pi\rho b R^3(2c_1 - c_2) > 0$，由此可以得出 $Q_2^* > Q_1^*$，即网购模式相比传统购物模式，将会使社会产生更大规模的商品需求量。

2. 均衡价格比较

现实生活中，我们根据生活经验往往可以轻易获得这样一个判断，即电商平台上同种商品的价格水平往往比实体店中的要低很多，这里的价格指的是标价。因此，首先应该对两种模式下商品的标价进行比较，这就是本文中的均衡价格的比较。求解 p_1^* 和 p_2^* 的差值可得：

$$p_1^* - p_2^* = \frac{\frac{2}{3}\pi\rho b\beta R^3(2c_1 - c_2) + (c_2 L + \theta) - \pi\rho b\beta c_2 R^2 L}{1 - \pi\rho b\beta R^2} \tag{14}$$

由上面分析可知，$2c_1 > c_2$，所以 $\frac{2}{3}\pi\rho b\beta R^3(2c_1 - c_2) > 0$；分母 $1 - \pi\rho b\beta R^2 > 0$，即 $0 < \pi\rho b\beta R^2 < 1$，由此可将（14）式变换为：

$$p_1^* - p_2^* > \frac{\frac{2}{3}\pi\rho b\beta R^3(2c_1 - c_2) + c_2 L \cdot \pi\rho b\beta R^2 + \theta - \pi\rho b\beta c_2 R^2 L}{1 - \pi\rho b\beta R^2} =$$

$$\frac{\frac{2}{3}\pi\rho b\beta R^3(2c_1 - c_2) + \theta}{1 - \pi\rho b\beta R^2} > 0 \qquad (15)$$

由式（15）可知，在网购模式下，商品的平均价格水平（标价）要更低，这也符合我们现实中的观察。

考虑消费者均为理性人，其消费行为应该受商品的影子价格影响，假设传统购物模式和网购模式下均衡时商品的影子价格分别为 p'_1 和 p'_2，则计算两者之差可得：

$$p'_1 - p'_2 = (p_1^* + 2c_1 r) - (p_2^* + c_2 L + c_2 r) = (p_1^* - p_2^*) - c_2 L + (2c_1 - c_2)r =$$

$$\frac{\frac{2}{3}\pi\rho b\beta R^3(2c_1 - c_2) + (c_2 L + \theta) - \pi\rho b\beta c_2 R^2 L - c_2 L + \pi\rho b\beta c_2 R^2 L}{1 - \pi\rho b\beta R^2} +$$

$$(2c_1 - c_2)r = \frac{\frac{2}{3}\pi\rho b\beta R^3(2c_1 - c_2) + \theta}{1 - \pi\rho b\beta R^2} + (2c_1 - c_2)r > 0$$

$$(16)$$

由式（16）的结果可知，在网购模式下，商品的影子价格也同样低于传统购物模式。因此，在网购模式下，社会商品的价格水平要更低，这无论是在商品的标价上还是影子价格上，都不会改变这个结论。

（二）影响因素及推论

除以上所得网购模式下拥有更高的社会商品需求量和更低的商品价格水平结论外，通过分析式（13）、式（15）、式（16）还可得到以下基本判断。

1. 网购市场规模越大，则网购对社会商品产出的促进作用越大

在式（13）中，影响到网购市场规模的因素有城市半径 R、人口密度 ρ 两个因素。在其他因素保持不变时，分别考察两个因素变化

对 Q_2^* 和 Q_1^* 的差值影响可以得到：随着城市半径 R 变大，Q_2^* 和 Q_1^* 的差值将会变大，因为式（13）中的分子将会增大而分母将会变小；随着人口密度 ρ 变大，Q_2^* 和 Q_1^* 的差值也将会变大，理由同上。这表明，随着加入网购的人口大军越来越多，网购所造成的社会商品需求量的增大效果更加明显。近年来，我国网购用户规模呈加速增长趋势，2010 年同比增加 3700 万人，2011 年和 2012 年分别增加 4500 万人和 4400 万人，2013 年增加 6500 万人，截至 2013 年，网购用户规模达到 3.12 亿人（见表 1）。从增量上而言，这种规模是巨大的；从总量上而言，对于像我国这样一个人口大国来说，当前的网购用户规模依然相对不大，未来随着工业基础设施、信息网络建设的进一步完善和消费方式的人群传递，预计我国网购用户规模依然存在很大的增长潜力。这种增长将会为我国的工业制造带来巨大的发展机遇，有利于逐步缓解我国内需不足问题并促进制造业的进一步发展。

2. 我国居民人均收入水平不高的现状对网购的作用存在重要影响

式（13）中的 b 这一系数也会影响到 Q_2^* 和 Q_1^* 的差值，具体表现为，当 b 变大时，差值将会增大。在经济学含义上，b 代表消费者的消费需求对商品价格的敏感程度，b 越大表示消费者越敏感，商品价格单位变动造成的需求量变动越大。2013 年，我国人均 GDP 还仅有 6767 美元，我国刚刚迈入中等收入阶段。在这一收入水平上，消费者对商品价格往往相对较为敏感，价格小幅度下降往往便能导致需求量产生一个更大幅度的增量。从当前实际情况来看，网购之所以吸引消费者，主要原因在于我国居民当前的消费行为对价格相对敏感，而网购较大幅度地降低了商品的价格水平。从网购的商品种类看，当前消费者网购的商品主要是服装、书籍、电子产品等价格低廉的中低端产品；由于网购体验性较差、售后服务不完善等，消费者还难以接受网购这一模式。因此，我们可以基本判断，当前由于我国人均收入水平不高，消费者对价格相对敏感，即 b 值较大，从而导致 Q_2^* 和 Q_1^*

的差值较大；未来随着居民收入水平提高，消费结构也将不断升级，消费者将逐渐增加高端消费品的购买比重且对价格的敏感程度逐步降低，高端商品的网络销售障碍未取得突破，必然导致 b 值逐渐减小，Q_2^* 和 Q_1^* 的差值也将减小。

3. 我国要素禀赋结构近年来出现大幅度转换，网购的出现正是这种结构转换的必然结果

θ 这一因素在式（13）、式（15）、式（16）中都有出现，其代表着商品中所隐含的租金。并且，θ 越大，则网购造成的 Q_2^* 和 Q_1^* 的差值越大，价格水平降低幅度越大。当前我国城市的商务成本较高，商品进入超市、百货公司销售往往需要缴纳各种费用，这无疑大幅度抬高了商品价格。据斯密街商务咨询公司调查发现，一杯星巴克大杯拿铁在中国售价为 4.8 美元，在这一价格构成中，租金占比最高，占26%，其次依次为利润占 18%，门店经营费用占 15%，原材料占13%，劳动力占 9%。[9] 而利用电商平台这一线上资源进行销售，商品可以规避高昂的租金，这也是商品价格能够大幅度降低的主要原因。究其本质，可以认为，在传统购物模式下，商品销售环节是密集地投入城市土地资源，而在人口众多土地稀缺的中国这样一个国家，城市土地极为稀缺，其土地价格也非常昂贵。与之相反，在网购模式下，销售环节则通过互联网来完成，这是一种密集投入信息要素的表现。近几十年，尤其是进入 21 世纪以来，随着我国互联网、移动通信等信息技术飞速发展，信息资源越来越丰富，其与我们传统上的劳动力、土地、资本要素同样重要。因此，信息技术的快速发展可以说重塑了我国的资源禀赋结构，信息逐渐成为生产要素中相对丰富的一种要素。而网购的出现和飞速发展可以认为是零售方式由土地密集型转向信息密集型的具体体现，因而网购模式在我国是符合比较优势的，其出现也带有必然性。

4. 网购模式有利于提高就业水平

网购最大的颠覆性作用表现在商品零售环节。由上文分析可知，在零售环节，网购实现了商品零售由密集使用昂贵的土地资源转向密集使用廉价的信息资源。除此以外，网购在零售环节也同样密集使用了非熟练劳动力资源。在公式（13）中，这种替代性具体体现在 $2c_1 - c_2$ 这一项上，由于 $2c_1 > c_2$，所以网购模式下商品流通到消费者手中产生了正的经济效应。这是因为，在传统模式下，居民购物需要亲自外出，其所购商品由购买地流向居民居住地或办公地依赖的是自我雇佣形式；而在网购模式下，所购商品的流动被专业的送货员替代，相当于这一环节已经完全商业化。这种要素密集型转变具有重大的意义，原因在于我国土地资源稀缺，而非熟练劳动力却非常丰富，因而网购的出现符合比较优势，在我国具有较强的市场竞争力。近年来，随着网购的快速发展，其下游的物流配送行业也发展迅猛。据统计，70%以上的网购业务需要依靠快递来完成，快递行业的50%以上营收来自电子商务。[3] 图3为近年来规模以上快递企业营收规模的变化图，从图中可以看出，快递业营收规模增长很快，尤其是2010年之后几乎呈爆发性增长趋势，由2010年的575亿元增长到2013年的1442亿元，近3年时间增长了1.5倍。由于快递行业属于非熟练劳动力密集型行业，网购的快速发展也将对非熟练劳动力的就业水平产生重要的促进作用。据中国电子商务中心监测报告，2013～2014年，京东商城将要自建包括近2万名配送员的队伍，服务360多个核心城市；苏宁易购预计实现大件100个城市的部分区域半日送达，小件12个城市的部分区域半日达，220个城市的部分区域次日达；亚马逊将在19个城市自建配送团队；1号店计划目前70%的订单由自建物流团队来完成配送。[3] 各大电商大规模地自建物流举动势必带来大量的就业机会。

当然，网购对就业的影响体现在更广的范围内，存在许多正面影响，也包括一定的负面影响。从负面影响看，网购对传统零售方式的负面冲击，将会造成零售环节就业量的下降；与此同时，网购也减少了商品从生产者流向消费者这一过程中的流通代理环节，因而必然也

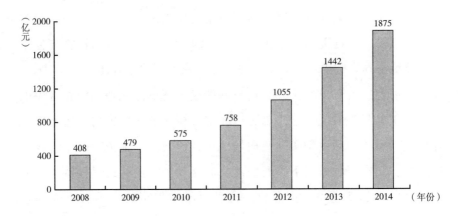

图 3　2008～2014 年中国规模以上快递企业营收规模

注：其中 2014 年为预测数据。
资料来源：中国电子商务研究中心。

会造成一定数量的就业下滑。从正面影响来看，其实网购带来的就业量增加不仅体现在配送环节，具体还包括以下方面：①电商平台的建立、开发和维护将增加就业数量，电商平台实质上已成为更加高效的零售平台；②商品仓储业获得较快发展并增加了相应的就业数量；③网购模式盘活了许多原本处于市场之外的产品，例如，我国许多土特产原本销售范围仅局限于当地很小的范围，而在网购模式下通过电商平台（尤其是 C2C 模式）可以进入全国市场，许多国外销售的产品也可通过代购和 C2C 模式进入国内市场；④网购带来社会商品需求量的提高，这将促进企业产量的提高，也会相应增加制造环节的就业数量。

　　总体而言，本文认为，相对于传统零售方面，网购模式可以增加社会总的就业数量，其理由主要基于以下几点。第一，网购将购物这一环节商业化，因而在配送环节将大量增加就业。第二，从整个流通环节来看，网购规避了昂贵的城市土地要素的使用，而大量密集投入廉价的信息资源和非熟练劳动力资源。第三，网购增加了社会商品需求总量，这种增加在各个环节都将带来就业数量的提高。

5. 网购模式有利于企业技术进步

生产制造环节产生的影响体现在 β 这一因素上，它在式（13）、式（15）、式（16）中都有出现，并且，β 增大将进一步加大网购模式所产生的价格下降幅度和社会商品需求量增长的幅度。在经济意义上，β 表示单位产量增加时平均成本下降的幅度，β 受多重因素影响。本文认为，在网购模式下，β 将会有较大幅度的增大，这主要缘于企业将加快其技术进步的速度。首先，通过电商平台，消费者和生产者之间的信息交流变得更加迅速和直接，企业可以准确了解到消费者的消费偏好，因而，其技术研发、产品创新更具针对性，企业可以大大降低技术进步推进过程中所需的信息搜寻成本和市场风险，有利于加深技术进步。其次，网购模式下的竞争平台变得更大。传统模式下，原本受交通条件限制而处于不同市场的企业，如今几乎都处在同一竞争平台上，且企业相互之间的产品价格信息更加公开透明，这无疑将加剧企业之间的市场竞争，企业为求生存必然要加快技术进步的速度。

四　结论

在我国，工业化快速推进的过程伴随着信息化快速发展，而这是发达国家工业化进程中未曾遇到的。由于工业化和信息化同步推进，信息化对我国工业化进程的影响将会显著不同于西方主要发达国家，其在质和量两个维度上都会影响我国工业化进程。信息化对生产生活各个领域都产生了重要影响。尤其，近年来，我国网购这一新兴消费方式的出现和快速发展便是信息化对零售方式和消费方式产生作用的具体体现。

为研究网购模式出现的原因、影响其发展的因素及其可能造成的后果，本文设计出传统购物模型和网购模型两个模型，并分别计算出各自的均衡解。通过均衡解的对比分析，本文得出的主要结论如下。

一是在网购模式下，商品价格水平更低，这在商品标价和影子价

格上都获得充分反映。与此同时，网购模式下的社会商品需求总量
更大。

二是网购用户规模增大将会增强网购的正面作用，提高网购模式
所带来的社会商品需求总量的增长幅度。

三是我国当前人均收入水平不高，居民消费对商品价格敏感程度
较大，成为网购蓬勃发展的主要原因。未来预计随着人均收入水平提
高和消费结构升级，网购的正面影响可能会受到削弱。

四是网购的出现是我国资源禀赋结构转换的必然结果，是符合比
较优势的。其相当于零售环节由传统购物模式下密集使用稀缺的城市
土地资源转向网购模式下密集使用丰富的信息资源和非熟练劳动力资
源。也因此，网购的进一步发展将会带动下游物流业的快速发展并创
造出大量的就业机会。

五是网购有利于减少企业和消费者之间的信息交换障碍，企业技
术创新更具有针对性和准确性；与此同时，电商平台将众多原本并不
处于同一市场的企业放在同一竞争平台，由于产品价格信息更加公开
透明，这势必加剧企业之间的竞争，从而也能起到促进企业技术进步
的作用。

网购的出现和快速发展必然有其合理性，本质上也是"趋利
避害"导致的结果。近年来，网购的快速发展也引发了其他很多
问题，例如，信息安全、逃税、售后服务等，有些问题需要政府来
解决，有些问题要在行业的进一步健康发展过程中由市场去自行解
决。政府对待这一新生事物应该抱有宽容态度并进行深入研究，进
一步完善监管和税收管理制度。但在设置具体税目税率上一定要万
分谨慎，因为在消费者对价格较为敏感的情况下，税收设置不合理
很有可能在抬高商品价格的同时造成社会商品需求量的大幅度萎
缩，在我国当前内需不足的现实面前，其导致的社会经济福利影响
可能很大。

参考文献

［1］刘振南：《网络购物新时代下消费心理简析》［J］，《中国市场》2014 年第 5 期，第 40 ~ 41 页。

［2］赵海燕：《传统零售业如何应对网购冲击》［J］，《中国市场》2013 年第 37 期，第 25 ~ 27 页。

［3］中国电子商务研究中心：《2013 年度中国网络零售市场数据监测报告》［R］，2014 年 3 月 4 日。

［4］《中国网购市场发展前景分析 2013》［EB/OL］，http：//www. docin. com/p - 683906696. html。

［5］庞秀平、赵宇：《基于网购消费者心理的应对策略》［J］，《中国商贸》2012 年第 2 期，第 34 ~ 35 页。

［6］郭立强、王堃、金鑫：《论总成本领先下的中国网购市场趋势发展研究——基于淘宝网的分析》［J］，《现代商业》2013 年第 18 期，第 58 ~ 59 页。

［7］林娜：《中国电商与网购，机遇与危机》［J］，《国际商务财会》2012 年第 6 期，第 11 ~ 15 页。

［8］俞金国、王丽华、李娜：《电子商铺空间分布特征分析——来自淘宝网的实证》［J］，《经济地理》2010 年第 8 期，第 1248 ~ 1253 页。

［9］《一杯星巴克拿铁在中国的高昂成本》［EB/OL］，http：//www. cs. com. cn/xwzx/ms/201309/t20130905_ 4134512. html。

第十一章

基于国情的颠覆性创新机制：
我国互联网金融发展研究

王 茜 程 都

一 颠覆性创新的理论内涵

(一) 颠覆性创新概念的演进

颠覆性创新概念可追溯至 Schumpeter (1934) 对创新理论的探索和其"创造性破坏" (creative destruction) 的提出。后来的研究者又在不同时期提出了不同的概念来诠释创新理论的新发展，并且每次提出的概念均可分为相互对应的两类，如革命性创新和演化性创新、突破性创新和渐进性创新、能力破坏型创新和能力提升型创新、非连续性创新和连续性创新、结构化创新和模块化创新 (Dewar and Dutton, 1986; Michael and Philip, 1986; Florida and Kenney, 1990; Rebecca and Kim, 1990; Morone, 1993; Utterback, 1994)。以上各组概念在每一个阶段都解释了特定的现象，但一些无法解释的现象又推动概念的不断演进和完善。根据每组概念的解释范围，可以将颠覆性创新概念的演进大致分为四个阶段。

第一阶段的研究和概念的提出仅从知识、技术角度解释创新的突破，此阶段的研究还不涉及创新的产生对于在位企业和超越企业的影响，代表性概念如突破性创新（breakthrough innovation）和渐进性创新（incremental innovation）。Dewar 和 Dutton（1986）等通过区分此类概念以解释"突破性创新"如何由于创新主体的结构、战略不同而产生，又被何种结构、战略的主体所采纳（Fariborz，1991）[1]。

第二阶段的研究和概念的提出不仅解释了创新产生的源泉，还将两种类型的创新对应于在位企业和超越企业，代表性概念如能力破坏型创新（competency-destroying innovation）和能力提升型创新（competency-enhancing innovation）。Michael 和 Philip（1986）通过实证分析指出新进企业创造的多为能力破坏型创新，而在位企业创造的多为能力提升型创新，并在研究中初步涉及了在位企业和超越企业的博弈关系，但尚未做深入解释。[2]

第三阶段的研究和概念的提出则引入了在位企业和超越企业的博弈与替代关系，代表性概念是结构化创新（architectural innovation）和模块化创新（modular innovation）。Rebecca 和 Kim（1990）通过对半导体行业的实证分析，指出新进企业往往通过结构化创新替代在位企业。[3]虽然结构化创新的概念具有局限性，但此阶段的研究已初具颠覆性创新理论的雏形，可谓研究上的新突破。

第四阶段的研究则为美国哈佛大学教授 Christensen "颠覆性创新"概念的提出和"颠覆性创新理论"的构建。Christensen 先是在1997 年出版的《创新者的困境》[4]中提出了"颠覆性技术"（disruptive technologies）的概念，指出"颠覆性技术"是一种不同于主流技术价值方向的技术，其技术含量低于主流技术但对于主流消费者却更为重要。Christensen（1997）运用环境和成本约束分析方法，通过大量案例阐释了新进企业在动态创新的过程中获得成功、逐步替代在位企业的原因，由此引起了理论界的轰动并引发此后的研究热潮。2003 年，Christensen 和 Rayner[5]又出版了《如何创新》一书，在书中以"颠覆性创新"替代了"颠覆性技术"的说法，将颠覆性创新理论的应用由技术产品扩展到服务和商业模式，并将颠覆性创新分为低端市场颠覆和新市场颠覆（Dan and Chang，2008）[6]。

（二）颠覆性创新的概念和分类

1. 颠覆性创新的概念

Christensen（1997）在"颠覆性创新理论"中将创新分为颠覆性创新（disruptive innovation）与维持性创新（sustaining innovation），并指出颠覆性创新是指立足于新市场或非主流的低端市场，通过不同的技术或商业模式所提供的新产品、新服务，逐步削弱在位企业竞争力并颠覆现有市场结构的创新。维持性创新则是在现有主流市场产品或服务性能的基础上做出的改进或提升，其目的是扩大现有市场份额或进入高端市场。

在此基础上，国内外学者也对颠覆性创新的概念进行了探讨①。如 Kotelnikov（2000）[7]认为颠覆性创新是一种能够提升产品或服务性能的创新；Leifer 等（2000）[8]进一步指出颠覆性创新能够使产品成本降低三成以上、性能提高 5 倍以上；Adner（2002）[9]研究指出，企业会由于用户在维持性创新性能提升过程中所得到的边际效用降低而转向颠覆性创新。O'Connor 和 Veryzer（2001）[10]提出颠覆性创新能够带来新的业务流程和企业效益，推动企业成长，并催生新市场诞生；宋建元（2005）[11]认为颠覆性创新产生的前提是企业提供的技术性能超过消费者的需求，从而使企业通过将产品或服务的效用性能由主流消费人群转向低端或新消费人群以占领低端市场或新市场，最终颠覆主流市场。Govindarajan 和 Kopalle（2006）[12]指出颠覆性创新以提供低性能或低价格产品作为新的价值视角来吸引新客户或主流市场中的价格敏感客户，并逐渐渗透主流市场。

以上学者从不同角度阐述了颠覆性创新的概念内涵，从中可以概

---

① 国内部分学者将 disruptive innovation 译为破坏性创新。

括出颠覆性创新的特点：第一，颠覆性创新带来产品或服务性能的改变；第二，颠覆性创新会对在位企业产生影响，带来困境；第三，颠覆性创新会改变竞争规则和市场格局；第四，颠覆性创新因其创新角度和造成影响的不同而有别于维持性创新。

2. 颠覆性创新的分类

根据颠覆性创新影响的市场对象不同，可以将颠覆性创新分为两类：新市场颠覆（new-market disruptions）和低端市场颠覆（low-end disruptions）（Christensen，2003）。

（1）新市场颠覆

新市场颠覆是指通过开发新市场，为不在当前市场消费的"潜在消费人群"提供新产品或新服务的颠覆性创新。在现实生活中，一部分消费者往往由于现有产品、服务价格太高或使用太复杂而放弃购买，于是这部分消费者就构成了新市场的"潜在消费人群"。当一种新产品或新服务能够以更低的价格、更便利的方式提供给"潜在消费人群"时，就会形成新市场颠覆。新市场颠覆需要征服"潜在消费人群"而非在位企业，"潜在消费人群"由于没有使用或拥有过前一代的产品和服务而构成了新市场的最初消费者。

（2）低端市场颠覆

低端市场颠覆是指立足于非主流低端市场，向不得不为其不需要的技术性能买单的消费者提供现存产品的低廉替代品的颠覆性创新。低端市场颠覆根植于现有市场，通过低成本的商业模式吸引主流企业不看重的"低端消费人群"而发展壮大，颠覆在位企业。"低端消费人群"在新产品和新服务出现之前，也购买主流产品或服务，但由于主流产品中存在其不需要的技术性能从而价格较高，因此"低端消费人群"购入的数量很小。一旦现有市场出现价格相对较低、技术性能足以满足"低端消费人群"需求的新产品，他们将成为现有市场的主要消费人群。

实际上，新市场颠覆和低端市场颠覆虽然存在差异，但都给在位企业带来困扰。新市场颠覆在初期阶段往往不容易引起在位企业的注意，从而在后期对在位企业形成攻击；低端市场颠覆则使在位企业倾向于选择逃避攻击，而坚持之前的"高端消费人群"。

二 互联网金融是不是颠覆性创新

（一）关于互联网金融是不是颠覆性创新的争论

对于互联网金融是否属于颠覆性创新，目前存在鲜明的两种观点。

1. 颠覆论

第一种观点认为互联网金融属于颠覆性创新。例如，20 世纪末，微软董事长比尔·盖茨就说过，如果传统银行不改变，就会成为 21 世纪的"恐龙"。中国人民银行调查统计司副司长徐诺金（2014）赞同这一观点并指出，互联网金融会颠覆物理概念上的银行，对银行的挑战表现在冲击传统时空概念、冲击分业经营格局等十个方面。[13]中国银行业协会专职副会长杨再平（2014）认为，互联网金融正在"革传统银行业的命"，对传统银行业的影响是颠覆性的、革命性的。[14]吴晓波（2014）指出，埃森哲预测美国商业银行在 2020 年将会失去 35% 的份额，25% 的银行会消失。凯文·凯利断言，传统银行会在 20 年内消失，他认为银行"消失"的时间可能不用 20 年。[15]交通银行董事长牛锡明（2013）指出，互联网金融不会取代传统银行，但却是颠覆商业银行传统经营模式的全新业态。[16]中国人民大学吴晓求教授（2014）指出，互联网金融重塑了金融运行结构，搭建了高效、快捷、信息化的基础平台，因此具有挑战甚至颠覆现行金融模式的可能。[17]北京大学金融与证券研究中心主任曹凤岐（2014）认为，互联网金融不仅是对传统金融的颠覆，也是对金融学的颠覆。[18]刘越等（2014）指出，目前互联网金融已对传统金融行业造成冲击，未来则会颠覆传统金融行业的发展[19]。

2. 非颠覆论

第二种观点则认为互联网金融不属于颠覆性创新。如中国人民银行原副行长吴晓灵（2013）指出，由于银行也在使用互联网和信息技术改造业务流程，并完成具有特色的存放汇三者结合的业务，互联网金融的单项业务不会对现有银行造成颠覆性影响。[20]华融资产管理股份有限公司董事长赖小民（2014）对互联网金融的作用给予了充分肯定，他指出互联网金融是我国金融业的有益补充，也是金融资本市场的组成部分，但他同时强调，传统金融业仍然占据我国金融业主渠道的地位，互联网金融无法颠覆。[21]永隆银行行长、原招商银行行长马蔚华（2014）和民生银行原董事长董文标（2014）均认为，互联网金融和传统银行用互联网形式去做业务，这之间没有根本对立，而是优势互补，相辅相成[22]。褚蓬瑜、郭田勇（2014）认为，互联网金融行业和传统银行将形成"兵分两路"的竞争格局。[23]

（二）互联网金融概念及其创新性分析

1. 互联网金融的概念

广义的互联网金融包括所有通过互联网提供的金融产品或服务，包含金融互联网和狭义的互联网金融两方面。金融互联网是指银行等金融机构运用互联网平台提供金融产品和服务的模式，如网上银行、手机支付等；狭义的互联网金融则是指各种非金融机构凭借现代互联网资源实现资金融通、支付和信用中介等业务的新兴金融模式。本文研究的是互联网金融对银行等传统金融机构产生的影响，因此，本文所指的互联网金融是后者，即狭义的互联网金融。

2. 互联网金融的创新性分析

有观点认为，无论是金融互联网还是互联网金融，都是金融业和互联网的一种结合，因此两者并无太大差别。事实上，通过"颠覆性创新理论"对创新的分类和定义，可以界定金融互联网和互联网金融的区别。

金融互联网的创新体现在银行等金融机构借助互联网技术对传统银行功能的改善，集中体现在支付领域，如网上银行、手机银行利用互联网技术突破柜台支取的局限，帮助用户实现在线转账、支付等功能，但并没有创造出新的市场。因此，金融互联网属于维持性创新。

互联网金融的创新则表现在非金融机构创造了新的金融服务，推出了新功能，产生了新的市场，是一种新的金融模式，包括以支付宝为代表的第三方支付、以 P2P 网贷和众筹为代表的网络融资、以网络基金为代表的渠道业务、以比特币为代表的虚拟货币等经营模式（杨剑，2014[24]；李鑫，2014[25]）。因此，互联网金融属于颠覆性创新。

（三） 从对颠覆性创新的理解误区看互联网金融的创新性

颠覆性创新作为从西方引入的一个概念，容易造成理解上的误区，从而影响对颠覆性创新的判定。Yu 等（2009）对颠覆性创新概念容易造成的三个重要误区进行了剖析[6]，理解这些误区，有助于更好地理解颠覆性创新的本质，从而正确判定互联网金融是否属于颠覆性创新。

1. 颠覆性创新不能等同于毁灭性创新

颠覆性创新不同于毁灭性创新。颠覆性创新是一种自下而上的创新，通过低价格、低主要性能逐步侵入主流市场；毁灭性创新则是自上而下的创新，凭借低价格和高性能直接侵入并完全占有现有市场。互联网金融是颠覆性创新而非毁灭性创新，原因在于其是通过自下而上的创新获得低端消费市场和新市场，从而渐进式地侵入主流市场，但并没有也不会对现有金融市场造成毁灭性打击。

2. 颠覆性创新不是在位企业和超越企业的零和博弈

超越企业的崛起并不必然意味着在位企业的消亡，在很多情况下，在位企业和超越企业可以同时存在于利基市场（niche market）①，

---

① 国内也翻译为缝隙市场、壁龛市场、针尖市场，指被主流市场中的在位企业或大企业忽略的某些细分市场或者小众市场。

甚至在位企业如果及时转换思维，掌握颠覆性技术，也可成为颠覆者。互联网企业等非金融机构和银行等金融机构作为互联网金融中的超越企业和在位企业并不是完全替代的关系，而是共存或部分替代的关系。

3. 颠覆性创新具有相对性

颠覆性创新是相对而言的。对于一些企业而言的颠覆性创新对于另外一些企业却是维持性创新；对于一些国家而言的颠覆性创新可能对于另外一些国家可能不存在或不适用。对于金融和互联网都高度发达的美国来说，互联网金融不存在颠覆性创新的基础条件；而对于金融业相对落后的中国来说，互联网金融却是颠覆性创新。因此，互联网金融是不是颠覆性创新，要依具体国情而定，不可一概而论。

（四）基于中国国情的互联网金融

"互联网金融"一词被中国官方使用始于 2013 年中国人民银行第二季度的货币政策执行报告，之后被写入 2014 年国务院政府工作报告（王鑫，2014[26]）。

从发达国家的情况来看，虽然一些国家已具备"互联网金融"的要素条件，但并没有"互联网金融"的说法。如互联网和金融业都高度发达的美国，在 19 世纪 80 年代就有了将用户的余额用于生利的项目，在 19 世纪 90 年代就利用移动互联网进行操作交易，但美国各种类别的实体金融物理网点覆盖面广、民众参与金融的便利程度高，使得互联网金融难以具备颠覆性创新的基础，更没有形成独立的金融生态系统。

而在中国，原始商业系统、金融系统中的缝隙过大，城乡金融资源分布不均，中小企业融资困难，银行物理网点不及美国覆盖面广，普通百姓操作金融的便利程度低，使得互联网金融具备颠覆性创新的条件，能够在短期内渗透传统金融领域，被潜在市场特别是小微企业和普通百姓所青睐，从而获得广阔的市场空间，逐渐颠覆传统金融行业。

三 互联网金融颠覆传统金融的原因分析

（一）互联网金融颠覆性创新的 PEST 模型分析

1．政治环境分析

（1）垄断竞争环境给传统金融行业发展带来弊端

我国的金融业成长于垄断政策的保护之下，分业经营、行业准入、行政审批的管理模式曾对增强传统金融行业的风险抵御能力和提高金融行业的监管水平发挥了重要作用。然而，垄断竞争的市场环境却抑制了传统金融机构的创新能力，不利于我国金融业的长远发展。

以银行业为例，在由单一的中央银行体制走向多层次、多元化银行体系的过程中，外资银行的引入和中小银行金融机构的发展在一定程度上提高了竞争程度，降低了行业市场集中度。然而，整体来看，我国传统金融市场仍处于垄断竞争状态。截至 2014 年第三季度，大型商业银行、股份制商业银行、城市商业银行和农村金融机构占银行业金融机构总资产的份额分别为 42.2%、17.9%、10.2% 和 12.8%。[27]这表明，5 家大型商业银行和 12 家股份制商业银行所占份额达到整个市场六成以上。在实证分析方面，张翔睿和裴志伟（2015）[28]、欧朝敏和谭跃进（2011）[29]等采用 Panzar-Rosse 模型得出我国银行业总体处于垄断竞争市场的结论。垄断竞争的市场格局不仅限制了传统银行的利润创造能力，还造成了社会福利的损失。邵汉华等（2014）[30]运用 Lerner 指数和 SFA 模型测算出我国银行业竞争度水平总体偏低，并得出盈利效率显著低于成本效率的结论；邵洋（2013）[31]通过行业集中率 CRN 指数和赫芬达尔 - 赫希曼指数 HHI 指数的计算结果认定我国商业银行集中度较高，属于垄断竞争型市场结构，存款和贷款市场势力均偏高，造成的社会福利损失十分显著。

（2）互联网金融突破金融垄断

互联网金融在监管空白处找到切入点之后，便以强劲的发展势头撼动了传统金融机构的垄断地位。从移动支付到 P2P 网贷，再到众筹融资，传统金融机构的独占资源日益被互联网金融主体所"侵入"。互联网金融创新"倒逼"传统金融机构改革，为金融业带来新的"鲶鱼效应"。

互联网金融突破金融垄断集中表现在两方面。第一，互联网金融有助于实现普惠金融。互联网平等开放的特性和"自下而上"的内生性使每一个企业、机构在金融领域能够更加公平、自由地参与市场竞争，使小微企业和各阶层的个人用户均能够成为金融服务对象，逐步实现了金融的有效参与性与充分民主性。这与普惠金融倡导打破金融垄断，实现金融平民化、普及化、民主化的理念相吻合。第二，互联网金融有助于实现利率市场化。传统金融机构利用垄断地位压低存款利率、抬高贷款利率，通过利差盈利。而在互联网金融平台上，资金借贷双方完全可就价格、利率进行磋商，并依据市场流动性、风险偏好等因素达成协议，实现交易的市场化运作。同时，互联网金融可借助大数据技术对市场化利率进行分析，对利率走向进行判断，从而完善利率定价体系。

此外，在政策方面，李克强总理在十二届全国人大二次会议的政府工作报告中首次提及互联网金融，指出要"促进互联网金融健康发展"。这是政府层面针对互联网金融争议所给出的正面回答，标志着互联网金融从此进入决策层视野，并将作为中国金融行业发展中的重要创新力量，打破传统金融机构的垄断地位，促进金融业的创新发展。

2. 经济环境分析

（1）国际经济环境

从全球经济发展情况来看，自 2008 年金融危机爆发以来，世界经济整体增速放缓，美欧等发达国家经济持续低迷，国际贸易条件恶化，出口形势较为严峻，导致企业经营受阻，银行信贷风险增大。在提供金融服务方面，互联网所起的作用越来越大。在 2014 年的 APEC 峰会上，各参会国均提出希望中国以更加开放的金融模式与国际金融服务接轨，通过互联网金融模式共同推动全球企业的发展。对于中国的互联网金融企业来说，如何走向国际市场，为全球的用户提供服务，将成为下一步的发展重点。未来，以交易为中心，依托大数据、云计算，中国的互联网金融发展模式将整合更多金融服务，并推广、辐射至更多国家，从而引领全球金融服务产业发生新一轮变革，提振全球经济。

（2）国内经济环境

从国内经济发展情况来看，我国目前已进入经济增速换挡和经济结构调整的新常态时期。在新常态下，消费替代投资和出口成为拉动我国经济增长的新引擎，社会福利机制的完善使国民收入稳步提高，企业发展模式转向低成本、高效率的可持续发展方式。在这一过程中，创新型产业将迎来前所未有的发展机遇，而互联网金融则将依托互联网技术的快速发展和企业自身的创新思维，在此轮中国经济转型的进程中扮演重要的角色。

同时，鉴于我国的传统金融机构远远无法满足众多小微企业的需求，无法解决小微企业长期普遍存在的融资难、融资贵等问题，以 P2P、众筹融资等为代表的互联网金融模式的出现，无疑打破了以往以资本市场直接融资和商业银行间接融资为主的融资方式，为小微企业的融资开辟了新的路径。而正如李克强总理在政府工作报告中所指出的，"让金融成为一池活水，更好地浇灌小微企业、'三农'等实体经济之树"，金融的本质是服务实体经济，互联网金融也将在服务实体经济的田野中找到自己的沃土。

3. 社会环境分析

（1）空白的低端市场

长期以来，在垄断和边际收益递减规律的共同作用下，我国传统金融机构锁定高端市场，使其服务对象以大型企业和高收入阶层为主，这是中小企业融资难的原因，也是普通百姓参与金融便利程度低下的原因。相对于数量众多而边际收益低的小微企业和普通百姓，金融机构更愿意为数量较少但利润较高的企业和个人提供服务，这为互联网金融留下了低端市场空白。

（2）众多的低端用户

在中国，大量的小微企业和低收入人群没有被传统金融所覆盖。阿里巴巴数据显示，截至 2014 年上半年，余额宝人均年龄为 29 岁，80 后、90 后占 76%，18～22 岁年龄段的占比高达 20%，另有 3.8% 的用户超过 50 岁。这些低端用户的消费潜力之和巨大，将显示出"长尾效应"。将小微企业和低收入人群纳入金融服务体系，是普惠金融的理念，也是互联网金融颠覆性创新的突破点。

（3）良好的用户体验

低端用户具有两个特点：一是对价格反应的敏感程度高；二是对服务便捷程度的要求高。传统金融机构既没有满足低端用户低理财门槛的要求，又长期忽视此类用户对于服务便捷程度的要求，于是留给了互联网金融俘获低端用户"芳心"的机会。例如，余额宝和支付宝的出现使低端用户既能随时理财，又能正常消费，还能够随时获知收益和支出，且操作便捷易用，因此，在短时间内吸引了大量低端用户。

4. 技术环境分析

移动支付、云计算和大数据等新兴技术是互联网金融颠覆性创新的技术基础。在这些技术的共同作用下，信息汇总和数据处理的专业化直入金融业务的核心功能，对传统金融业造成冲击；金融资源优化配置、个体成员充分参与，推动互联网金融不断深化。

（1）移动支付

移动支付技术为用户随时随地进行交易、支付结算提供支撑。以无线网络、移动通信 4G 网络为标志的通信技术的发展和以智能手机、平板电脑为代表的移动通信设备的普及，构成了移动支付的基础。移动支付将终端设备、互联网、应用提供商以及金融机构相融合，帮助用户通过移动设备、互联网或者近距离传感直接或间接向银行金融机构发送支付指令，产生资金转移与货币支付行为，实现移动支付的功能。

（2）云计算

云计算在数据存储和处理方面为互联网金融提供支撑。云计算技术弥补了移动通信设备智能化程度高但存储能力和运算速度有限的短板，将运算和存储环节由移动设备终端转移至云端服务器，有效地降低了移动设备处理信息的负担，从而保障移动支付的效率，为互联网金融提供了数据分析能力，缩短了互联网金融的响应时间，降低了互联网金融的风险和成本。

（3）大数据

大数据对海量数据进行专业处理，从而实现数据"增值"。以4V特征——海量（Volume）、高速（Velocity）、多样（Variety）和价值（Value）为优势，大数据技术对海量数据进行存储和"加工"，使数据产生价值，提供动态风险评估的可能，帮助互联网企业以低成本实现对客户的精准定位，化解信息不对称难题，提升服务效率，并赋予用户通过搜索引擎可以随时查询的功能，为互联网金融提供信息基础。

（二）基于金融功能的互联网金融颠覆性创新原因分析

1. 传统金融的主要功能

金融机构出现的主要原因在于解决金融市场存在的交易费用和信息不对称等市场失灵问题，通过发挥资源配置的功能使社会的闲散资金得到充分利用，提高资金需求方和供给方的匹配度；通过挖掘决策信息降低不同主体的风险成本；并根据不同的金融功能解决金融市场问题，包括降低交易成本、解决信息不完全和信息不对称问题、提供理财和风险管理服务。根据国内外文献对金融功能的研究，传统金融的主要功能可归纳为支付结算、投融资管理、资源配置三个方面（Levine，1997；Allen 和 Gale，2001；白钦先，2003）[32~34]。

2. 互联网金融对传统金融功能的颠覆性创新

（1）支付结算功能

我国传统金融的支付结算具有两个特点。一是传统金融的支付系统由金融专网连接，通过营业网点、ATM 自助机、POS 刷卡机等专有营业网络完成资金在空间上的转移。整个系统相对封闭、独立，且相较于邮政、铁路等其他专用型网络具有技术上、规模上的相对竞争优势。二是我国传统金融支付体系采用中央银行集中清算模式，这意味着各大商业银行必须通过中央银行清算系统或特许清算组织系统进行跨行资金清算，商业银行之间的支付系统并没有直接连接，无法实现直接跨行资金清算。

互联网技术的快速发展提供了银行网络外的新的支付系统，并逐渐将传统银行的支付网络纳入进来，使银行网络成为互联网的一个子系统。移动化、免费化和场景化的支付趋势作为支付领域的发展方向，使得传统金融的支付结算系统的优势逐步减弱，用户黏性不断降低。另外，支付机构和各大商业银行的系统直接连接，克服了传统金融体系的机构壁垒和时空约束，使大型支付机构具有了类似清算行的功能，能够实现跨行之间的资金清算，这将增大跨行资金在央行集中清算体系外流转的规模。基于此，互联网金融改变了传统零售支付体系运作的模式，改变了传统金融市场基础设施的运行主体，并将进一步影响货币结构和货币流通速度。同时，第三方支付平台对各银行支付网关接口的整合则减少了客户和不同银行进行收付结算的手续费用和时间成本，提高了客户使用资金的便捷程度，提升了金融支付结算功能的效率。

（2）投融资管理功能

传统金融机构在投融资管理方面的局限性表现在对小微企业投融

资服务的缺失。究其原因，一是小微企业缺乏信用评估和抵押物，金融机构对小微企业提供投融资服务的成本－收益比过高，在此情况下，居于垄断地位的金融机构必然将投融资服务的对象定位于收益率高的大型企业。二是小微企业信息不透明程度偏高，资信水平较低，传统金融机构有限的信用风险管理体系难以掌控小微企业的信用风险。

互联网金融在投融资管理方面则具有以下优势。一是交易方式的高效率与低成本。借助互联网平台和大数据运用，互联网金融机构能够对贷方信用做出快速准确分析，从而提高贷款审批效率，节约审批成本。如阿里金融数据显示，其发放单笔贷款的成本仅2.3元，远低于商业银行发放贷款的成本。二是打破传统借贷信息不对称的格局。建立在数据分析上的网贷，在贷前、贷中、贷后都会通过大数据和云计算对贷款客户的信用情况进行全面了解、评估与跟踪，如阿里小贷在贷中会用支付宝交易记录对贷款企业的资金流进行监控，贷后对违约客户进行通报公示，以限制或关闭其网点，从而有效控制贷款风险，阿里小贷不良贷款率约为0.53%，低于银行平均不良贷款率。三是操作的便捷性与灵活性。传统贷款方式手续烦琐，周期较长，如抵押贷款至少需要前往银行网点3次，平均4周得到贷款。而网贷模式的审批流程简单，无须抵押和担保，足不出户即可实现借贷需求。阿里金融数据显示，小微企业只要在网上提交申请并提供企业财务信息，就可在2~5个工作日内获得放款。

互联网金融将投融资管理功能运用于传统金融无法服务的广大工薪阶层、小微企业和个体商户，这种借贷方式以其低门槛性为需要短期资金周转的贷方提供了资金来源的渠道，为拥有闲置资金、需要实现个人资产增值的借方提供了投资理财的途径，颠覆了传统金融"贵族式"的投融资管理功能。

（3）资源配置功能

金融的资源配置功能又包括信息的收集与处理、成本和风险的控制。首先，传统金融机构在信息的收集与处理方面，由于缺少先进的技术手段对海量客户数据进行挖掘分析，因此往往更青睐于以较少的信息获得较高收益的金融业务，从而使资源配置作用大大降低。其次，在成本控制方面，由于传统金融机构往往通过大量铺设物理网点拓展经营范围，因此资金成本较高，同样使得营销、时间成本较高，而业务效率偏低，限制了资源配置功能的有效发挥。

互联网金融凭借互联网的快速发展，利用搜索引擎和即时通信的后台大数据为客户提炼、聚拢有效信息，提供更加方便快捷的信息收集功能。同时，互联网金融通过大数据、云计算等新兴技术，根据网络历史交易记录，对客户进行信用评级，并以此为分析指标建立网络信用体系，在很大程度上解决了信息不对称难题。相较于传统金融行业高投入的实体网点，互联网金融依托网络技术平台大大降低了运营费用、管理费用和员工费用，从而使得交易成本降低。此外，互联网技术对于违约概率、风险度量的测算降低了企业和客户的违约风险，提高了金融资源的配置效率。

四　我国互联网金融的发展及其影响

（一）我国互联网金融的产业生态体系

"汇、贷、存"是传统银行的三个核心业务板块，互联网金融颠覆性创新对这些核心业务均形成了渗透和创新。

1. 第三方支付

第三方支付经历了以 POS 刷卡机为代表的"线下支付"、以互联网支付为代表的"线上支付"和随着智能移动设备的普及而兴起的"移动支付"三个发展阶段。2013 年，我国第三方支付交易规模达到 17.2 万亿元，其中，第三方互联网支付和移动支付的交易规模分别为 5.37 万亿元和 1.22 万亿元，同比增长分别达到 41.2% 和

707.0%，支付宝以48.7%和74.3%的占比位居第三方互联网支付和移动支付核心企业交易规模市场份额第一。[35]从图1可以看出，中国第三方互联网支付交易规模逐年扩大，且始终保持高速增长态势，2005～2015年年均增长速度达100%，预计2015年将超过10万亿元规模（见图1）。

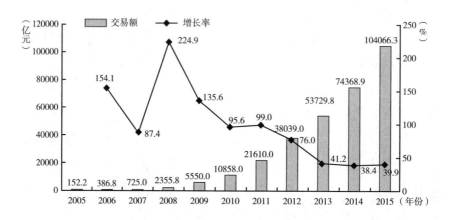

图1 2005～2015年中国第三方互联网支付交易规模

注：2014年、2015年为预测数据。

资料来源：2005～2013年数据来源于易观网，2014～2015年数据来源于艾瑞咨询。

2. 网贷业务

P2P网贷是个体之间通过网络中介平台实现直接借贷的模式，这种模式使传统银行难以覆盖的借款需求方能够通过互联网平台获得便捷、高效的贷款。我国的P2P网贷开始于2007年，第一家基于互联网的P2P借贷公司是拍拍贷。随后，宜信、红岭创投等P2P借贷平台相继上线。经过几年的探索发展之后，P2P借贷平台数量不断增长，规模持续扩大。据网贷天眼统计，截至2014年底，我国网贷平台数量达到1845家，2014年成交金额超过3000亿元，同比增长241%（见图2）。另据网贷之家统计，2014年我国网贷行业成交量以月均10.99%的速度增加，全年累计成交量达2528亿元，全部累计成交量超过3829亿元。安心贷数据显示，目前，我国已超越美国成为全球最大的网贷交易市场。鉴于 P2P 网贷行业增长太快，不同数据统计来源都可能存在遗漏，因此各家统计结果均有可能低于实际规模。

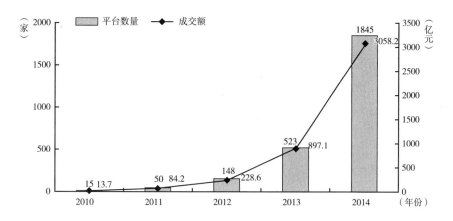

图 2　2010～2014 年我国网贷平台数量与成交规模

资料来源：网贷天眼《网贷行业 2014 年度数据报告》。

3. 众筹融资

2011 年 7 月，国内首家众筹网站——点名时间上线，标志着我国网络众筹的开始。2011 年 9 月，首个具有公益性质的众筹平台——追梦网上线。2011 年 11 月，股权众筹平台——天使汇上线，随后的两年里，数十家众筹网站纷纷上线，其中众筹网已成为我国最大的众筹平台之一。截至 2014 年第三季度，众筹募资总金额达到 27586 万元，较上一季度增长了 103.6%，奖励众筹达到 7302 万元，股权众筹达到 20284 万元。根据图 3 可知，众筹规模在 2014 年几乎各个季度都呈现成倍增长的势头，说明我国众筹行业仍处于飞速发展阶段。

（二）我国互联网金融发展对传统银行的影响

1. 第三方支付替代传统支付业务

第三方支付市场的快速发展极大地挑战了传统支付业务，特别是以支付宝为代表的互联网支付和移动支付方式在改变消费者支付习惯

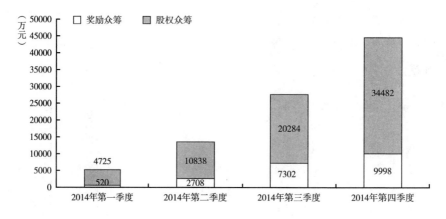

图3　2014年我国众筹募资规模

资料来源：速途研究院。

的同时，造成商业银行潜在客户的流失和中间业务的减少，给商业银行带来威胁。例如，2013年6月末，支付宝以4.5亿的个人客户数量超过四大银行的个人客户数量[24]，造成了银行卡交易数量的降低。同时，支付宝中的资金在回流到银行的过程中会存在漏出，减少了银行的存款金额。

2. 网贷业务替代传统存贷款业务

第一，减少银行存款来源。由于商业银行存款利率低于P2P网贷的利息回报，资金闲置者会将部分银行存款转移至P2P网贷模式，造成商业银行的存款流失。第二，减少银行贷款需求。鉴于网贷模式的灵活性、便捷性和高效性，商业银行的部分贷款客户将会转向P2P网贷模式；另外，鉴于传统银行对客户贷款要求较高，无法达到银行贷款要求的小微企业、个体商户将会大规模通过P2P网贷进行融资。第三，拉低银行贷款收益率。随着网贷平台数量的不断增加，贷款资金供大于需导致网贷平均综合利率持续下滑。网贷之家数据显示，2014年上半年，网贷行业平均综合利率为20.17%，月复合下降幅度为0.95%。中国社会科学院金融研究所研究报告显示，不同网贷平台综合收益率差异较大，其中，银行系网贷平台综合收益率仅为

5.7% ~ 7.5%；国资系次之，为 8.19% ~ 9.48%；上市公司略高，为 12% ~ 14%；其他平台最高达到 20% 以上。显然，这些平台的壮大明显拉低银行网贷收益率。

3. 众筹融资替代传统证券业务

2012 年 4 月，美国通过 JOBS 法案允许小企业通过众筹融资获得股权资本，这使得众筹融资替代部分传统证券业务成为可能。虽然众筹在中国尚处于起步阶段，但是其沉稳的金融逻辑更适合中国草根融资者的需求。据世界银行发布的众筹报告，中国将是全球最大的众筹市场，预计规模会超过 500 亿美元。在我国，解决中小企业融资难和促进民间融资合法化、正规化一直是金融改革的热点，众筹融资模式无疑为这两大难题的解决，提供了一种新的思路。

（三）传统银行及政府对互联网金融发展做出的回应

1. 四大银行下调支付宝快捷支付限额

面对支付宝带来的挑战，传统商业银行也开始做出回应。2014 年，四大行先后下调支付宝快捷支付限额，工行随即收紧快捷支付接口，并推出快捷支付新产品"工银 e 支付"，标志着四大行开始对支付宝快捷支付的全面限制。通过限制快捷支付的额度，为银行的资金流出设限，尽量留住更多资金。快捷支付限额的下调在一定程度上造成了用户使用的不便，超过一定限额的转账可能需要分次完成，或使用网银支付剩余额度。但支付宝为了绑定四大银行的快捷支付功能，不得不接受一些严苛的要求。

2. 第三方支付面临新一轮监管压力

第三方支付面临的第一轮监管以支付牌照的发放为标志。自 2011 年 5 月第一批支付牌照发放，央行进入了对第三方支付的非金融企业进行正规条文监管的阶段。截至 2014 年 2 月，共有 250 家企业获得支付牌照，其中 90 家企业获得互联网支付牌照。随着互联网金融的深入发展，支付方式日益成为互联网金融渠道变革的核心内容之一，央行对第三方支付的监管表现出从紧趋势，先是传出央行将减少发放第三方支付牌照的频率和数量的消息，之后央行又以线下条码存在安全隐患为由下发《中国人民银行支付结算司关于暂停支付宝公司线下条码（二维码）支付等业务意见的函》，给第三方支付的线下市场开发带来阻力。

五　主要结论和建议

（一）互联网金融是基于中国国情的颠覆性创新

从创新的分类和互联网金融的内涵来看，金融互联网的创新体现在银行等金融机构借助互联网技术对传统银行功能的改善，属于维持性创新；而互联网金融的创新则表现在非金融机构创造了新的金融服务，属于颠覆性创新。从具体国情来看，互联网金融在实体金融物理网点覆盖面广、民众参与金融的便利程度高的美国不存在颠覆性创新的基础，而在城乡金融资源分布不均、中小企业融资困难的中国，具备颠覆性创新的条件。因此，互联网金融是基于中国国情的颠覆性创新。

（二）互联网金融实现了对传统金融功能的颠覆

从当前的政治、经济、社会、技术环境综合情况来看，互联网金融迎来了良好的发展机遇，不仅有助于打破传统金融的垄断格局，还将成为中国金融行业发展中的重要创新力量，促进金融改革。依托移动支付、大数据、云计算等现代新兴技术，以及空白的低端市场、众多的低端用户、良好的用户体验，互联网金融在传统金融的支付结算功能、投融资管理功能和资源配置功能方面均实现了颠覆性创新，使金融业信息更加对称、资金更加匹配、交易成本更加低廉、资源配置更加优化。

（三）　互联网金融对传统行业造成冲击和影响

互联网金融从"汇、贷、存"等各方面渗透传统银行的核心业务板块，第三方支付、P2P 网贷业务、众筹融资近年来发展迅速，造成商业银行潜在客户的流失、存款来源和贷款需求的减少、综合收益率的下降，特别是对传统金融机构的垄断地位形成冲击。2013 年被称为"金融互联网元年"，这意味着互联网深刻影响并改变着传统的金融业态和格局。2014 年，互联网金融的井喷式发展态势预示着未来的传统金融行业将会受到更大的影响和冲击。

（四）　政府对待互联网金融既要监管又要扶持

从互联网金融于 2014 年被首次写入政府工作报告即可看出政府对于互联网金融发展模式的认可。然而，互联网金融在我国尚处于起步和探索阶段，监管层需要全面观察各个领域的发展情况，用创新的监管模式应对创新的金融业务，通过政策、法律的逐步完善推动互联网金融健康有序发展。另外，处于创新阶段的互联网金融也需要足够的发展空间，监管过严或将损害其创新机制。因此，政府在监管互联网金融的同时，也要以包容的心态看待互联网金融的颠覆性创新机制，给予互联网金融一定的发展空间。

参考文献

[1] Fariborz, D., Organizational Innovation: A Meta-Analysis of Effects of Determinants and Moderators [J], The Academy of Management Journal. 1991, 34 (3): 555 – 590.

[2] Michael, L. T, Philip, A., Technological Discontinuities and Organizational Environments [J], Administrative Science Quarterly. 1986, 31 (3): 439 – 465.

[3] Rebecca, M. H, Kim, B. C., Architectural Innovation: The Reconfiguration

of Existing Product Technologies and the Failure of Established Firms ［T］, Administrative Science Quarterly. 1990, 35（1）: 9 - 30.

［4］ Christensen, C. M., The Innovator's Dilemma: When New Technologies Cause Great Firms to Fail ［M］, Boston: Harvard Business School Press, 1997.

［5］ Christensen, C. M, Rayner, M., The Innovator's Solution: Creating and Sustaining Successful Growth ［M］, Boston: Harvard Business School Press, 2003.

［6］ Dan Yu, and Chang Chieh Hang, A Reflective Review of Disruptive Innovation Theory ［J］, Portland International Conference on Management of Engineering & Technology, 2008, 12（4）: 435 - 452.

［7］ Kotelnikov, V., Radical Innovation Versus Incremental Innovation ［M］, Boston, MA: Harvard Business School Press, 2000.

［8］ Leifer, R., McDermott, C. M., O'Connor, G. C., Radical Innovation: How Mature Companies can Outsmart Upstarts ［M］, Boston, MA: Harvard Business School Press, 2000.

［9］ Adner, R., When are Technologies Disruptive: a Demand based View of the Emergence of Competition ［J］, Strategic Management Journal, 2002: 667 - 688.

［10］ O'Connor, G. C., Veryzer, R. W., The Nature of Market Visioning for Technology - based Radical Innovation ［J］, Journal of Production Innovation Management, 2001 , 18（4）: 231 - 246.

［11］ 宋建元:《成熟型大企业开展破坏性创新的机理与途径研究》［D］, 浙江大学博士学位论文, 2005。

［12］ Govindarajan, V. and Kopalle, P. K., The Usefulness of Measuring Disruptiveness of Innovations ex Post in Making ex Ante Predictions ［J］, Journal of Product Innovation Management, 2006（23）: 12 - 18

［13］《中国人民银行调查统计司副司长徐诺金在中国互联网金融论坛上的讲话》［EB/OL］, 每日经济新闻网, 2014 - 6 - 19。

［14］ 杨再平:《互联网金融或使传统银行变 "恐龙"》［J］,《小康财智》2014年第 7 期, 第 20 页。

［15］ 吴晓波:《未来 20 年, 银行去哪儿》［EB/OL］, http: //news. xinhuanet. com/comments/2014 - 06/18/c_ 1111194649. htm, 2014 - 6 - 18。

［16］ 牛锡明:《互联网金融将颠覆商业银行传统模式》, 新浪财经, 2013 年 7 月 3 日。

［17］ 吴晓求:《中国金融的深度变革与互联网金融》［J］,《财贸经济》2014年第 1 期, 第 14 ~ 23 页。

［18］ 曹凤岐:《在全国金融创新与经济转型博士后学术论坛上的发言》［EB/OL］, 2014 - 10 - 17。

［19］ 刘越等:《互联网金融: 缘起、风险及其监管》［J］,《社会科学研究》

2014 年第 9 期，第 30 页。

［20］朱宝琛：《互联网金融不会对银行造成颠覆性影响》［N］，《证券日报》2013 年 9 月 16 日。

［21］任晓：《互联网金融监管拟以鼓励为导向》［N］，《中国证券报》2014 年 1 月 13 日。

［22］马蔚华：《互联网金融并不是颠覆性创新》［EB/OL］，http：//finance.caixin.com/2014 - 05 - 10/100675660.html，2014 - 5 - 10。

［23］褚蓬瑜、郭田勇：《互联网金融与商业银行演进研究》［J］，《宏观经济研究》2014 年第 5 期，第 16 ~ 22 页。

［24］杨剑：《互联网金融对银行的影响》［D］，厦门大学硕士学位论文，2014。

［25］李鑫：《对当前我国互联网金融若干问题的辨析》［J］，《财经科学》2014 年第 9 期，第 4 页。

［26］王鑫等：《首进政府工作报告 互联网金融终获"正名"》［N］，《成都日报》2014 年 3 月 6 日。

［27］中国银行业监督管理委员会：《银行业监管统计指标季度情况表（2014 年）》。

［28］张翔睿、裴志伟：《外资银行进入对国内银行的竞争效应研究——基于 2000 ~ 2013 年我国银行业的实证检验》［J］，《中国物价》2015 年第 1 期，第 49 ~ 52 页。

［29］欧朝敏、谭跃进：《中国银行业竞争程度的多视角解析：基于 Panzar-Rosse 方法的实证分析》［J］，《系统工程》2011 年第 2 期，第 33 ~ 38 页。

［30］邵汉华等：《中国银行业的竞争度与效率——基于 102 家商业银行的实证分析》，《金融论坛》2014 年第 10 期，第 47 ~ 55 页。

［31］邵洋：《中国商业银行市场势力及社会福利损失研究》［D］，重庆大学硕士学位论文，2013。

［32］Levine, R., Financial Development and Economic Growth：Views and Agenda［J］, Journal of Economic Literature, 1997, 35：688 - 726.

［33］Allen, Franklin and Douglas Gale, Comparative Financial Systems：A Survey, http：//finance.wharton.upenn.edu/allenf/download/Vita/Published Papers.htm. Working Paper, 2001.

［34］白钦先：《以金融资源学说为基础的金融可持续发展理论和战略——理论研究的逻辑》［J］，《金融经济学研究》2003 年第 3 期，第 1 ~ 6 页。

［35］艾瑞咨询：《中国第三方支付行业年度监测报告》，2013。

第十二章

颠覆性创新的监管：
我国 P2P 网络借贷的政策监管与发展研究

王 茜

作为我国互联网金融的重要组成部分，P2P（Person to Person）网络借贷（简称"网贷"）在 2015 年迎来了一个爆发期，尽管 P2P 行业发展迅速，国内与 P2P 网贷相关的管理法规却迟迟未能出台，监管制度的长期缺位一定程度上导致了 P2P 网贷的野蛮生长，"无法可依"的局面也给 P2P 网贷长期健康发展埋下了隐患。2016 年 8 月 24 日，中国银监会、工业和信息化部、公安部、国家互联网信息办公室联合发布《网络借贷信息中介机构业务活动管理暂行办法》，这是相关部门对 P2P 网贷首次明确提出的监管方案。该监管方案的出台意味着 P2P 网贷将步入更加规范的发展道路，同时会对现有 P2P 平台及其运行方式产生影响，本文就此问题进行研究分析。

一 我国 P2P 网络借贷的发展现状与问题

1. P2P 网络借贷规模增长迅猛

我国的 P2P 网贷诞生于 2006 年，前期发展较为缓慢，整体处于不温不火的状态，自 2012 年开始经历了快速发展，到 2015 年更是迎来了井喷式增长。数据显示，2015 年底我国 P2P 网贷平台已达 2500

余家，如图 1 所示，比 2014 年增加了 1000 多家，参与 P2P 网贷（仅计算活跃用户）的投资者和融资者分别为 300 万人和 78 万人左右，累计成交额近 1000 亿元。P2P 网贷业务无论从成交的增长速度还是从参与用户的增长速度来看，都明显高于银行、证券、保险等传统金融业务，已经成为中国金融行业不可忽视的重要组成部分。

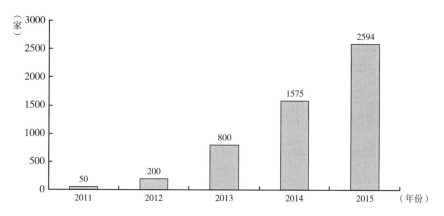

图 1　2011～2015 年我国 P2P 网贷平台数量变化

资料来源：根据中国银监会公告数据，由作者计算整理。

2. P2P 平台资金链断裂导致的跑路等现象愈发突出

P2P 网贷业务在高速增长的同时，平台资金链断裂导致的关闭、跑路等现象也愈发突出。2015 年倒闭的 P2P 网贷平台数量由前一年不足 300 家增加到将近 900 家，增长了 2 倍多（见图 2）。一些 P2P 网贷平台已经演变成纯粹的"旁氏骗局"，从一开始就打定主意"捞一票就走"，无论是经营模式还是产品设计都有明显的不可持续性。

近五年，我国累计倒闭的 P2P 网贷平台已经超过 1200 家，涉及投资者超过 17 万人，涉及金额近 90 亿元。近期，P2P 网贷平台风险进一步发酵，e 租宝、大大集团等多家大型平台机构因涉嫌违法经营而受到公安机关调查。

3. P2P 网络借贷面临诸多风险

P2P 网贷具有多种模式，所涉及的风险也有所不同。以信息披露

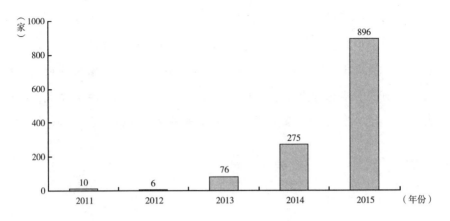

图2 2011～2015年我国出现问题的P2P平台数

资料来源：根据中国银监会公告数据，经作者计算整理。

较为充分的宜人贷为例，该借贷平台存在的风险至少有四方面。一是借款人融资成本偏高，对线下渠道依赖性强，成本优势不明显。与传统金融机构相比，宜人贷并没有解决个人借款客户的融资贵问题。二是投资人的投资回报率与所承担的风险程度不匹配。投资者仍然承担着大部分投资风险，却并未获得相对应的风险回报。三是平台为借款提供显性增信支持，不利于可持续发展模式的形成。四是平台借款人风险评级劣化趋势明显。从长期来看，必然大大增加平台整体经营风险。

二 我国P2P网络借贷监管政策的发展与内容

1. P2P行业政策监管的起源与发展

P2P行业快速发展背后显现的问题与风险亟须相关政策法规监管制约。我国监管部门对P2P网贷的监管可追溯至2014年4月央行发布的《中国金融稳定报告（2014）》，其中的"互联网金融的发展及监管专项报告"（以下简称《报告》）界定了互联网金融的含义，梳理了我国P2P网贷的特点，总结了国际P2P网贷监管的相关经验，提出了我国互联网金融监管应确立的立场与原则以及P2P网贷的政策监管"底线"。

2015 年，我国加快对 P2P 网贷行业的政策监管进度。标志性事件为 2015 年 7 月中国人民银行等十部门联合发布的《关于促进互联网金融健康发展的指导意见》（以下简称《意见》）。《意见》提出："P2P 网络借贷属于民间借贷范畴，受合同法、民法通则等法律法规以及最高人民法院相关司法解释规范。P2P 网贷机构要明确信息中介性质，主要为借贷双方的直接借贷提供信息服务，不得提供增信服务，不得非法集资，不得对借贷产品进行打包重组。"《意见》还规定网络借贷业务由中国银监会负责监管，同时也规定了工信部、网信办、公安部等部门的监管职责。

2016 年 8 月，中国银监会、工信部、公安部、网信办等部门发布了《网络借贷信息中介机构业务活动管理暂行办法》（以下简称《办法》），这是相关部门对 P2P 网贷首次明确提出的监管方案。这意味着 P2P 网贷将正式结束无法可依、无机构监管的状态，我国对 P2P 网贷的监管翻开了新的一页。

2. P2P 网络借贷的监管机构及监管要求

根据《办法》的规定，监管工作由中国银监会牵头，工信部、公安部、网信办和各地方的金融监管部门（一般为各级银监会和地方金融办）分别负责各自范围内的监管工作（见表 1）。

表 1　《办法》对 P2P 网贷业务监管的职责分工

部门	监管职责分工
中国银监会	负责对网络借贷信息中介机构业务活动制定统一的规范发展政策措施和监督管理制度,指导地方金融监管部门做好网络借贷规范引导和风险处置工作
工信部	负责对网络借贷信息中介机构业务活动涉及的电信业务进行监管
公安部	负责对网络借贷信息中介机构业务活动进行互联网安全监管,打击网络借贷涉及的金融犯罪工作
国家互联网信息办公室	负责对金融信息服务、互联网信息内容等业务进行监管
地方金融监管部门	负责本辖区网络借贷信息中介机构的规范引导、备案管理和风险防范、处置工作,指导本辖区网络借贷行业自律组织

资料来源：作者整理。

对于 P2P 网贷平台的经营行为，《办法》要求网贷平台要坚持信息中介的职能定位，不得涉足存贷款及担保等信用类业务，并对风险控制和信息披露提出了明确的要求，如表 2 所示。

表 2　《办法》对 P2P 网贷的监管要求

经营原则	网络借贷平台是信息中介平台,而非信用中介平台
业务范围	明确提出不得吸收公众存款、不得归集资金设立资金池、不得自身为出借人提供任何形式的担保等十二项禁止性行为
风险控制	实行客户资金由银行业金融机构第三方存管制度及控制信贷集中度风险等
信息披露	规定网贷机构应履行的信息披露责任,充分披露借款人和融资项目的有关信息,并实时和定期披露网贷平台有关经营管理信息,对信息披露情况等进行审计和公布

资料来源：作者整理。

3. 我国 P2P 网络借贷监管制度的核心理念

通过上述文件和监管负责人的相关论述，可以总结出我国 P2P 网贷监管的核心理念是"底线监管"，主要包括以下三方面。

第一，坚持"信息中介"的功能定位是核心。

坚持"信息中介"的功能定位，首先，要打造信息交流便利畅通的融资平台，保证"去信用中介化"，即抵制自身担保、抵制平台自融、抵制发放贷款、抵制通过直接或间接的方式搭建资金池。其次，投资方与借贷方的资金需要通过第三方托管，要求第三方具有合法的托管资质。最后，对应于"信息中介"的监管方式需要调整，应设立有别于传统金融方式的、适度宽松的监管要求。

第二，充分的信息披露是基础。

从国际 P2P 网贷的监管经验来看，信息披露与风险提示对于"信息中介"的功能定位至关重要。信息披露包括向投资人公布经营状况、财务活动、权利义务、风险揭示和交易模式等，这是对投资人利益的必要保护，能够通过互联网信息传导优势消除信息不对称，促使用户稳健经营。风险提示则包括对市场风险、认购风险、信用风险、管理风险、政策风险和意外事故风险等进行揭示，促使消费者自我保护。

第三，服务实体经济是根本。

金融服务的根本目的是服务实体经济，包括实体经济中的每个参与者、每个部门与每个行业。P2P 网贷作为互联网金融的重要模式，同样要为实体经济提供服务，特别是结合 P2P 网贷的特点与优势，为实体经济中的中小企业、小微企业提供服务，解决其融资难、融资贵等问题，坚持普惠金融的发展理念。因此，凡是以服务实体经济为根本的 P2P 网贷模式都应受到推崇，反之则会遭到限制。

三　当前 P2P 网络借贷与监管政策导向的主要冲突

通过对《办法》和其他相关政策规定的研究对照，可以发现，目前我国 P2P 网贷的经营发展模式与政策监管存在以下几方面冲突。

1. 职能定位超越"信息中介"，部分或全部成为"信用中介"

许多 P2P 网贷平台超越"信息中介"的功能定位，直接或间接地承担了"信用中介"的部分职能，包括提供担保与提供资产的整合、拆分、打包、信用增级等不属于信息中介的业务，这与 P2P 监管政策的理念相违背，不利于行业规范。在 e 租宝和宜人贷等案例中，这些问题都有体现。

2. 信息披露与风险揭示缺失，损害投资者合法权益

当前部分 P2P 网贷平台不仅没有对经营体系、财务状况、资金流向等内容进行充分披露，还向投资方提供虚假信息，欺诈投资者，对投资者利益造成侵犯，严重者极有可能构成欺诈犯罪。在这种情况下，投资方对于决策信息的需求与实际披露信息无法匹配，影响经营决策，损害了投资者的合法权益。

3. 线下获取资源现象频发，架空"网贷平台"称谓

从现实案例来看，多数 P2P 网贷平台在借、投两端，甚至主要依靠线下渠道拓展业务，如 e 租宝曾通过庞大的线下销售团队获取投资人资源，而宜人贷则依托关联公司的线下渠道大量获取借款人资源。由此造成互联网工具在促进 P2P 借款发展中的成本、效率优势难以充分发挥，"网贷平台"的称谓在现实中被架空。

4. 部分 P2P 网贷平台存在自融或为关联方提供融资的问题

e 租宝将投资客户资金直接对接关联公司钰诚融资租赁公司的融资租赁债权就是典型的例子。类似的案例还涉嫌许多虚假标的项目，故而其业务难以公开、透明。这极有可能触碰刑法规定的非法集资、集资诈骗罪等。

四 政策监管下 P2P 网贷平台转型发展的主要趋势

首部 P2P 网贷监管法规的正式颁布是我国 P2P 网贷发展进程中一个重要的转折点。P2P 网贷平台将全面按照新颁布的法规进行管理，这将为我国 P2P 网贷的发展带来重大的调整[1]，也将深刻影响未来 P2P 网贷的发展趋势。

1. P2P 网贷公司的组织形式和业务结构将发生改变

根据《办法》的要求，P2P 网贷公司将不得不剥离各种监管政策严禁经营的业务活动，P2P 网贷将不再从事线下业务，将以互联网为依托，严格执行"信息中介"的职能定位，从事信息收集与发布、征信与评估、信息挖掘与推送、供需匹配等业务，不再从事与"信用中介"有关的业务活动，从而使得相应的组织形式和业务结构发生改变。

2. 自担风险的机制将形成

随着 P2P 网贷平台信息披露与风险揭示制度的逐步完善，平台提供的增信业务将逐步消失，部分风险偏好较低的投资方将会离开P2P 市场，最终形成投资方自担风险、自主决策的机制。在风险自担的机制下，投资方只要满足投资门槛要求，即可充分参与 P2P 网贷平台投资，消除平台自身的显性或隐性担保，降低金融系统的稳定性风险。

3. P2P 网贷市场竞争格局将会调整

在《办法》对网络借贷信息中介机构更加规范化与政策监管的全面实施下，P2P 行业的经营成本将面临上升，从而使得各类行业平台分化发展。能够通过规模优势和先发优势领先的网贷平台、借助风险投资和背景优势抢占市场份额的平台，以及结合产业优势在细分领域快速扩张的平台将会脱颖而出，而无法适应政策监管的平台则会被淘汰。

4. P2P 行业发展速度趋向理性

不断明确的 P2P 监管规则促进 P2P 平台和用户结构逐步优化，使整个行业从"跑马圈地"的野蛮生长时期步入理性、可持续发展阶段。运营良好的 P2P 平台开始提升信用水平、完善业务模式[2]，获取优质资产，促成良性循环。P2P 网贷业务也逐步被纳入正规合法的金融体系，为小额借贷提供服务。

5. 地方监管政策差异可能引发跨区域监管套利等风险

按照《办法》的监管责任部署，地方监管机构将成为 P2P 网贷监管的主要执行者。这就可能出现不同区域在监管尺度把握上的不一致，监管制度的不同对待方式产生了监管套利的可能。由于 P2P 网贷依赖网络，基于互联网本身的开放性，平台的注册地对平台的业务经营并没有直接的影响，如果某一地区的监管政策比其他地区更加宽松，即出现所谓的"政策洼地"，大量的 P2P 网贷平台可能集中在该地区注册，然后在全国范围内经营，可能导致风险在部分区域集中。

五　启示与建议

1. 提升"互联网＋"在金融领域的应用，共享资源，加强合作

未来，随着监管体系的不断完善，行业规范性的不断增强，P2P 平台"信息中介"的职能定位更加清晰，其在信息收集与发布、信

息挖掘、信息匹配等方面具有天然的优势，可以对各类信息进行组合分析，提供综合信息服务。一方面，P2P 网贷平台本身是金融与互联网结合的产物，应充分整合传统银行业在风险控制、信用中介等方面的优势，进一步拓展传统的银行、证券、保险等金融业与互联网结合的深度与广度，提高整个金融业参与"互联网＋"的水平，实现优势产品和优势平台的强强联合，信用中介和信息中介的专业互补、客户共享。另一方面，P2P 网贷平台之间应加强合作，实现按揭贷款、消费贷款、供应链金融等多元化业务的发展。

2. 强化政策协调与行业自律，降低潜在市场风险

监管政策的逐步完善为行业的健康发展奠定了坚实基础，但在行业整合和优胜劣汰的过程中，行业竞争在所难免。因此，一方面，银监会作为监管的牵头部门，需要加强对地方监管机构的政策指导与协调，避免出现为了区域发展权益，过度放宽监管尺度，或在监管执行过程中的恶性竞争现象。另一方面，还应借鉴发达国家对于 P2P 网贷的监管经验[3]，树立行业规范，建立行业协会，与政府监管形成互补，在要求企业严格遵守监管条例的同时，引导企业重视行业自律，自觉遵守行业规则，防止出现打擦边球或钻监管空子的现象，从而降低市场潜在风险。

3. 借助新兴技术保障系统安全，减轻政策监管负担

从长远来看，P2P 网贷的规范、可持续发展需要创新性技术的深化应用以提高系统安全性，减轻政府监管负担。目前，云计算、大数据技术已逐步成熟，互联网公司可共享高黏性的客户资源和客户社交行为、支付行为数据，在初期与商业银行搭建大数据分析平台，待大数据分析应用和风险模型验证成熟后，向线上 P2P 平台过渡，打造真正意义上的互联网信贷平台，建立基于互联网的信用体系。此外，目前区块链技术处于测试阶段，其去中心化信用、不可篡改和可编程等特点和技术优势也有望应用于 P2P 网贷中，从而创造"无须信任的信任"[4]，提高信息披露的透明度，保障系统安全性，减轻监管负担。

参考文献

［1］黄磊、朱珊庆：《监管靴子落地 P2P 行业确立新里程碑》［J］，《国际金融》2015 年第 9 期，第 38～46 页。

［2］钱金叶、杨飞：《中国 P2P 网络借贷的发展现状及前景》［J］，《金融论坛》2012 年第 1 期，第 46～51 页。

［3］蔡荣成：《美国 P2P 网络借贷监管模式的发展状况及对中国的启示》［J］，《西南金融》2014 年第 7 期，第 65～69 页。

［4］吕雯：《区块链技术对 P2P 网贷行业发展的影响分析》［J］，《中国信用卡》2016 年第 8 期，第 34～36 页。

图书在版编目（CIP）数据

颠覆性技术创新：理论与中国实践 / 李钢等著. --
北京：社会科学文献出版社，2018.8
ISBN 978 - 7 - 5201 - 2835 - 3

Ⅰ. ①颠…　Ⅱ. ①李…　Ⅲ. ①技术革新 - 研究 - 中国
Ⅳ. ①F124.3

中国版本图书馆 CIP 数据核字（2018）第 109982 号

颠覆性技术创新：理论与中国实践

著　　者 / 李　钢 等

出 版 人 / 谢寿光
项目统筹 / 邓泳红
责任编辑 / 宋　静

出　　版 / 社会科学文献出版社·皮书出版分社（010）59367127
　　　　　　地址：北京市北三环中路甲 29 号院华龙大厦　邮编：100029
　　　　　　网址：www. ssap. com. cn
发　　行 / 市场营销中心（010）59367081　59367018
印　　装 / 三河市尚艺印装有限公司

规　　格 / 开　本：787mm × 1092mm　1/16
　　　　　　印　张：15　字　数：208 千字
版　　次 / 2018 年 8 月第 1 版　2018 年 8 月第 1 次印刷
书　　号 / ISBN 978 - 7 - 5201 - 2835 - 3
定　　价 / 69.00 元